古典文獻研究輯刊

三九編

潘美月・杜潔祥 主編

第 62 冊

四分律「比丘戒法」白話譯注（下）

屈大成 著

國家圖書館出版品預行編目資料

四分律「比丘戒法」白話譯注（下）／屈大成 著 -- 初版 --
新北市：花木蘭文化事業有限公司，2024〔民113〕
目 8+230 面；19×26 公分
（古典文獻研究輯刊 三九編；第 62 冊）
ISBN 978-626-344-982-4（精裝）

1.CST：四分律 2.CST：律宗 3.CST：律藏 4.CST：注釋

011.08   113009898

ISBN-978-626-344-982-4

9 786263 449824

古典文獻研究輯刊
三九編　第六二冊　　　　ISBN：978-626-344-982-4

四分律「比丘戒法」白話譯注（下）

作　　　者　屈大成
主　　　編　潘美月、杜潔祥
總 編 輯　杜潔祥
副總編輯　楊嘉樂
編輯主任　許郁翎
編　　　輯　潘玟靜、蔡正宣　美術編輯　陳逸婷
出　　　版　花木蘭文化事業有限公司
發 行 人　高小娟
聯絡地址　235 新北市中和區中安街七二號十三樓
　　　　　　電話：02-2923-1455／傳真：02-2923-1452
網　　　址　http://www.huamulan.tw 信箱 service@huamulans.com
印　　　刷　普羅文化出版廣告事業
初　　　版　2024 年 9 月
定　　　價　三九編 65 冊（精裝）新台幣 175,000 元　　版權所有 • 請勿翻印

四分律「比丘戒法」白話譯注（下）

屈大成 著

目次

三十三、別眾食戒〔註311〕

提要：提婆達多與四名同黨家家乞食，分裂僧眾。

（一）制戒因緣

1. 提婆達等五人乞食

那時，佛在羅閱祇耆闍崛山中。

這時，提婆達多派人加害佛，又教阿闍世王殺父，臭名遠播，利養斷絕。

這時，提婆達多與五比丘一起逐家逐戶乞食——三聞他羅達多、騫馱達婆、拘婆離、迦留羅提舍。〔註312〕

這時，比丘們聽聞提婆達多派人加害佛，又教阿闍世王殺父，臭名遠播，利養斷絕，五比丘遂一起逐家逐戶乞食。

當時，比丘們前往世尊之所，頭面禮足，坐在一旁，把這因緣全部稟告世尊。

2. 佛斥犯者

那時，世尊藉這因緣召集比丘僧眾，明知故問提婆達多說：「你確實與五比丘逐家逐戶乞食嗎？」

提婆達多對應說：「確實這樣，世尊！」

這時，世尊用無數方法怒聲斥責提婆達多說：「你做錯了！不合威儀、不合沙門法、不是清淨的行為、不是隨順佛法的行為，都不應做。為什麼提婆達多與五名比丘逐家逐戶乞食呢？提婆達多，我用無數方法惠及和憐愍各白衣家。提婆達多，愚癡人啊！為什麼與五人逐家逐戶乞食呢？」

（二）制戒內容

1. 佛初制戒

這時，世尊用無數方法怒聲斥責提婆達多後，告訴比丘們：「這提婆達多，愚癡人啊！會引生多種有漏，最初犯本戒。從今以後，跟比丘結戒，為了這十句義……乃至使正法得以久住。想說戒者，應這樣說：

若比丘，別眾食者，波逸提。」

這樣世尊跟比丘們結戒。

〔註311〕《巴利律》作第 32 戒。

〔註312〕這段首兩句，〔大〕原作「時，與五比丘俱家家乞食」。按提婆達加上三聞他羅達多等四人，合共五比丘，故律文所謂「五比丘」，包含提婆達在內。

2. 修訂前制

那時，病比丘們有請食之處，但得不到治病的食物及藥；有美好的治病食物及藥時，畏懼謹慎，不敢接受，恐怕犯了別眾食。

世尊告訴比丘們：「從今以後，聽許病比丘接受別眾食。從今以後，應這樣說戒：

若比丘，別眾食，除餘時，波逸提；餘時者，病時。」

這樣世尊跟比丘結戒。

3. 再修訂前制

那時，比丘們自恣後，在迦提月〔註313〕中製衣時，優〔註314〕婆塞們這樣想念說：「這些比丘自恣完畢，在伽提月中製衣，我現今應為僧眾準備食物，為什麼？恐怕比丘不能得到食物，會感到疲勞困苦。」

他們來到僧伽藍，告訴比丘們說：「願求尊者們明日接受我們的請食。」

比丘們報說：「只可請三人食，我們不能別眾食。」

那些，優婆塞告知比丘們說：「我們各人這樣想念：『尊者們自恣完畢，在伽提月中製衣，恐怕比丘們不能得到食物，會感到疲勞困苦』。所以今日請眾僧，想提供〔註315〕食物。」

比丘們再說：「只可請三人過去，我們不應別眾食。」

當時，比丘們前往稟告世尊，世尊告說：「從今以後，聽許製衣時可以別眾食。從今以後，應這樣說戒：

若比丘，別眾食，除餘時，波逸提；餘時者，病時、作衣時，是謂餘時。」

這樣世尊跟比丘們結戒。

4. 三次修訂前制

那時，有居士想施捨食物及衣服，來到僧伽藍中，告訴比丘們說：「我想施捨食物，願求僧眾接受我明日的食物。」

比丘們報說：「只可請三人，給食物，我們不能別眾食。」

居士說：「大德，我想施捨食物及衣服，願求接受我的邀請。」

那些比丘說：「只可請三人，我們不能別眾食。」

〔註313〕參看「捨墮·有難蘭若離衣戒第29」。

〔註314〕優：〔大〕〔麗〕〔金〕作「憂」，今依〔宋元明〕〔宮〕。下文還有同樣情況，不贅注出。

〔註315〕提供：〔大〕原作「飯」，意謂拿食物給別人食。

當時，比丘們前往稟告世尊，世尊告說：「從今以後，聽許比丘們接受施衣時別眾食。從今以後，應這樣說戒：

若比丘，別眾食，除餘時，波逸提；餘時者，病時、作衣時、施衣時。」

這樣世尊跟比丘結戒。

5. 四次修訂前制

那時，眾多比丘與居士們前往拜訪拘薩羅國，同路而行；乞食時候到了，對居士們說：「我想到訪村落裏乞食，請稍等，回來後當在一起。」

居士們報說：「只管跟著我們走，當給飲食。」

比丘們報說：「只可給三人，我們不能別眾食。」

居士們告訴說：「大德，這條路有險難，懷疑和畏懼有盜賊；只管過來，我們當供給飲食，切勿隨後才來，你們人少啊！」

比丘們說：「只可給三人，我們不能別眾食。」

這時，比丘們便入村乞食，原來作伴的居士便繼續前進，比丘在後面追不及，被盜賊劫去衣服。

比丘們把這因緣全部稟告世尊。

這時，世尊告訴比丘們說：「從今以後，如在危險的道路上行走，聽許比丘別眾食。從今以後，應這樣說戒：

若比丘，別眾食，除餘時，波逸提；餘時者，病時、作衣時、施衣時、道行時。」

這樣世尊跟比丘們結戒。

6. 五次修訂前制

那時，有眾多比丘與居士們乘船順流而去，乞食時候到了，對居士說：「稍為停船，我們想入村乞食，回來後當在一起。」

居士們說：「但且前去，我當供給飲食。」

比丘報說：「只可給三人，我們不能別眾食。」

居士們說：「這處岸上有很多盜賊，故是有懷疑和畏懼之處；你們同伴少，切勿墮後被盜賊劫掠，但且前去，我當供給飲食。」

比丘們報說：「只可給三人，我們不能別眾食。」

比丘們便上岸乞食，乘船的同伴前去，比丘們後來，全部被盜賊劫去衣服。

這時，比丘們把這因緣全部稟告世尊，世尊告說：「從今以後，聽許乘船時別眾食。從今以後，應這樣說戒：

若比丘，別眾食，除餘時，波逸提；餘時者，病時、作衣時、施衣時、道路行時、乘船時。」

這樣世尊跟各比丘結戒。

7. 六次修訂前制

那時，眾多比丘從拘薩羅國遊行到訪一條小村落，居士們想念說：「眾僧多但村落小，我們不如給僧眾準備食物吧！切勿令僧眾疲勞困苦。」

居士們便來到僧伽藍中，告訴比丘們說：「大德，接受我明日的請食。」

比丘報說：「只可請三人，我們不能別眾食。」

居士們說：「我們這樣想念：『僧眾既多，村落又小，恐怕得不到飲食，令僧眾疲勞困苦罷了』。」

比丘報說：「只可請三人，我們不能別眾食。」

這時，比丘們前往稟告世尊，世尊告說：「從今以後，聽許比丘們在大集會〔註316〕時別眾食。從今以後，應這樣說戒：

若比丘，別眾食，除餘時，波逸提；餘時者，病時、作衣時、施衣時、道行時、乘船時、大眾集時。」

這樣世尊跟比丘結戒。

8. 七次修訂前制

那時，瓶沙王姊姊的兒子名叫迦羅，向沙門們施捨食物，想於外道、異學中出家，便前往到瓶沙王之所，稟告說：「我已經為沙門們準備食物了，現今想出家。」

王問道：「想在哪裏出家呢？」

迦羅答說：「想在尼揵子中出家。」

王再問道：「最終有沒有給我們的沙門準備飲食呢？」

迦羅報說：「大王，是哪一批沙門呢？」

王告說：「正是沙門釋子。」

迦羅報說：「我最終沒有給他們準備食物。」

王告說：「你現今前去給沙門釋子準備食物。」

他便前往僧伽藍中告訴比丘們說：「我現今想供養比丘僧眾，唯願接受我的邀請。」

〔註316〕大集會：〔大〕原作「大集」。《巴利律》作 maha，祭祀、祭禮。

比丘們報說：「只可請三人，我們不應別眾食。」

這時，迦羅對比丘們說：「我為沙門們準備食物，想在外道中出家，便前往瓶沙王之所，稟告說：『我已經為沙門們準備食物了，現今想出家』。王問我說：『想在哪裏出家呢』？我答說：『想在尼揵子那裏出家』。王再問我說：『給我們的沙門準備飲食了嗎』？這時我問道：『大王，哪一批沙門呢』？王告訴我說：『正是沙門釋子』。這時我報答王說：『我未曾為沙門釋子準備食物』。王告訴我說：『你現今去那裏給沙門釋子準備食物，然後聽許你的做法』。正因為這件事，前來拜訪僧伽藍中的大德們，願求接受我的請食。」

這時，比丘們聽聞這番話後，前往稟告世尊。

佛告訴比丘們：「從今以後，聽許在施捨食物時，沙門可以別眾食。從今以後，應這樣說戒：

若比丘，別眾食，除餘時，波逸提；餘時者，病時、作衣時、施衣時、道行時、乘船時、大眾集時、沙門施食時，此是時。」

9. 釋義

（1）比丘：意義如上文所說。

（2）別眾食：或四人，或四人以上。

（3）食：飯、麨、乾飯、魚及肉。

（4）病：輕微至腳跟受損，行步不穩〔註317〕。

（5）作衣時：自恣完畢後無迦絺那衣的一個月，有迦絺那衣的五個月……乃至在衣服上弄一下馬齒縫〔註318〕。

（6）施衣時：自恣完畢後無迦絺那衣的一個月，有迦絺那衣的五個月，以及其他施捨食物及衣的時間。

（7）道行：距離短至在半由旬以內，有來有去。

（8）乘船行：距離短至在半由旬以內，乘船往上游或往下游。

（9）大眾集：食時足四人，多出一人，構成違犯〔註319〕；五人、十人……乃至百人，多出一人，構成違犯。〔註320〕

〔註317〕行步不穩：〔大〕原作「躄」；〔宮〕作「劈」，裂開；道宣取後說。
〔註318〕馬齒縫：〔大〕原作「馬齒一縫」。馬齒縫，又稱「偷針刺」，回針縫法的一種，有如馬齒般闊，故名，頗牢固。「馬齒一縫」，意謂極短的縫衣時間。
〔註319〕違犯：〔大〕原作「患」。
〔註320〕這段文意不甚清楚，道宣有以下解釋：例如僧眾有五人，東西二家聚落，各設供養，東家限施四人食，西家限施一人食；但兩家不融洽，不能一齊施食；

（10）沙門施食：於這裏的沙門釋子以外出家者，以及跟從外道出家者。

10. 避別眾食

如比丘，沒有別眾食的因緣，那比丘便應起來告說：「我沒有理由在這裏別眾食，想要求離去。」

佛說：「聽許離去。」

如其他人沒有因緣，亦聽許他們離開；如僅二人，或三人，隨意進食；如四人，或超過四人，應分成兩批，輪流入內進食。

11. 別眾食的威儀

如比丘，有別眾食的因緣，想入內，隨即應起來告說：「我有別眾食的因緣，想要求入內。」

佛說：「應聽許依據上座的次第入內。」

12. 違犯輕重

如比丘別眾食，每吞咽一口，波逸提；如有因緣但沒說出來，突吉羅。

（三）兼制

比丘尼，突吉羅；式叉摩那、沙彌、沙彌尼，突吉羅。這叫做犯。

（四）開緣

不犯：患病時、製衣時、拖捨衣時、在道路行走時、乘船時、大眾聚集時、施捨食物給沙門時，或三人、四人輪流進食，或說有因緣去食，無犯。

三十四、取歸婦賈客食戒

提要：婦人因供養而失婚，又商人因施食而糧食。

（一）制戒因緣

1. 婦施食

那時，佛在舍衛國祇樹給孤獨園。

這時，有一女子名叫伽若那〔註321〕，原本住在大村，來到罽禪國中嫁作

兼且當時乞食困難，不能捨棄兩家而僧眾整體另行乞食。那麼西家一人，令東家四人缺了一人，僧眾不齊全，構成別眾的違犯。又如僧眾有六人，東家五人、西家一人，情況相同，如此類推。由是，「大眾集」意謂在施主們不融洽和歡收時期，開許別眾食。

〔註321〕伽若那：音譯詞。《巴利律》作 Kāṇā，意譯「瞎眼」。

人婦，經過數月後便懷孕，即返回父母家中；有比丘們來到其家乞食，她親自拿食物或果，施捨給比丘們。

後來在另一個時候，其丈夫派使者叫妻子回家，其妻子出來回答使者說：「稍稍等候，我今在正想籌辦充足飲食，打扮一下衣著，然後一同前往。」

這時，有比丘們來到其家乞食。

這時，女子看見了，便再次以所籌辦的飲食全部施捨比丘，告說：「大德，可以食這些食物。」

當時，比丘們全部取去及食光，沒有剩餘。

2. 婦遭夫棄

其妻子往後才再次打扮自己，未回去之際，丈夫已另娶他婦，派使者對其妻子說：「我現今已另娶妻，來或不來，悉隨尊便。」

伽若那的父親聽聞，前往僧伽藍中，比丘們看見後說：「你女兒伽若那篤信佛法，喜歡布施。」

其父親報說：「正如尊者們所言，她確實篤信佛法，但今日婦人所不喜歡的遭遇，她今日就遇上了。」

比丘們問道：「遇上什麼呢？」

其父親報說：「其丈夫已另娶他婦。」

3. 商人施食

那時，波羅㮈城門外，有眾多商人的車輛一同停下和度宿。

這時，有一乞食比丘，在時間到了，穿衣持鉢，進入這些商人的營帳中乞食。

這時，那比丘依次行乞，漸漸前往到一信樂商人面前，默然站立。

商人問道：「尊者現今為什麼在這裏呢？」

比丘報說：「我乞食。」

高人便說道：「拿鉢過來。」

這時，比丘便把鉢交給他，商人取去鉢，盛滿美好的飲食給他。

4. 接續乞食

那時，乞食比丘捉拿食物，離開營帳；不遠處又有一乞食比丘過來，進入車輛間的營帳中乞食，問得食比丘：「乞食得到食物嗎？」

得食比丘報說：「可以得到。」

比丘又問：「從誰得到食物呢？」

得食報說：「從某甲商人所得。」

這時，乞食比丘前往到商人面前，默然站立。

商人問道：「為什麼在這裏呢？」

比丘報說：「我現今乞食。」

商人說道：「拿鉢過來。」

這時，那比丘便把鉢交給他，商人取去鉢，盛滿美好的飲食，給與比丘。

5. 糧食耗盡

比丘得到後，離開車輛間的營帳。

離開不遠，又有一乞食比丘來訪車輛間的營帳乞食，問道：「乞食得到食物嗎？」

得食比丘答道：「可以得到。」

比丘又問：「從誰人得到食物呢？」

得食報說：「從某甲商人所得。」

這樣互相轉告……乃至令他的食物耗盡。

6. 商人被劫

那時，商人才進入波羅㮈城，再購買〔註322〕糧食，同伴們已離去，他在後面趕不及，道路上被盜賊所劫掠。

比丘們聽聞，其中有少欲知足、行頭陀、喜好學戒、知慚愧者，嫌惡斥責比丘們說：「為什麼比丘食那些回歸娘家的婦女的食物，食道路上商人的食物，全食盡，沒有剩餘呢？」

這時，比丘們前往到世尊之所，頭面禮足，坐在一旁，把這因緣全部稟告世尊。

7. 佛斥犯者

那時，世尊召集比丘僧眾，怒聲斥責比丘們：「你們做錯了！不合威儀、不合沙門法、不是清淨的行為、不是隨順佛法的行為，都不應做。為什麼比丘們食那回歸娘家的婦女的食物、道路上商人的糧食，耗盡無餘呢？」

（二）制戒內容

1. 佛初制戒

這時，世尊用無數方法怒聲斥責那些比丘後，告訴比丘們：「這些比丘，

〔註322〕購買：〔大〕原作「市糴」。

愚癡人啊！會引生多種有漏，最初犯本戒。從今以後，跟比丘結戒，為了這十句義……乃至使正法得以久住。想說戒者，應這樣說：

若比丘，至白衣家，請比丘與食，若餅〔註323〕、若麨〔註324〕；比丘若須，二、三鉢應受，受已還〔註325〕至僧伽藍中，分與諸比丘食。若過兩、三鉢受，還至僧伽藍中，不分與諸比丘食者，波逸提。」

這樣世尊跟比丘們結戒。

2. 修訂前制

那時，病比丘們畏懼謹慎，不敢超過規定接受食物，前往稟告佛。

佛說：「從今以後，聽許病比丘超過規定接受食物。從今以後，應這樣說戒：

若比丘，至白衣家，請比丘與食，若餅、若麨；比丘欲須者，當二、三鉢受，還至僧伽藍中，應分與餘比丘食。若比丘，無病，過兩、三鉢受持，還至僧伽藍中，不分與餘比丘食者，波逸提。」

3. 釋義

（1）比丘：意義如上文所說。

（2）白衣家：有男有女。

（3）病：不能坐下一次食完美食。〔註326〕

4. 持食回寺

（1）不持回

如比丘，到白衣家，請食餅、麨，應問戶主說：「是回歸娘家的婦女的食物呢？抑或是道路上商人的糧食呢？」

如說是回歸娘家的婦女的食物、道路上商人的糧食，便應食完就離開，回到僧伽藍中，告訴比丘們：「某甲家有回歸娘家的婦女的食物、道路上商人的糧食，如想食者，食完就應離開。如想拿食物回來者，最多兩、三鉢，我現今沒有拿食物回來。」

（2）持兩鉢回

如想拿一鉢食物回來到僧伽藍中，跟比丘們一同分享，應對其他比丘說：

〔註323〕餅：《巴利律》作 pūva，餅。

〔註324〕麨：《巴利律》作 satthu，麵類糕點、麥餅。

〔註325〕還：〔大〕作「邊」，今依〔麗〕〔金〕。

〔註326〕這意謂病者食完一次，因病還要再食。

「某甲家有回歸娘家的婦女的食物、道路上商人的糧食。如有到那家庭去者，便在那裏進食；如拿食物回來，應取兩鉢，我拿了一鉢回來，或拿兩鉢回來，應跟其他比丘一同分享。」

又對比丘們說：「某甲家有回歸娘家的婦女的食物、道路上商人的糧食。如想到那家庭乞食者，可就在那家中食；想拿回來者，應取一鉢回來，我現今已拿兩鉢回來。」

（3）持三鉢回

如拿盡三鉢食物，回到僧伽藍中，分給比丘們一同吃，告訴其他比丘說：「現今某甲家有回歸娘家的婦女的食物、道路上商人的糧食。如想到那家庭乞食者，可就在那家中吃；如想拿回來者，小心切勿再拿回來，我已拿三鉢回來了。」

5. 違犯輕重

如比丘，無病，在那家中接受食物超過兩、三鉢，離開踏出家門，波逸提。

如一隻腳在門內、一隻腳在門外，設法想離去而返回停下，全突吉羅。

如不問是否回歸娘家的婦女的食物，或道路上的商人糧食而取食，突吉羅。

如拿到僧伽藍中，不分給其他比丘而獨食，突吉羅；或不告知其他比丘，突吉羅。

（三）兼制

比丘尼，突吉羅；式叉摩那、沙彌、沙彌尼，突吉羅。這叫做犯。

（四）開緣

不犯：接受兩、三鉢食物；病比丘超過規定接受食物；問是否回歸娘家的婦女、道路上商人的糧食，回到僧伽藍中分給比丘同食，告知其他比丘，令他們知道村落之所在；或那比丘親自送到僧伽藍中可接受，或又送到比丘尼寺中亦可接受，無犯。

三十五、足食戒

提要：佛制定「一食法、餘食法」。

（一）制戒因緣

1. 一食法

那時，佛在舍衛國祇樹給孤獨園。

這時，世尊為比丘們解說「一食法」〔註327〕、讚美「一食法」。

這時，比丘們聽聞世尊解說「一食法」、讚譽「一食法」。

這時，比丘們食佉闍尼〔註328〕的食物，或食五種正食〔註329〕，或飲漿，或服藥，應食一次便不再食，令身體枯槁、容顏憔悴。

2. 一食飽滿

那時，世尊明知故問阿難說：「這些比丘為什麼身體枯槁、容顏憔悴呢？」

阿難稟告佛說：「世尊用無數方法為比丘們解說『一食法』、讚譽『一食法』，而比丘們聽聞後，便一次在座位上〔註330〕食佉闍尼的食物，或食五種正食，或飲漿，或服藥，應食一次便不再食；因此身體枯槁、容顏憔悴。」

佛告訴阿難：「從今以後，聽許比丘們一次在座位上食，讓他們飽滿。」

3. 食五正食

比丘們聽聞世尊聽許一次在座位上食，直至飽滿。

那時，比丘們或食佉闍尼，或食五種正食，或飲漿，或服藥，讓他們飽足，便不再食，比丘們身體枯槁、容顏憔悴。

這時，世尊明知故問阿難說：「這些比丘為什麼身體枯槁、容顏憔悴呢？」

這時，阿難稟告佛說：「比丘們聽聞世尊聽許比丘們一次在座位上食直至飽滿，或食佉闍尼，或食五種正食，或飲漿，或服藥，讓他們飽足後便不再食，因此身體枯槁、容顏憔悴。」

這時，世尊告訴阿難說：「從今以後，聽許比丘們食五種正食，或飯，或麨，或乾飯、魚及肉，讓他們飽足；在這五種正食中，隨著所得到者，一一可食，讓他們飽足。」

4. 病僧可再食

那時，病比丘們雖然得到美食——飯、麨、乾飯、魚及肉，不能一次在座位上食，身體枯槁、容顏憔悴。〔註331〕

〔註327〕一食法：又叫「一坐食」。參看「僧殘‧向女歎身索供戒第4」。

〔註328〕佉闍尼：音譯詞。《巴利律》作 khādanīya，經咀嚼後吞食者，意譯「硬食、嚼食」；即主食以外的副食品，蔬菜瓜果之類。

〔註329〕正食：《巴利律》作 bhojanīya，不多咀嚼便可吞下者，意譯「軟食、噉食」；即下文所述飯等五種食物。

〔註330〕一次在座位上：〔大〕原作「一座上」，這僅一見，餘皆作「一坐上」。古時「坐」同「座」。

〔註331〕這裏意謂病比丘雖得到美食，但因患病，未能一次在座上時食得飽足。

這時，世尊明知故問阿難說：「病比丘們為什麼身體枯槁、容顏憔悴呢？」

這時，阿難稟告世尊說：「這些病比丘雖然得到五種正食，但不能一次在座位上食，因此身體枯槁、容顏憔悴。」

佛告訴阿難：「從今以後，聽許病比丘們屢屢進食，病人不用守『足食法』。」

5. 食殘食

那時，病比丘們如得到美食，不能盡食，給瞻病人；瞻病人足食後，不敢再食便拋棄，眾多雀鳥爭相來食和鳴叫。

世尊明知故問阿難說：「為什麼眾多雀鳥鳴叫呢？」

阿難稟告佛說：「這些病比丘得到美食，不能盡食，殘餘的給瞻病人；瞻病人足食後，不敢再食便拋棄，所以眾多雀鳥爭食和鳴叫。」

佛告訴阿難：「從今以後，聽許瞻病人食病人殘剩的食物；食病人殘餘的食物，不用守『餘食〔註332〕法』。」

6. 行餘食法

那時，比丘們清晨接受了食物，收藏後入村乞食，食完回來，取出所收藏的食物給比丘們。

比丘們足食後，不敢再食便拋棄，眾多烏鴉爭食和鳴叫。

世尊明知故問阿難說：「這些烏鴉為什麼鳴叫呢？」

阿難稟告佛說：「比丘們清晨接受了食物，收藏後入村乞食，食完回來，拿出所收藏的食物給比丘們。比丘們足食後，不敢再食便拋棄，因此眾多烏鴉爭食和鳴叫。」

佛告訴阿難：「從今以後，聽許取所接受的食物，行『餘食法』，便應可食。這樣行『餘食法』，說：『大德，我足食已；知是、看是』，這樣行『餘食法』。那比丘應取少許食物食了，對另一比丘說：『隨意取食』，應這樣行『餘食法』而食。」〔註333〕

7. 再行餘食法

後來一長老有很多朋友，比丘入村乞食，積聚大量食物，在某處一起進

〔註332〕餘食：《巴利律》作 atiritta，殘留的、殘餘的。

〔註333〕具體程序是：某甲比丘行「餘食法」時，要對乙比丘（須是未足食者）道出我已足食，並用「知是、看是」二語暗示殘餘食物之所在。乙比丘於甲比丘的鉢取少許食物後，對甲比丘表示我已足夠，讓你來食，然後交還甲比丘。

食，便拿殘餘的食物來到僧伽藍中，給比丘們。比丘們足食後，不敢再食便拋棄，眾多雀鳥爭食和鳴叫。」

這時，世尊明知故問阿難：「眾多雀鳥為什麼鳴叫呢？」

阿難稟告佛說：「長老有很多朋友，比丘入村乞食，積聚大量飲食，在某處一起進食，拿殘餘的食物回來給比丘們。比丘們足食後，不敢再食便拋棄，眾多烏鴉爭食，因此鳴叫。」

佛告訴阿難：「從今以後，聽許比丘們從那裏拿食物回來，應行『餘食法』而食。應這樣行『餘食法』，說：『大德，我足食已；知是、看是』，這是行『餘食法』。那比丘應取少許食物後，對那比丘說：『我止，汝取食之』，那比丘應這樣行『餘食法』而食。」

8. 比丘貪食

那時，舍衛國中有一比丘饞咀〔註334〕，不知道足食或不足食，亦不知道殘餘食物或非殘餘食物，得到食物便食。

這時，比丘們聽聞，其中有少欲知足、行頭陀、喜好學戒、知慚愧者，嫌惡斥責那比丘：「為什麼饞咀，不知道足食或不足食，不知道『餘食法』，不行『餘食法』，得到食物便吃？」

這時，比丘們前往到世尊之所，頭面禮足，坐在一旁，把這因緣全部稟告世尊。

9. 佛斥犯者

那時，世尊召集比丘僧眾，明知故問那比丘說：「你確實饞咀，不知道足食或不足食，亦不知道殘餘食物或非殘餘食物，得到食物便食嗎？」

那比丘答道：「確實這樣。」

佛用無數方法怒聲斥責那比丘：「你做錯了！不合威儀、不合沙門法、不是清淨的行為、不是隨順佛法的行為，都不應做。為什麼比丘這樣饞咀呢？」

（二）制戒內容

1. 佛制戒

世尊怒聲斥責他後，告訴比丘們：「從今以後，跟比丘結戒，為了這十句義……乃至使正法得以久住。想說戒者，應這樣說：

〔註334〕饞咀：〔大〕原作「貪餮」。

若比丘，足〔註335〕食竟，或時受請，不作餘食法而食者，波逸提。」

2. 釋義

（1）比丘：意義如上文所說。

（2）食：五種食物：飯、麨、乾飯、魚及肉。在這五種正食中，如食每一種正食，或飯，或麨，或乾飯，或魚及肉，讓人飽足。

（3）五種足食：知道是飯、知道有人帶來、知道遮止、知道威儀、知道捨棄威儀。〔註336〕足食後，捨棄威儀，不行「餘食法」，得到食物再食，每吞咽一口，波逸提。

3. 違犯的不同情況

（1）食正食

那時，尊者優〔註337〕波離便從座位起來，袒露右臂、右膝著地、合掌，稟告佛說：「正在行走的比丘，有哪幾項因素〔註338〕便足食呢？」

佛告訴優波離：「有五項因素便足食。哪五項呢？優波離，比丘知道正在行走時：知道是飯食，知道有人帶來，知道遮止，知道威儀，知道捨棄威儀。知道足食後捨棄威儀，不行『殘食法』，得到食物再食，每吞咽一口，波逸提。」

「這裏，優波離，比丘知道正在行走時：知道是麨、乾飯、魚及肉，知道有人帶來，知道遮止，知道威儀，知道捨棄威儀。足食後捨棄威儀，不行『餘食法』，得到食物再食，每吞咽一口，波逸提。」

「這裏，優波離，比丘知道正在行走時：知道是麨食，知道有人帶來，知道遮止，知道威儀，知道捨棄威儀。足食後捨棄威儀，不行『餘食法』，得到食物再食，每吞咽一口，波逸提。」

「這裏，優波離，比丘知道正在行走時：知道是乾飯、知道是魚及肉、飯，知道有人帶來，知道遮止，知道威儀，知道捨棄威儀。足食後捨棄威儀，不行

〔註335〕足：《巴利律》作 pavārita，已滿足的。

〔註336〕這五種足食因素的含義為：1.知道飯等五正食會令人違犯，非正食則否。2.知道食物為我帶來，多至足食才成犯，少不成犯。3.知道當前的食物不足，食了不遮止再食；如食物多能飽足，雖食一口，遮止再食。4.知道行、住、坐、臥四種威儀，破壞任何一種，都違犯。5.知道捨棄威儀。例如「坐」在床上進食飽足，忽然低頭拿取，類似「臥」下，後又離開床「行」走，就算行「餘食法」，亦不成立。

〔註337〕優：〔大〕作「憂」，今依〔宋元明〕〔宮〕。

〔註338〕幾項因素：〔大〕原作「幾處」；「處」，意為事物的某一部份。

『餘食法』，得到食物再食，每吞咽一口，波逸提。」

「這裏，優波離，比丘知道正在行走時：知道是乾飯食，知道有人帶來，知道遮止，知道威儀，知道捨棄威儀。足食後捨棄威儀，不行『餘食法』，得到食物再食，每吞咽一口，波逸提。」

「這裏，優波離，比丘知道正在行走時：知道是魚及肉、飯、麨，知道有人帶來，知道遮止，知道威儀，知道捨棄威儀。足食後捨棄威儀，不行『餘食法』，得到食物再食，每吞咽一口，波逸提。」

「這裏，優波離，比丘知道正在行走時：知道是魚食，知道有人帶來，知道遮止，知道威儀，知道捨棄威儀。足食後捨棄威儀，不行『餘食法』，得到食物再食，每吞咽一口，波逸提。」

「這裏，優波離，比丘知道正在行走時：知道是肉、飯、麨、乾飯，知道有人帶來，知道遮止，知道威儀，知道捨棄威儀。足食後捨棄威儀，不行『餘食法』，得到食物再食，每吞咽一口，波逸提。」

「這裏，優波離，比丘知道正在行走時：知道是肉食，知道有人帶來，知道遮止，知道威儀，知道捨棄威儀。足食後捨棄威儀，不行『餘食法』，得到食物再食，每吞咽一口，波逸提。」

「這裏，優波離，比丘知道正在行走時：知道是飯、麨、乾飯、魚，知道有人帶來，知道遮止，知道威儀，知道捨棄威儀。足食後捨棄威儀，不行『餘食法』，得到食物再食，每吞咽一口，波逸提。」

「優波離，這是正在行走的比丘的五種足食因素，住、坐、臥也是這樣。」

（2）食佉闍尼食

佉闍尼食：有屬於根部的佉闍尼的食物，有屬於枝、葉、花、果的佉闍尼的食物，有油、胡麻、黑石蜜、磨細末食〔註339〕。

那比丘，足食了，不行「餘食法」，得到食物再食，每吞咽一口，波逸提。〔註340〕

4. 餘食法不成立

如足食後，為他人行「餘食法」，「餘食法」不成立，突吉羅；〔註341〕如

〔註339〕磨細末食：把稻、大麥、小麥等磨成粉末蒸煮後的食物。
〔註340〕某比丘足食後，不行「餘食法」，再食佉闍尼食，同樣違犯。
〔註341〕某比丘足食後，不符合為人行「餘食法」的資格，行者違犯。

知道比丘足食後，向他行「餘食法」，「餘食法」不成立，突吉羅。〔註342〕

如比丘，親手拿起食物，行「餘食法」，「餘食法」不成立，突吉羅；〔註343〕如把食物置放地上，行「餘食法」，「餘食法」不成立，突吉羅。〔註344〕

如比丘，讓淨人拿著食物，行「餘食法」，「餘食法」不成立，突吉羅。〔註345〕

如比丘，在淨人面前行「餘食法」，突吉羅；〔註346〕用劣食覆蓋在美食上，行「餘食法」，「餘食法」不成立，突吉羅。〔註347〕

如比丘，接受他人行「餘食法」，拿走全部食物，「餘食法」不成立，突吉羅。〔註348〕

5. 境想

如足食，有足食的想法，波逸提；如有足食的懷疑，突吉羅。

如比丘，不足食，有足食的想法，突吉羅；有不足食的懷疑，突吉羅。

（三）兼制

比丘尼，突吉羅；式叉摩那、沙彌、沙彌尼，突吉羅。這叫做犯。

（四）開緣

不犯：正食，有非正食的想法；不接受殘餘食物；行「餘食法」；非正食，不行「餘食法」；自己拿取，行「餘食法」；或不置放地上，行「餘食法」……乃至在伸手可觸及處；或自己為他人、他人為自己行「餘食法」；或患病不行「餘食法」；病人的殘餘食物，不行「餘食法」；或已行「餘食法」，無犯。

三十六、勸足食戒

提要：貪食比丘見守法比丘食後，勸他再食，趁機訶責。

〔註342〕向某比丘行「餘食法」時，某比丘須未足食，否則「餘食法」不成立。

〔註343〕甲比丘向乙比丘行「餘食法」時，須先讓乙比丘先拿食物，甲比丘不能先拿，否則「餘食法」不成立。

〔註344〕如比丘把食物放在地上，伸手不及，距離自己太遠，那麼向另一比丘行「餘食法」，暗示食物之所在時，不大穩妥，故「餘食法」不成立。

〔註345〕比丘行「餘食法」時，食物須在自己的鉢中，否則不成立。

〔註346〕「餘食法」應在另一比丘面前進行，否則不成立。

〔註347〕甲比丘向乙比丘行「餘食法」時，故意用差劣的食物覆蓋，讓乙比丘拿不到較好的食物，「餘食法」不成立。

〔註348〕比丘接受他人行「餘食法」時，只可象徵性拿少許食物，否則「餘食法」不成立。

（一）制戒因緣

1. 比丘饞咀

那時，佛在舍衛國祇樹給孤獨園。

這時，舍衛國中有兩兄弟皆是比丘，一比丘饞咀貪食，不知道足食或不足食，餘食或不餘食，得到食物便食。

另一比丘說道：「未曾有比丘像你現今這樣饞咀貪食，不知道足食或不足食，餘食或不餘食，得到食物便食。」

2. 引誘違犯

那時，饞咀比丘聽聞這番話，心懷怨恨，於另一時間看見這比丘食後，不作「餘食法」，殷勤地請他食，他便接受食了。

饞咀比丘說道：「未曾有比丘像你這樣饞咀，這樣不知道足食或不足食，不知道餘食或不餘食；得到食物便食，貪得無厭。」

那比丘報說：「我雖食了但未飽足。」

饞咀比丘說道：「你之前已食，飽足了。」

那比丘問道：「你怎知道我足食呢？」

饞咀比丘答道：「知道。」

那比丘問道：「你明知而故意這樣做的嗎？」

饞咀比丘答道：「明知。」

這時，那比丘嫌惡斥責這比丘，這樣說：「為什麼知道其他比丘足食後，殷勤地請他食，令他犯戒呢？」

這時，比丘們聽聞，其中有少欲知足、行頭陀、喜好學戒、知慚愧者，嫌惡斥責那饞咀比丘說：「為什麼知道他人足食了，殷勤地請他食，令他犯戒呢？」

當時，比丘們前往到世尊之所，頭面禮足，坐在一旁，把這因緣全部稟告世尊。

3. 佛斥犯者

那時，世尊藉這因緣召集比丘僧眾，明知故問那比丘說：「你確實知道他人足食後，殷勤地請他食，令他犯戒嗎？」

那比丘答道：「確實這樣，世尊。」

這時，世尊用無數方法怒聲斥責那比丘：「你做錯了！不合威儀、不合沙門法、不是清淨的行為、不是隨順佛法的行為，都不應做。為什麼知道他人足

食後，殷勤地請他食，令他犯戒呢？」

（二）制戒內容

1. 佛初制戒

這時，世尊用無數方法怒聲斥責那比丘後，告訴比丘們：「這愚癡人啊！會引生多種有漏，最初犯本戒。從今以後，跟比丘結戒，為了這十句義……乃至使正法得以久住。想說戒者，應這樣說：

若比丘，知他比丘食竟，慇懃請與食：『長老食是食』；以是因緣非餘，欲令他犯，波逸提。」

這樣世尊跟比丘結戒。

2. 修訂前制

那時，比丘們未知道他人已食或未食，不知道足食或不足食，後來才知道已食、已足食；或有行波逸提懺悔，或有畏懼謹慎。

佛說：「不知道的，無犯。從今以後，應這樣說戒：

若比丘，知他比丘足食已，若受請，不作餘食法，慇懃請與食：『長老取是食』；以是因緣非餘，欲使他犯戒，波逸提。」

3. 釋義

（1）比丘：意義如上文所說。

（2）食：有五種，亦如上文。

（3）請：也有五種，亦如上文。

4. 違犯輕重

那比丘，知道其他比丘足食後，不行「餘食法」，殷勤地請他食，說：「長老食這些」；他便接受而食，每吞咽一口，二人皆波逸提。

如給食物令人食，面前的比丘不食而拋棄，給者突吉羅；如比丘給食物讓人食，面前的比丘接受了卻不食，收藏好，給者突吉羅；如比丘給食物讓人食，面前的比丘接受後轉給其他人，給者突吉羅；如比丘不行「餘食法」，把食物給與面前的人，面前的人作「餘食法」而食，給者突吉羅；如給病人食物，想令他違犯，給者突吉羅；拿病人的殘餘食物給他人，想令他違犯，給者突吉羅；如行「餘食法」後給食物他人，想令他違犯，給者突吉羅。

5. 境想

足食，有足食的想法，波逸提；有足食的懷疑，突吉羅；不足食，有足食

的想法，突吉羅；有不足食的懷疑，突吉羅。

（三）兼制

比丘尼，突吉羅；式叉摩那、沙彌、沙彌尼，突吉羅。這叫做犯。

（四）開緣

不犯：如先前不知道已足食，足食有不足食的想法；或給食物讓他拋棄，而他食了；或給食物讓他收藏，而他食了；或讓他送與他人，而他取來食；或未行「餘食法」，給食物，讓他行「餘食法」而食，他卻沒行「餘食法」而食；〔註349〕或拿病人的殘餘食物而給，不讓他違犯；行「餘食法」而給，不令他違犯，不犯。

三十七、非時食戒

提要：迦留陀夷晚上入城乞食，嚇倒孕婦，受驚小產。

（一）制戒因緣

1. 供養釋子

那時，佛在羅閱城耆闍崛山中。

這時，羅閱城中人民過節會〔註350〕，演出各種歌舞音樂。

這時，難陀、跋難陀二釋子到那裏看歌舞，難陀、跋難陀二釋子容貌端正，眾人都一同觀看。

這時，有一人對眾人說：「你們只是觀看沙門釋子，何不供給飲食供養，然後觀看呢？」

當時，眾人便給二人飲食。

2. 釋子夜歸

那時，難陀、跋難陀二釋子食完，繼續看歌舞，傍晚〔註351〕才返回耆闍崛山，比丘們看見便問：「你們為什麼靠近日落時才起行呢？」

這時，難陀、跋難陀把這因緣全部向比丘們述說。

3. 孕婦小產

在日落時份，迦留陀夷穿衣持鉢，入羅閱城乞食；天色陰暗，黑夜降臨，

〔註349〕以上幾種不犯情況，意謂給食物者沒違犯，而非指食者沒違犯。
〔註350〕節會：《巴利律》作 samajja，慶祝會、展覽會。
〔註351〕傍晚：〔大〕原作「向暮」。

到一孕婦的家庭乞食。

這婦女拿食物出門，恰巧行雷閃電，瞬間看到迦留陀夷一面。

這時，婦女驚恐說：「鬼啊！鬼啊！」便小產了。

迦留陀夷說道：「大妹，我不是鬼，我是沙門釋子。」

婦女怒說：「沙門釋子寧可剖腹，都不應在夜間乞食。」

這時，迦留陀夷聽聞這番話後，回到僧伽藍中，把這因緣向比丘們述說。

其中有少欲知足、行頭陀、喜好學戒、知慚愧者，嫌惡斥責難陀、跋難陀釋子及迦留陀夷：「為什麼難陀、跋難陀、迦留陀夷，於不適當的時間乞食，並觀看歌舞呢？」

當時，比丘們前往世尊之所，頭面禮足，坐在一旁，把這因緣全部稟告世尊。

4. 佛斥犯者

世尊藉這因緣召集比丘僧眾，用無數方法怒聲斥責難陀、跋難陀釋子及迦留陀夷：「你們做錯了！不合威儀、不合沙門法、不是清淨的行為、不是隨順佛法的行為，都不應做。為什麼難陀、跋難陀釋子及迦留陀夷，於不適當的時間乞食，並觀看歌舞呢？」

（二）制戒內容

1. 佛制戒

世尊用無數方法怒聲斥責難陀、跋難陀釋子及迦留陀夷後，告訴比丘們：「從今以後，不可以觀看歌舞；觀看歌舞，突吉羅。從今以後，跟比丘結戒，為了這十句義……乃至使正法得以久住。想說戒者，應這樣說：

若比丘，非時〔註352〕受食；食者，波逸提。」

2. 釋義

（1）比丘：意義如上文。

（2）時：曙光初出……乃至日中；這時段合法，四天下的食時也是這樣。

（3）非時：從日中……乃至翌日曙光未出。

（4）食：有二種：佉闍尼食如上文所述，蒲闍尼五種食物如上文所述。

3. 違犯輕重

如比丘，於不適當的時間接受食物，每吞咽一口，波逸提。

〔註352〕非時：《巴利律》作 vikāla，非時、午後。

如非時藥，過了非時才食，〔註353〕波逸提。

七日藥，過了七日才食，波逸提。

盡形壽藥，無因無緣服用，突吉羅。

4. 境想

非時，有非時的想法，波逸提；有非時的懷疑，突吉羅；非時，有時的想法，突吉羅；時，有非時的想法，突吉羅；有非時的懷疑，突吉羅。

（三）兼制

比丘尼，突吉羅；式叉摩那、沙彌、沙彌尼，突吉羅。這叫做犯。

（四）開緣

不犯：這時，有乞食比丘，看見他人製的黑石蜜中有羂尼〔註354〕，畏懼謹慎，不敢於非時噉食。佛說：「聽許噉食，無犯」，做法應是這樣。

這時，有病比丘服吐下藥〔註355〕，比丘煮粥熟了，日中快過，應煮麥至皮不爆破，濾汁飲，無犯。

如從喉嚨嘔吐出再吞回，無犯。

三十八、食殘宿戒

提要：迦難苦於每日乞食，寧可食先前乞來的飲食，其他比丘於進食時不見他，以為他遇害或出走。

（一）制戒因緣

1. 苦於乞食

那時，佛在羅閱城耆闍崛山中。

這時，尊者迦羅〔註356〕住在山中，經常坐禪思惟；如乞食時候到了，迦羅穿衣持鉢，入羅閱城中乞食。

這時，羅閱城中乞食容易得到食物。

這時，迦羅這樣想念：「我現今為何日日入城乞食，疲勞困苦呢？我不如食先乞得者，後得的食物〔註357〕當拿回去。」之後便如他所想念者行事。

〔註353〕過了「非時」，即翌日曙光初出之後。

〔註354〕羂尼：音譯詞，原語不詳；意指雜物，為製石蜜時落的米或麨末的碎末。

〔註355〕吐下藥：催嘔通便的藥物。

〔註356〕迦羅：《巴利律》作 Belaṭṭhasīsa，阿難之師。另參看「僧殘・媒人戒第5」。

〔註357〕後得：〔大〕缺此二字，今依〔麗〕〔金〕。

2. 食宿食

那時，比丘們在小食、大食上，都看不見迦羅。

這時，比丘們互相說道：「我們在小食、大食上，都看不見迦羅，難道他命終了嗎？難道遠行嗎？難道還俗嗎？難道遇上盜賊嗎？難道被猛獸殺死嗎？難道被河水漂走嗎？」

後來在另一時間看見迦羅，問道：「你昨天從哪裏來呢？在小食、大食上都看不見你，我們以為你過世了，或遠行，或還俗，或被猛獸加害。」

這時，迦羅把這因緣全部向比丘們述說。

其中有少欲知足、行頭陀、喜好學戒、知慚愧者，嫌惡斥責迦羅說：「為什麼拿起宿夜的食物〔註358〕而食呢？」

當時，比丘們前往到世尊之所，頭面禮足，坐在一旁，把這因緣全部稟告世尊。

3. 佛斥犯者

世尊藉這因緣召集比丘僧眾，明知故問迦羅：「你確實拿起宿夜的食物來食呢？」

迦羅答說：「確實這樣。」

這時，世尊用無數方法怒聲斥責迦羅：「你做錯了！不合威儀、不合沙門法、不是清淨的行為、不是隨順佛法的行為，都不應做。為什麼迦羅收藏宿夜的食物來食呢？你本意是希望少欲知足，後來的眾生卻會效法你的行事。」

（二）制戒內容

1. 佛制戒

世尊怒聲斥責迦羅後，告訴比丘們：「這迦羅，愚癡人啊！會引生多種有漏，最初犯本戒。從今以後，跟比丘結戒，為了這十句義……乃至使正法得以久住。想說戒者，應這樣說：

若比丘，殘宿食而食者，波逸提。」

2. 釋義

（1）比丘：意義如上文。

（2）宿食：今日接受了，至翌日，對於一切已受大戒的沙門釋子來說，

〔註358〕宿夜的食物：〔大〕原作「宿食」。《巴利律》作 sannidhikāraka bhojana，貯藏的食物。

皆不清淨。

（3）食：有兩種：

1）非正食：根食……乃至細末食。

2）正食：飯、麨、乾飯、魚及肉。

3. 違犯輕重

如比丘，拿宿夜的食物來食，每吞咽一口，波逸提。

非時藥，過了非時才食，波逸提。

接受七日藥，過了七日才食，波逸提。

盡形壽藥，沒有患病這因緣而服食，突吉羅。

4. 境想

宿夜，作出宿夜的想法，波逸提；有宿夜的懷疑，突吉羅；非宿夜，有宿夜的想法，突吉羅；有非宿夜的懷疑，突吉羅。

（三）兼制

比丘尼，突吉羅；式叉摩那、沙彌、沙彌尼，突吉羅。這叫做犯。

（四）開緣

不犯：宿夜的食物有殘餘，給父母，給建塔人，給建房舍人，計算價錢後給價值相當的食物，後於另一個時間，從建者乞回食物〔註359〕；鉢盂有孔隙，食物楔在鉢中，那人挑摘洗滌穿壞之處，依規範清洗，仍有殘餘食物洗不掉，無犯。〔註360〕

或前一晚接受酥油脂，用來灌鼻〔註361〕，倒索〔註362〕時酥油隨唾液流出，應拋棄，殘餘者無犯。〔註363〕

三十九、不受食戒〔註364〕

提要：比丘擅食居士的祭祀供養品。

〔註359〕比丘乞得的食物，雖是先前的殘食，但因已屬於建造者，不再是殘食，故食不犯。

〔註360〕食物殘留在鉢中，清洗不掉，再食不犯。

〔註361〕用酥油灌鼻，可治頭痛、眼疾。

〔註362〕倒索：〔大〕原作「縮鼻」。

〔註363〕這表示殘餘的酥油，比丘再吞下，不犯。

〔註364〕《巴利律》作第40戒。

（一）制戒因緣

1. 居士祭祀

那時，佛在舍衛國祇樹給孤獨園。

這時，舍衛城中有一位比丘，這樣想念：「我現今不如常常乞食，穿糞掃衣。」他便如所想念者行事。

這時，舍衛城中各居士，為過世的父母、兄弟姊妹以及丈夫，於四通八達的道路頭，或門下，或河邊樹下，或在石頭旁邊，或在廟中，設置飲食、祭祀供養。

2. 擅食祭品

那時，那乞食比丘自行拿食物來食，居士們看見，皆嫌惡他：「沙門釋子，不知慚愧，犯了不與取，對外自稱說：『我修習正法』，這樣何來有正法呢？我們為過世的父母及兄弟姊妹，設置飲食、祭祀供養，而他拿來食，好像我們特意為沙門釋子準備飲食供養，放在那些地方；而我們其實為過世父母及兄弟姊妹，特意設置這些飲食祭祀，而他們竟自行拿去食。」

這時，比丘們聽聞，其中有少欲知足、行頭陀、喜好學戒、知慚愧者，嫌惡斥責乞食比丘說：「為什麼乞食比丘，舍衛城中居士們為了過世父母及兄弟姊妹，設置飲食、祭祀供養，而自行拿去食吃？」

當時，比丘們前往到世尊之所，頭面禮足，坐在一旁，把這因緣全部稟告世尊。

3. 佛斥犯者

世尊藉這因緣召集比丘僧眾，用無數方法怒聲斥責那比丘：「你做錯了！不合威儀、不合沙門法、不是清淨的行為、不是隨順佛法的行為，都不應做。為什麼乞食比丘，自行取去舍衛城居士的祭祀飲食來食呢？」

（二）制戒內容

1. 佛制戒

世尊用無數方法怒聲斥責那乞食比丘後，告訴比丘們：「這乞食比丘，愚癡人啊！會引生多種有漏，最初犯本戒。從今以後，跟比丘結戒，為了這十句義……乃至使正法得以久住。想說戒者，應這樣說：

若比丘，不受食，若藥〔註365〕著口中，波逸提。」

〔註365〕藥：《巴利律》作 āhāra，食物、營養物。

這樣世尊跟比丘結戒。

2. 修訂前制

那時，比丘們心中有疑惑，不敢自行拿取楊枝和淨水。

佛說：「比丘自行拿取楊枝和淨水，不犯。從今以後，應這樣說戒：

若比丘，不受食〔註366〕，若藥著口中，除水及楊枝，波逸提。」

3. 釋義

（1）比丘：意義如上文。

（2）不與：未從他人接受者便是。

（3）受：接受有五種：

1）用手授與、用手接受。

2）或用手授與、拿器物〔註367〕接受。

3）或拿器物授與、用手接受。

4）或拿器物授與、拿器物接受。

5）或遠距離投擲〔註368〕，給與者和接受者都知道中間無阻礙，能落入手中。

這叫做五種接受。

又有五種接受食物：

1）或用身體給與、用身體接受。

2）用衣物給與、用衣物接受。

3）用彎起的手臂給與、用彎起的手臂接受。

4）用器物給與，用器物接受。

5）或有因緣，置放地上給與。

這是五種接受食物。

（4）佉闍尼食：從根部食物……乃至細末磨食。

（5）食：麨、飯、乾飯、魚及肉。

（6）奢耶尼〔註369〕食：酥、油、生酥、蜜、石蜜。

〔註366〕不受食：《巴利律》作 adinnaṃ……āhāraṃ，不給與食物。

〔註367〕器物：〔大〕原作「物」。《巴利律》作 kāyapaṭibaddha，身體連接的。

〔註368〕遠距離投擲：〔大〕原作「遙過物與」。《巴利律》作 nissaggiya，應被捨的。

〔註369〕奢耶尼：音譯詞，原語不明；意謂「含消」（入口即化）。

4. 違犯輕重

如比丘，不獲給食物，自行拿取放入口中，除水和楊枝外，每吞咽一口，波逸提。

非時藥，過了非時才食，波逸提。

接受七日藥，過了七日才食，波逸提。

盡形壽藥，無因緣不經接受而食，突吉羅。

5. 境想

不經接受，有不經接受的想法，波逸提；有不經接受的懷疑，突吉羅；經接受，有不經接受的想法，突吉羅；或有經接受的懷疑，突吉羅。

（三）兼制

比丘尼，突吉羅；式叉摩那、沙彌、沙彌尼，突吉羅。這叫做犯。

（四）開緣

不犯：取水和楊枝；或酥油脂未經接受，用來灌鼻，與唾液一同流出，雖然殘餘酥油，不犯。〔註370〕

如比丘乞食時，鳥銜著的食物墮落鉢中，或風吹墮落鉢中，想剔除這食物，乃至僅一指爪的份量，可以剔除，殘餘者不犯。〔註371〕

四十、索美食戒〔註372〕

提要：跋難陀向商主家索美食。

（一）制戒因緣

1. 索美食

那時，佛在舍衛國祇樹給孤獨園。

這時，跋難陀釋子有一商人是他的檀越。

這時，跋難陀釋子，在時間到了，穿衣持鉢，拜訪那商人家中，這樣說：「我現今想得到雜食〔註373〕。」

商人問道：「現今有什麼禍患，想到這食物呢？」

〔註370〕這意謂酥油流了出來，即有殘餘，雖未經接受而有，但由於本用來治病，不犯。

〔註371〕這意謂雖有殘餘食物，未經接受，但因是無心之得，不犯。

〔註372〕《巴利律》作第39戒。

〔註373〕雜食：用乳、酪、魚、肉混雜飯、麨，為一美味的食物。

跋難陀報說：「沒有禍患，僅想得到雜食罷了。」

商人報說：「我們商人常做買賣過活，尚且不能得到雜食，何況你是出家人呢！」

這時，乞食比丘聽聞這番話，嫌惡斥責跋難陀釋子：「為什麼為了自己乞求這樣的美食呢？」

這時，乞食比丘食完，回到僧伽藍中，把這因緣向比丘們述說。

其中有少欲知足、行頭陀、喜好學戒、知慚愧者，嫌惡斥責跋難陀釋子：「為什麼為了自己乞求這樣的美食呢？」

當時，比丘們前往到世尊之所，頭面禮足，坐在一旁，把這因緣全部稟告世尊。

2. 佛斥犯者

世尊藉這因緣召集比丘僧眾，用無數方法怒聲斥責跋難陀釋子：「你做錯了！不合威儀、不合沙門法、不是清淨的行為、不是隨順佛法的行為，都不應做。為什麼跋難陀釋子，為了自己乞求這樣的美食呢？」

（二）制戒內容

1. 佛制戒

世尊用無數方法怒聲斥責跋難陀釋子後，告訴比丘們：「跋難陀，愚癡人啊！會引生多種有漏，最初犯本戒。從今以後，跟比丘結戒，為了這十句義……乃至使正法得以久住。想說戒者，應這樣說：

若有如是美食〔註374〕——乳、酪、魚及肉；若比丘，如是美食，自為身索食者，波逸提。」

這樣世尊跟比丘結戒。

2. 修訂前制

那時，病比丘們聽聞這番語後，都畏懼謹慎，不敢乞食；不敢為病比丘乞食，得到食物後也不敢食。

佛說：「從今以後，聽許病比丘乞食，亦聽許他們為病比丘乞食，乞到食物後聽許進食。從今以後，應這樣說戒：

若得好美飲食——乳、酪、魚及肉；若比丘，如此美飲食，無病，自為身索者，波逸提。」

〔註374〕美食：《巴利律》作 paṇītabhojana，妙勝之食。

3. 釋義

（1）比丘：意義如上文。

（2）美食：乳、酪、魚及肉。〔註375〕

（3）病：乃至一次在座位上的時間，不能食完一頓飯。如比丘，無病，為自己乞求這些美食，每吞咽一口，波逸提。

（三）兼制

比丘尼，突吉羅；式叉摩那、沙彌、沙彌尼，突吉羅。這叫做犯。

（四）開緣

不犯：病人自行乞、為病人乞、乞得到而食；或自己為了他人、他人為了自己；或不經乞求而得，〔註376〕無犯。

四十一、與外道食戒

提要：阿難大意多分餅給裸形外道女，其他人只得一餅。

（一）制戒因緣

1. 僧眾分餅

那時，佛帶領一千二百五十名弟子，從拘薩羅國遊行，來到舍衛國。

這時，檀越們供養佛和僧眾，得到很多餅。

這時，世尊告訴阿難：「你給僧眾分了這些餅。」

阿難就接受教示，把餅分給僧眾，分後仍有剩餘。

2. 疑與女私通

世尊再告訴阿難：「把餘下的餅給與乞丐。」

阿難便接受教示，每人給一塊餅。

這時，那些乞丐中有一裸形外道家女，相貌端正。

這時，阿難派餅，兩餅互相粘著，以為是一塊餅而給這女人。

這女人便問旁人說：「你得多少塊餅？」

這時，旁人報說：「我得到一塊餅。」

旁人便回問：「你得到多少塊餅？」

外道女報說：「我得到兩塊餅。」

〔註375〕《巴利律》多列熟酥、生酥、油、蜜、石蜜。

〔註376〕這意謂自然而得。

這時，那些婦女便對這女人說：「他跟你私通，怎會不給你兩塊餅呢？」

這時，阿難聽聞這番話，心懷愁憂；比丘們聽聞，亦不高興。

3. 梵志詆毀

那時，那聚會中有一梵志〔註377〕，在那裏食後，便走向拘薩羅國，路上遇上一篤信看相的婆羅門，便問他說：「你從哪裏來？」

婆羅門報說：「我從舍衛國來。」

梵志又問：「在舍衛國中乞求飲食，可以得到嗎？還可以修行嗎？」

婆羅門報說：「索取的可以得到。」

梵志又問道：「從誰人哪處得到呢？」

婆羅門報說：「從禿頭居士〔註378〕那裏得到。」

梵志又問：「誰是禿頭居士呢？」

婆羅門報說：「沙門瞿曇便是。」

婆羅門問道：「你是什麼人？食了他人的食物，卻說這些惡話呢！」

那婆羅門來到僧伽藍中，把所聽聞的事告訴比丘們。

當時，比丘們把這兩段因緣全部稟告世尊。

（二）制戒內容

1. 佛制戒

那時，世尊藉這因緣召集比丘僧眾，告說：「從今以後，跟比丘結戒，為了這十句義……乃至使正法得以久住。想說戒者，應這樣說：

若比丘，與裸形外道〔註379〕，若男、若女食者，波逸提。」

這樣世尊跟比丘結戒。

2. 修訂前制

其他各外道等都有怨言：「一二外道有過錯而已，我們又有什麼過錯而不得食呢？」

比丘們稟告佛。

佛說：「從今以後，如比丘們想給食物，應置放地上給與，或派人給與。從今以後，應這樣說戒：

〔註377〕梵志：《巴利律》作 ājīvaka，邪命外道。

〔註378〕禿頭居士：《巴利律》作 muṇḍagahapatika，禿頭屋主。

〔註379〕裸形外道：《巴利律》作 acelaka，裸形行者。

若比丘，外道男、外道女，自手與食者，波逸提。」

3. 釋義

（1）比丘：意義如上文。

（2）外道：裸形的異學人。

（3）波私波羅闍〔註380〕：在這些人以外的出家者便是。〔註381〕

（4）佉闍尼食：根部食物……乃至果食、油食……乃至磨細末食。

（5）食：飯、麨、乾飯、魚及肉。

4. 違犯輕重

如比丘，親手給食物與裸形外道，或男或女，波逸提；或給而對方接受，波逸提；給而不接受，突吉羅；設法想給而不給，想反悔，全突吉羅。

（三）兼制

比丘尼，突吉羅；式叉摩那、沙彌、沙彌尼，突吉羅。這叫做犯。

（四）開緣

不犯：如置放地上給；或派人給；或給父母、給建塔人、建別房〔註382〕人，計算價錢而給價值相當的食物；或為有勢力者強搶去，不犯。

四十二、不囑同利入聚戒〔註383〕

提要：比丘因另訪他家，累原來的施主久等，延誤食時，令僧眾未能飽食。

（一）制戒因緣

1. 長者施食

那時，佛在舍衛國祇樹給孤獨園。

這時，舍衛城中有一豪族長者〔註384〕，與跋難陀釋子是知舊親友，他這樣想念道：「如跋難陀釋子來到進入這城，當為跋難陀的緣故，為僧眾提供飯食。」

在另一個時間，跋難陀釋子來到進入城中，長者聽聞他來到，便派人到僧伽藍中，對比丘們說：「明日請食。」便在當夜籌辦充足各種美味的飲食。

〔註380〕波私波羅闍：音譯詞。《巴利律》作 paribbājaka，遊行者、梵志。

〔註381〕這意謂裸形外道以外的出家者。

〔註382〕別房：單獨一房。

〔註383〕《巴利律》作第46戒。

〔註384〕豪族長者：《巴利律》作 upaṭṭhākakula，奉獻的家庭、信施家。

明日清晨，前往宣告時間到了。

這時，比丘們在時間到了，穿衣持鉢，拜訪長者家，走到座位而坐下。

2. 跋難陀遲來

比丘們對長者說：「僧眾都已集合，籌辦好的飲食可以在這時施捨。」

長者報說：「尊者們稍稍等待，須等候跋難陀釋子到來。」

比丘們報說：「僧眾人都已集合，如飲食已籌辦好，便可以施捨。為什麼要等待呢？日中時間快過去，恐怕比丘不能完全食飽。」

這時，長者稟告比丘們：「我先前立了誓願，如跋難陀釋子來到進入這城，我當為跋難陀釋子提供僧眾飯食，願尊者們稍稍等待跋難陀。」

3. 僧眾不飽

那時，跋難陀在小食時再到訪其他家庭，日中快將過去才來到。

這時，比丘們見時間快要過去，雖然得到飲食，最終不能食飽。

其中有少欲知足、行頭陀、喜好學戒、知慚愧者，嫌惡斥責跋難陀釋子：「為什麼跋難陀釋子在小食時再到訪其他家庭，日中快將過去才來到，令比丘們不能食飽呢？」

當時，比丘們前往到世尊之所，頭面禮足後，坐在一旁，把這因緣全部稟告世尊。

4. 佛斥犯者

世尊藉這因緣召集比丘僧眾，用無數方法怒聲斥責跋難陀釋子：「你做錯了！不合威儀、不合沙門法、不是清淨的行為、不是隨順佛法的行為，都不應做。為什麼跋難陀釋子在小食時到其他家庭，時間快過才來到，令比丘們不能食飽呢？」

（二）制戒內容

1. 佛初制戒

世尊用無數方法怒聲斥責跋難陀釋子後，告訴比丘們：「這愚癡人啊！會引生多種有漏，最初犯本戒。從今以後，跟比丘結戒，為了這十句義……乃至使正法得以久住。想說戒者，應這樣說：

若比丘，先受請，小食時〔註385〕至餘家者，波逸提。」

這樣世尊跟比丘結戒。

〔註385〕小食時：《巴利律》作 purebhatta，食前、午前。

2. 等候跋難陀

那時，羅閱城中有一大臣，與跋難陀釋子是知舊親友。

這時，那大臣在另一時間得到許多甘果〔註386〕，便令一人說：「跋難陀釋子是我舊識親友，你可以拿這些甘果前往到僧伽藍中給他看，說：『我跟你是舊識，可拿這些甘果分給僧眾』。」

這時，那使者便拿著甘果到僧伽藍中，稟告比丘們：「大德，這是僧眾的新鮮甘果。」

比丘們說：「這樣給僧眾者，便可分派〔註387〕。」

那人報說：「羅閱城中大臣令我說：『你拿這些甘果到僧伽藍中，給跋難陀釋子看，讓他分派給僧眾』。現今要等跋難陀釋子來到，當分派給僧眾。」

3. 未能食果

那時，跋難陀在後食之後，才到訪其他家庭，時間過了才回來，令僧眾不能食新鮮甘果。

這時，比丘們聽聞，其中有少欲知足、行頭陀、喜好學戒、知慚愧者，嫌惡斥責跋難陀說：「為什麼在後食之後才到訪其他的家庭，時間過了才回來，令僧眾不能吃新鮮甘果呢？」

比丘們前往世尊之所，頭面禮足，坐在一旁，把這因緣全部稟告世尊。

4. 修訂前制

那時，世尊藉這因緣召集比丘僧眾，怒聲斥責跋難陀釋子：「你做錯了！不合威儀、不合沙門法、不是清淨的行為、不是隨順佛法的行為，都不應做。為什麼跋難陀釋子在後食之後才到訪其他家庭，時間過了才回來，令僧眾不能食新鮮甘果呢？」

世尊用無數方法怒聲斥責後，告訴比丘們：「從今以後，應這樣說戒：

若比丘，先受請，前食〔註388〕、後食〔註389〕詣餘家者，波逸提。」

這樣世尊跟比丘們結戒。

5. 再修訂前制

那時，羅閱城中的僧眾得到許多請食，比丘們都畏懼謹慎，不敢入城接受

〔註386〕甘果：香甜的果子。《巴利律》作 khādanīya，嚼食。

〔註387〕分派：〔大〕原作「賦」。《巴利律》作 dadāti，施與、給與。

〔註388〕前食：《巴利律》作 purebhatta，食前、午前。

〔註389〕後食：《巴利律》作 pacchābhattaṃ，食後、下午。

請食，稟告佛。

佛說：「從今以後，聽許比丘們互相囑授後入城。」

比丘不知道應囑授誰人。

佛說：「應囑授比丘，如獨處於一房中，當囑授住在鄰近者。從今以後，應這樣說戒：

若比丘，先受請已，前食、後食詣餘家，不囑授〔註390〕者，波逸提。」

這樣世尊跟比丘們結戒。

6. 三次修訂前制

那時，病比丘預先叫檀越家煮羹、煮粥、煮飯，他們畏懼謹慎，不敢入城，恐怕違犯食後到其他家庭的規定，稟告佛。

佛說：「聽許病比丘沒有囑授便入城。從今以後，應這樣說戒：

若比丘，先受請，前食、後食至餘家，不囑授餘比丘，除時因緣，波逸提；是中時者，病時。」

這樣世尊跟比丘們結戒。

7. 四次修訂前制

那時，比丘們在製衣的時間到了，或需大鍋，或需小鍋，或需瓶，或需杓〔註391〕，或需坃〔註392〕，或需斧，或需盂〔註393〕，或需盆，或需小碗，或需銚〔註394〕，或需繩，或需衣懸〔註395〕，或需伊尼延陀〔註396〕，或需毛氈〔註397〕。

比丘們都畏懼謹慎，不敢入城，恐怕違犯沒有囑授而入村的規定，稟告佛。

佛說：「從今以後，聽許比丘們製衣時沒有囑授便入村。〔註398〕從今以後，應這樣結戒：

〔註390〕囑授：《巴利律》作 āpucchā，請求允許。

〔註391〕杓：舀東西的器具。

〔註392〕坃：陶瓶。

〔註393〕盂：盛液體的器皿。

〔註394〕銚：燒開水的器皿。

〔註395〕衣懸：懸掛衣物的器具。

〔註396〕伊尼延陀：音譯詞。巴利語 eṇeyya，伊泥鹿（一種羚羊）、靡鹿、氈鹿。這裏意指毛緂，毛色多黑。

〔註397〕氈：〔大〕原作「氀」。

〔註398〕本戒互用「村、城」二字，而《巴利律》的戒條提到乞食可入村（gāma）或城（nigama）。

若比丘，先受他請已，前食、後食詣餘家，不囑授餘比丘，除餘時，波逸提；餘時者，病時、作衣時。」

這樣世尊跟比丘們結戒。

8. 五次修訂前制

那時，比丘們在施捨衣物的時候已到，有的或已獲知施捨衣物之處，有的或仍在求取；但他們畏懼謹慎，不敢入城，恐怕違犯沒有囑授而入城的規定。

佛說：「從今以後，聽許比丘們在施捨衣服時沒有囑授便入城。從今以後，應這樣說戒：

若比丘，先受請已，前食、後食詣餘家，不囑授餘比丘，除餘時，波逸提；餘時者，病時、作衣時、施衣時，是謂餘時。」

9. 釋義

（1）比丘：意義如上文。

（2）前食：曙光初出至進食時便是。〔註399〕

（3）後食：由進食時至日中便是。〔註400〕

（4）家：有男子、女人所居住的地方。

（5）餘比丘：在同一界一同居住者。

（6）病：如上文所述。

（7）作衣時：自恣完畢後無迦絺那衣的一個月，有迦絺那衣的五個月……乃至在衣服上弄一下馬齒縫便是。

（8）施衣時：自恣完畢後無迦絺那衣的一個月，有迦絺那衣的五個月；除此以外，其餘勸他人準備食物供養並施捨衣服的時間便是。

10. 囑授的規定

如比丘，囑授想到訪村落，但中途回來，違背之前的囑授；其後又想去，應再次囑授。

如比丘，囑授想到訪村落，沒有到所囑授之處，但改到訪其他家舍，違背之前的囑授；如想前往，應更改囑授才去。

如囑授到白衣家，卻改到倉庫之處及聚落邊緣的房舍，或到比丘尼僧伽藍中，或一入白衣家便回來，違背之前的囑授；應更改囑授而前往。

〔註399〕這裏所謂進食時，即食正餐之時；由曙光初出至正餐之前的一段時間內進食，謂之「前食」，因其在正餐之前，故名。亦即上文所謂的小食。
〔註400〕正餐在前食（或小食）之後進食，故名。

11. 違犯輕重

如比丘，先已接受請食，在前食、後食時卻到訪其他家庭，不囑授其他比丘而入村，除了某些時間外，波逸提。

如一隻腳在門內、一隻腳在門外，整理好衣著儀容〔註401〕，設法想去而不去，全突吉羅。

（三）兼制

比丘尼，波逸提；式叉摩那、沙彌、沙彌尼，突吉羅。這叫做犯。

（四）開緣

不犯：生病時、製衣時、施捨衣服時，有囑授比丘；如沒有比丘而不囑授，至其他地方如倉庫、聚落邊緣的房舍，或到比丘尼僧伽藍；〔註402〕到所囑授的白衣家，或眾多家庭敷設坐具邀請比丘；〔註403〕或被有勢力者脅持，或性命有危險、梵行受威脅，無犯。

四十三、食家強坐戒

提要：迦留陀夷到齋優婆夷家就食，食完不肯離去，招來其丈夫的瞋怒。〔註404〕

（一）制戒因緣

1. 掛念女子

那時，佛在舍衛國祇樹給孤獨園。

這時，尊者迦留陀夷〔註405〕在俗家時的住處，有一朋友〔註406〕是白衣婦友，相貌端正，名叫齋，迦留陀夷也是相貌端正。

這時，迦留陀夷掛念那齋優婆私之所，齋優婆夷亦掛念迦留陀夷之所。

2. 到女家乞食

那時，迦留陀夷在時間到了，穿衣持鉢，前往到齋優婆私的家中，走到座

〔註401〕整理好衣著儀容：〔大〕原作「莊嚴」。
〔註402〕倉庫、邊房、尼寺皆非家舍，故無犯。
〔註403〕按如先前已囑授比丘會到某家，而由於眾多家庭皆一同請食，故到訪任何一家，都是相同的請處，不算違背之前的囑授。
〔註404〕「不定」二戒有類似的制戒因緣，可參看。
〔註405〕迦留陀夷：《巴利律》作 Upananda Sakyaputta，跋難陀釋子。
〔註406〕朋友：〔大〕原作「同友」。

位坐下。

這時,齋優婆私正在洗澡,打扮自己;丈夫心裏極為愛慕和敬重她,未曾離開。丈夫問迦留陀夷說:「想要什麼呢?」

迦留陀夷報說:「我需要食物。」

其丈夫便對妻子說:「拿食物給他。」

妻子便如他所說,給與食物。

3. 丈夫震怒

迦留陀夷食完後,仍坐著沒有離去,其丈夫對迦留陀夷說:「你剛才說需要食物,已給你食完了,為什麼還不離開呢?」

這時,齋優婆私示意叫他不要離去。

這時,那丈夫發怒斥責迦留陀夷說:「比丘妨礙了我,剛才說需要食物,食完後為什麼不離去呢?還想做什麼呢?我現今留下你,自己外出離去,隨便你之後想做什麼事。」

當時,那丈夫瞋恚地這樣說後,便外出離去。

4. 乞食僧嫌責

那時,有乞食比丘來到他的家中。

這時,乞食比丘亦嫌惡斥責迦留陀夷說:「你為什麼在施食家〔註407〕中安然坐下呢?」

這時,乞食比丘離開舍衛城回到僧伽藍中,把這因緣告訴比丘們。

其中有少欲知足、行頭陀、喜好學戒、知慚愧者,嫌惡斥責迦留陀夷說:「你為什麼在施食家中安然坐下呢?」

當時,比丘們前往到世尊之所,頭面禮足,坐在一旁,把這因緣全部稟告世尊。

5. 佛斥犯者

世尊藉這因緣召集比丘僧眾,明知故問迦留陀夷說:「你確實在施食家中安然坐下嗎?」

迦留陀夷答道:「確實這樣。」

世尊用無數方法怒聲斥責迦留陀夷:「你做錯了!不合威儀、不合沙門法、不是清淨的行為、不是隨順佛法的行為,都不應做。為什麼在有寶物的施食家

〔註407〕施食家:〔大〕原作「食家」。《巴利律》作 sabhojana kula,有食物的家。

中安然坐下呢？」

（二）制戒內容

1. 佛制戒

這時，世尊用無數方法怒聲斥責迦留陀夷後，告訴比丘們：「這愚癡人啊！會引生多種有漏，最初犯本戒。從今以後，跟比丘結戒，為了這十句義……乃至使正法得以久住。想說戒者，應這樣說：

> 若比丘，在食家中有寶〔註408〕，強〔註409〕安坐者，波逸提。」

2. 釋義

（1）比丘：意義如上文。

（2）食：男人以女人為食物、女人以男人為食物，這叫做「食」。

（3）家：如上文所說。

（4）寶：車渠、馬瑙、真珠、虎珀〔註410〕、金、銀。

3. 違犯輕重

如比丘，在有寶物的施食家中，在伸手接觸到門戶的範圍，可以坐下；〔註411〕如比丘，在有寶物的施食家中，強行安然坐下，波逸提。

如家中有盲而不聾者，突吉羅；聾而不盲者，亦突吉羅；〔註412〕比丘站立而沒有坐下，突吉羅。

（三）兼制

比丘尼，波逸提；式叉摩那、沙彌、沙彌尼，突吉羅。這叫做犯。

（四）開緣

不犯：如進入有寶物的施食家中，在伸手接觸到門戶之處坐下；或有二比丘作伴，或有懂識別善惡之人，〔註413〕或有客人在家中某處，不盲不聾、不聾不盲；或從前面經過而沒有停下，或突然病發倒地，或被有勢力者脅持，或

〔註408〕　寶：即金銀真珠等，乃女子的裝飾品，在這裏譬喻女人。

〔註409〕　強：《巴利律》作 anupakhajja，侵入、混入。

〔註410〕　虎珀：〔宋元明〕〔宮〕作「琥珀」。這詞亦見於「單墮・捉寶戒第82」，相對應《巴利律》作 masāragalla，樹脂化石。

〔註411〕　這意謂比丘接近門戶，亦會較易受到門外的大眾監察，如出現任何問題，亦可儘快離開。

〔註412〕　這意謂家中雖有人，但因這人或聾或啞，未能作最有效監察或證人，故仍犯突吉羅。

〔註413〕　懂得識別善惡之人：〔大〕原作「識別人」。

被繫綁拘禁，或性命有危險，或梵行受威脅，無犯。

四十四、屏與女坐戒

提要：迦留陀夷到齋優婆夷家時，在門戶後共坐，以迴避上一戒。

（一）制戒因緣

1. 掛念女子

那時，佛在舍衛國祇樹給孤獨園。

這時，尊者迦留陀夷〔註414〕在俗家時的住處，有一朋友是白衣婦友，名叫齋，相貌端正，迦留陀夷也是相貌端正。

這時，迦留陀夷掛念那齋優婆私，齋優婆夷亦掛念迦留陀夷之所。

2. 跟女子談話

那時，尊者迦留陀夷在時間到了，穿衣持鉢，前往到齋優婆私的家，自己想念道：「世尊這樣說：『施食家中有寶物，不應安然坐下，應在伸手可觸及門戶之處坐下』。」便在門〔註415〕後坐下。

這時，迦留陀夷與齋優婆私一同談話。

這時，有乞食比丘來到她的家，聽聞迦留陀夷的說話聲，嫌惡斥責說：「為什麼在有寶物的施食家中的屏蔽之處坐下，令我們不知道你做什麼事呢？」

這時，乞食比丘離開舍衛城，回到僧伽藍中，把這因緣全部告知比丘們。

比丘們聽聞，其中有少欲知足、行頭陀、喜好學戒、知慚愧者，嫌惡斥責迦留陀夷說：「為什麼在有寶物的施食家中的屏蔽之處坐下呢？」

比丘們前往到世尊之所，頭面禮足，坐在一旁，把這因緣全部稟告世尊。

3. 佛斥犯者

那時，世尊藉這因緣召集比丘僧眾，明知故問迦留陀夷：「你確實在有寶物的施食家中的屏蔽之處坐下嗎？」

迦留陀夷答道：「確實這樣，世尊。」

這時，世尊用無數方法怒聲斥責迦留陀夷：「你做錯了！不合威儀、不合沙門法、不是清淨的行為、不是隨順佛法的行為，都不應做。為什麼在有寶物

〔註414〕迦留陀夷：《巴利律》作跋難陀。
〔註415〕門：律文作「戶扇」。

的施食家中的屏蔽之處坐下呢？」

（二）制戒內容

1. 佛制戒

世尊怒聲斥責迦留陀夷後，告訴比丘們：「這愚癡人啊！會引生多種有漏，最初犯本戒。從今以後，跟比丘結戒，為了這十句義……乃至使正法得以久住。想說戒者，應這樣說：

若比丘，食家中有寶，在屏處〔註416〕坐者，波逸提。」

2. 釋義

（1）比丘：意義如上文所說。

（2）食：女人是男人的食物、男人是女人的食物。

（3）寶：車𤧫、馬瑙、真珠、虎珀、金、銀。

（4）屏處：如樹木、牆壁、籬笆柵欄，或衣物障隔，以及其他物件的障隔。

3. 違犯輕重

那比丘，進入有寶物的施食家中的屏蔽之處坐下，伸手可以觸及門戶，令乞食比丘可以看見。

如比丘，在有寶物的施食家中的屏蔽之處坐下，波逸提；盲而不聾，突吉羅；聾而不盲，突吉羅；站立而沒有坐下，突吉羅。

（三）兼制

比丘尼，波逸提；式叉摩那、沙彌、沙彌尼，突吉羅。這是叫犯。

（四）開緣

不犯：如在有寶物的施食家中，坐在伸手觸及的門戶範圍，讓乞食比丘可以看見；或有二比丘作伴，或有懂識別善惡之人〔註417〕在旁；或有客人在家中某處，不盲不聾；或從前面經過而沒有停下，或突然病發倒地，或被有勢力者脅持，或被繫綁拘禁，或性命有危險，或梵行受威脅，不犯

四十五、獨與女人坐戒

提要：迦留陀夷跟齋優婆夷一起坐在露天地方談話。

〔註416〕屏處：《巴利律》作 paṭicchanna，被覆藏的、被隱藏的。
〔註417〕懂識別善惡之人：《巴利律》作 viññū purisa，有智之男子。

（一）制戒因緣

1. 掛念女子

那時，佛在舍衛國祇樹給孤獨園。

這時，尊者迦留陀夷〔註418〕在俗家時的住處，有一朋友是白衣婦友，名叫齋，相貌端正，迦留陀夷也是相貌端正。

這時，迦留陀夷掛念那齋優婆私之所，齋優婆夷亦掛念迦留陀夷之所。

2. 跟女子談話

那時，尊者迦留陀夷在時間到了，穿衣持鉢，前往到齋優婆私的家中，在露天地方一同坐下談話。

有一乞食比丘來到她的家，看見迦留陀夷與齋優婆私在露天地方一同坐下談話，便嫌惡斥責尊者迦留陀夷說：「為什麼與齋優婆私在露天地方一同坐下談話呢？」

這時，乞食比丘在舍衛城中進食後，回到僧伽藍中，把這因緣告訴比丘們。

比丘們聽聞，其中有少欲知足、行頭陀、喜好學戒、知慚愧者，嫌惡斥責迦留陀夷說：「為什麼在齋優婆夷家中露天地方一同坐下談話？」

當時，比丘們前往到世尊之所，頭面禮足，坐在一旁，把這因緣全部稟告世尊。

3. 佛斥犯者

世尊藉這因緣召集比丘僧眾，明知故問迦留陀夷：「你確實與齋優婆夷在露天地方一同坐下談話嗎？」

迦留陀夷答說：「真的這樣，世尊。」

這時，世尊用無數方法怒聲斥責迦留陀夷：「你做錯了！不合乎威儀、不合乎沙門法、不是清淨的行為、不依從佛法的行為，都不應做。為什麼迦留陀夷，在齋優婆私家中露天地方一同坐下談話呢？」

（二）制戒內容

1. 佛制戒

世尊怒聲斥責迦留陀夷後，告訴比丘們：「這愚癡人啊！會引生多種有漏，最初犯本戒。從今以後，跟比丘結戒，為了這十句義……乃至使正法得以久住。

〔註418〕迦留陀夷：《巴利律》作跋難陀。

想說戒者，應這樣說：

若比丘，獨〔註419〕與女人露地坐，波逸提。」

2. 釋義

（1）比丘：意義如上文。

（2）女人：女人，有智力，命根沒有斷絕。

（3）獨：一名女人、一名比丘。

（4）屏處：

1）見屏處：如在塵霧、黑暗之中，看不到面孔。

2）聞屏處：日常交談時聽不到聲音。

3. 違犯輕重

那比丘，單獨與女人在露天地方一同坐下，波逸提；如盲而不聾，突吉羅；如聾而不盲，突吉羅；如站立而沒有坐下，突吉羅。

（三）兼制

比丘尼，波逸提；式叉摩那、沙彌、沙彌尼，突吉羅。這叫做犯。

（四）開緣

不犯：有二比丘作伴；或有懂得識別善惡之人在旁；或有客人在一處，不盲不聾；或從前面經過而沒有停下，或突然病發倒地，或被有勢力者脅持，或被繫綁拘禁，或性命有危險，或梵行受威脅，不犯

四十六、驅他出聚戒〔註420〕

提要：跋陀羅跟其他比丘有積怨，故意帶他們至無食處，自己則得食。

（一）制戒因緣

1. 比丘欲報復

那時，佛在舍衛國祇樹給孤獨園。

這時，跋難陀釋子與其他比丘有爭鬥，希望懺悔，跋難陀懷恨在心。

後來在另一個時間，跋難陀釋子對那比丘說：「你跟隨我走到村落中，當給你食物。」

比丘報說：「好。」

〔註419〕獨：《巴利律》作 eko ekāya，一對一。
〔註420〕《巴利律》作第 42 戒。

2. 誣衊他人

那時，跋難陀在時間到了，穿衣持鉢，與那比丘一同進入舍衛城中，帶他到沒有食物之處，四周行走。

還剩下少許時間，跋難陀想念道：「如這比丘離開舍衛城到祇桓精舍中，日中時間已經過去。」

跋難陀對那比丘說：「未曾有你這樣的大惡人。」

比丘問道：「我做過什麼錯事呢？」

跋難陀報說：「現今因為你的緣故，連累我得不到食物。長老盡快離開吧！我跟你一起或坐下，或說話，都不安樂；我獨自坐下、獨自說話才安樂。」

3. 令人疲乏

跋難陀對那比丘說完後，便進入舍衛城中有食物之處進食。

這時，那比丘離開舍衛城到祇洹精舍，日中時間已經過去，得不到食物，極為疲乏〔註421〕。

比丘們聽聞，其中有少欲知足、行頭陀、喜好學戒、知慚愧者，嫌惡斥責跋難陀釋子：「為什麼對其他比丘說：『帶你到村落去，給你食物』，最終沒有給比丘食物，便說道：『你盡快離去，我跟你一起或坐下、或說話都不安樂，我獨自坐下、獨自說話才安樂』；叫那比丘回到祇洹精舍中，日中時間已過，最終得不到食物，極為疲乏呢？」

這時，比丘們前往到世尊之所，頭面禮足，坐在一旁，把這因緣全部稟告世尊。

4. 佛斥犯者

那時，世尊藉這因緣召集比丘僧眾，怒聲斥責跋難陀釋子：「你做錯了！不合威儀、不合沙門法、不是清淨的行為、不是隨順佛法的行為，都不應做。為什麼帶領其他比丘說：『給你食物』，最終沒有給食物，便說：『你盡快離去，我跟你一起或坐下、或說話都不安樂，我獨自坐下、獨自說話才安樂』；叫那比丘進入祇洹精舍中，日中已過去，得不到食物，極為疲乏呢？」

（二）制戒內容

1. 佛制戒

這時，世尊用無數方法怒聲斥責跋難陀釋子後，告訴比丘們：「這愚癡人

〔註421〕極為疲乏：〔大〕原作「乏極」，解作疲乏，亦通。

啊！會引生多種有漏，最初犯本戒。從今以後，跟比丘結戒，為了這十句義……乃至使正法得以久住。想說戒者，應這樣說：

若比丘，語餘比丘如是語：『大德，共至聚落，當與汝食』。彼比丘竟不教與〔註422〕是比丘食，語言：『汝去！我與汝一處若坐、若語不樂〔註423〕，我獨坐、獨語樂』。以此因緣非餘，方便遣他去，波逸提。」

2. 釋義

（1）比丘：意義如上文。

（2）村：有四種村，如上文。

（3）食：在適當時間進食。

3. 違犯輕重

那比丘，對這比丘說：「到聚落間去，給你食物」。他最終沒有給比丘食物，便說道：「你離去吧！我跟你或坐下，或說話都不安樂，我獨自坐下、獨自說話才安樂」。他設法叫他離去，捨棄看得見之處和聽不到之處，〔註424〕波逸提。

捨棄看見之處到聽聞之處，突吉羅；捨棄聽聞之處到看見之處，突吉羅；設法叫他人離去，自行捨棄看見之處和聽聞之處，波逸提；捨棄看見之處到聽聞之處、捨棄聽聞之處到看見之處，突吉羅。

（三）兼制

比丘尼，波逸提；式叉摩那、沙彌、沙彌尼，突吉羅。這叫做犯。

（四）開緣

不犯：給食物，叫他離去；或生病，或無威儀，人們見到不歡喜，說：「你離去吧！我將送食物到僧伽藍中」；他或破戒、破壞正見，破違威儀；或在僧眾中被檢舉；或被擯出，或應被擯出；或看見性命有危險、淨行受威脅，設法叫他離去；不是因為嫌棄怨恨而叫人離去，不犯。

四十七、過受四月藥請戒

提要：六群比丘因常乞得下劣的藥物，埋怨施者偏愛和說謊。

〔註422〕教與：《巴利律》作 āpucchā，請求允許、詢問。

〔註423〕樂：《巴利律》作 phāsu、安樂的、愉快的。

〔註424〕這意謂叫其他比丘到雙方都不見不聞之處。

（一）制戒因緣

1. 摩訶男施藥

那時，佛在釋翅搜〔註425〕迦維羅衛尼拘律園中。

這時，摩訶〔註426〕男釋種請僧眾接受而供給藥：他恭敬上座，施捨好藥；求藥者給，沒求藥者亦同樣給。

2. 強索藥

那時，六群比丘互相說：「這摩訶男釋種子，請僧眾接受而供給藥：他恭敬上座，施捨好藥；對我們沒有恭敬之心，施與我們劣藥。求藥者得不到好藥，何況不求而得者呢？」

六群比丘互相說：「我們應去拜訪他的家，求取難得或他沒有的藥。」於是便去拜訪他的家，說道：「我們需要這樣那樣的藥〔註427〕。」

摩訶男報說：「如我家中有的，當給你們；如沒有的，當為你們到市場購買和供給。」

六群比丘報說：「你家中難道沒有這樣那樣的藥嗎？」

摩訶男報說：「我家中有的當給，沒有的當為你們到市場尋求和給與。」

3. 誣蔑摩訶男

這時，六群比丘又說道：「你請僧眾接受而供給藥：恭敬上座，給好藥；求藥者給、不求者也給。給下座者劣藥，又不殷勤恭敬；求索者得不到好藥，何況不求而得者的呢？你家中沒有的藥，卻又請僧眾接受而給藥。你為人偏愛又妄語。」

摩訶男報說：「我先前立下誓願，請僧眾接受，家中所有的藥都隨意供給，如沒有的當到市場尋求和給與。你現今為什麼說：『我為人偏愛，是說謊者，並不誠實呢？』長老們，離去吧！我從今以後，不能再供給僧眾藥了。」

這時，比丘們聽聞，其中有少欲知足、行頭陀、喜好學戒、知慚愧者，嫌惡斥責六群比丘說：「摩訶男釋子，信樂佛法，恭敬僧人，供給好藥，布施時常供給僧眾藥。為什麼你們責罵說：『他為人偏愛、妄語』，令僧眾斷絕了藥的供給呢？」

當時，比丘們前往世尊之所，頭面禮足，坐在一旁，把這因緣全部稟告

〔註425〕釋翅搜：即「釋翅瘦」。參看「捨墮‧使非親尼浣染毛戒第17」。

〔註426〕訶：〔大〕原作「呵」，今依〔麗〕〔金〕。

〔註427〕《巴利律》記六群比丘要求熟酥。

世尊。

4. 佛斥犯者

那時，世尊藉這因緣召集比丘僧眾，怒聲斥責六群比丘說：「你們做錯了！不合威儀、不合沙門法、不是清淨的行為、不是隨順佛法的行為，都不應做。為什麼摩訶男釋子有信奉佛法之心，喜愛布施，常供給僧眾藥，而你們責罵說：『為人偏愛、妄語』，令僧眾斷絕了藥的供給呢？」

（二）制戒內容

1. 佛初制戒

這時，世尊用無數方法怒聲斥責六群比丘後，告訴比丘們說：「這些六群比丘，愚癡人啊！會引生多種有漏，最初犯本戒。從今以後，跟比丘結戒，為了這十句義……乃至使正法得以久住。想說戒者，應這樣說：

若比丘，應受〔註428〕四月〔註429〕請〔註430〕、因緣請與藥；若過受者，波逸提。」

這樣世尊跟比丘結戒。

2. 修訂前制

那時，病比丘們有畏懼謹慎之心，過了期限不敢接受藥，稟告佛。

佛說：「從今以後，聽許病比丘們過了期限仍接受藥。從今以後，應這樣說戒：

若比丘，無病，受四月請與藥；過受者，波逸提。」

這樣世尊跟比丘結戒。

3. 再修訂前制

那時，居士們常常請比丘們接受而給藥，比丘們有畏懼謹慎之心，不敢接受恆常邀請而供給的藥，稟告佛。

佛說：「從今以後，聽許比丘們接受恆常邀請而供給的藥。從今以後，應這樣說戒：

若比丘，無病，受四月請與藥；若過受，除常請〔註431〕者，波逸提。」

〔註428〕受：《巴利律》作 sādituṃ，接受、受用。
〔註429〕四月：據《巴利律》所記，四個月的規定，乃因為摩訶男最初願意供養藥四個月。本律則沒提到這期限。
〔註430〕請：《巴利律》作 pravāraṇa，邀請。
〔註431〕常請：《巴利律》作 niccapavāraṇā，常邀請（自恣）。

這樣世尊跟比丘結戒。

4. 三次修訂前制

那時，摩訶男釋子又這樣想念：「我怎可以因一兩個人的緣故，斷絕僧眾的藥呢？現今應該再次請僧眾接受而供給藥。」

這樣想念後，便到僧伽藍中，請比丘們說：「願大德僧眾接受我的邀請而供給藥。」

比丘們都有畏懼謹慎之心，不敢接受再邀請而給的藥，稟告佛。

佛說：「從今以後，聽許比丘們接受再邀請而供給的藥。」

比丘們便計算之前受供養的日數，稟告佛。

佛說：「不應計算之前的日數，應從斷絕藥後以至再次供給之後的日子來計算。〔註432〕從今以後，應這樣說戒：

若比丘，無病，受四月請與藥；若過受，除常請、更請〔註433〕，波逸提。」

這樣世尊跟比丘結戒。

5. 四次修訂前制

那時，居士們請比丘們接受而分配藥物，比丘們畏懼謹慎，不敢接受，稟告佛。

佛說：「從今以後，聽許比丘們接受分配的藥。從今以後，應這樣說戒：

若比丘，無病，受四月請與藥；若過受，除常請、更請、分請與分藥，波逸提。」

這樣世尊跟比丘結戒。

6. 五次修訂前制

那時，居士們請比丘接受而給盡形壽藥，比丘們畏懼謹慎，不敢接受盡形壽藥，稟告佛。

佛言：「從今以後，聽許比丘們接受盡形壽藥。從今以後，跟比丘結戒：

若比丘，受四月請與藥，無病比丘應受請；若過受，除常請、更請、分請、盡形壽請，波逸提。」

7. 釋義

（1）比丘：意義如上文。

〔註432〕比丘本來由第一次接受供養藥的日子起計，那麼會較早達至四個月的限期；佛指示應從再次給藥的日子起計，寬免時間更長。

〔註433〕更請：《巴利律》作 punapavāraṇā，再邀請。

（2）四月：夏季的四個月。

（3）因緣：請接受藥。

（4）病：醫師教導須服藥者。

（5）常請：那人這樣說：「我常常給藥。」

（6）更請：供養中斷以後再次恢復請接受供養。

（7）與分藥：拿藥到僧伽藍中分配。

（8）盡形壽請：那人說：「我當終身給藥。」

（9）請：有四種：

1）「請藥有限齊〔註434〕、夜〔註435〕無限齊」：他為夜晚作限制，而不為藥作限制：「我給你多少夜藥」。

2）「請藥有分齊、夜無分齊」：他為藥作限制，而不為夜晚作限制，這樣說：「我給這些藥」。

3）「請夜有分齊、藥亦有分齊」：他為夜晚作限制、為藥作限制，這樣說：「你多少夜晚，給這些藥」。

4）「請夜無分齊、藥無分齊」：他不為夜晚作限制、藥作限制，這樣說：「我請你接受，給藥」。

其中「請夜有分齊、藥無分齊」、「夜有分齊、藥有分齊」，應在夏季四個月接受邀請；其中「藥有分齊、夜無分齊」、「夜無分齊、藥無分齊」，應隨施捨之時接受。〔註436〕

8. 無病違犯

那比丘，無病，應可接受夏季四個月給的藥；如過了限期仍接受，除恒常請接受、再次請接受、請接受分配、終身請接受，每吞咽一口，波逸提。

（三）兼制

比丘尼，波逸提；式叉摩那、沙彌、沙彌尼，突吉羅。這叫做犯。

（四）開緣

不犯：四個月請接受給與的藥；病者過了限期仍請接受，恒常請接受、再次請接受、分配請接受、終身請接受，無犯。

〔註434〕限齊：即下文所說的「分齊」。《巴利律》作 pariyanta，邊界、限制。
〔註435〕夜：《巴利律》作 ratti，夜晚；意謂日數，一夜即一日。
〔註436〕這四種請，意謂有些藥的供養是限時接受，有些可隨時接受。

四十八、觀軍戒

提要：波斯匿王征伐叛民，六群比丘往看。

（一）制戒因緣

1. 觀軍陣

那時，佛在舍衛國祇樹給孤獨園。

這時，波斯匿王國土境內人民叛亂。

這時，王親自率領六軍〔註437〕征討懲亂。

那時，六群比丘前往到軍隊中觀看軍陣。

這時，波斯匿王說：「尊者們，在這軍隊中想做什麼呢？」

六群報說：「我沒做什麼，來看軍陣罷了。」

2. 向佛問訊

這時，波斯匿王聽聞後，心甚感不快。

王又問：「現今想去哪裏呢？」

六群答道：「我們想拜訪舍衛國去見佛。」

這時，王說道：「如到舍衛國，以我的名義禮拜和問訊世尊說：『起居輕易便利、步行健康強壯、教化辛勞嗎？今拿這一包石蜜奉上世尊』。把這因緣全部稟告世尊。」

當時，六群比丘便往舍衛國，拜訪祇桓精舍，禮世尊足後，坐在一旁，便稱奉波斯匿王之名，說：「禮拜和問訊世尊，起居輕易便利，步行健康強壯，教化辛勞嗎？以這一包石蜜奉上世尊。」便把這因緣全部稟告世尊。

3. 佛斥犯者

這時，世尊藉這因緣怒聲斥責六群比丘：「你們做錯了！不合威儀、不合沙門法、不是清淨的行為、不是隨順佛法的行為，都不應做。為什麼你們這些愚癡人，竟去觀看國王軍陣的威勢呢？」

（二）制戒內容

1. 佛初制戒

世尊用無數方法怒聲斥責六群比丘後，告訴比丘們說：「這些愚癡人啊！會引生多種有漏，最初犯本戒。從今以後，跟比丘結戒，為了這十句義……乃

〔註437〕六軍：二千五百人為一軍，六軍即一萬五千人。

至使正法得以久住。想說戒者，應這樣說：

若比丘，往觀軍陣〔註438〕，波逸提。」

這樣世尊跟比丘結戒。

2. 大臣求見

那時，波斯匿王國土境內人民叛亂，有大臣兄弟二人，兄長名叫利師達，弟弟名叫富羅那〔註439〕。

王派二人領軍征討懲亂，這二人渴望想見比丘，便派使者前往邀請比丘：「請大德前來，我想跟你們見面。」

3. 修訂前制

比丘們都有畏懼謹慎之心，說：「世尊制戒：『若比丘，往觀軍陣者，波逸提』。」

這時，比丘們前去稟告世尊。

世尊告說：「需要有所稟告，或有邀請召喚，聽許前往。從今以後，應這樣說戒：

若比丘，往觀軍陣，除餘時因緣，波逸提。」

4. 釋義

（1）比丘：意義如上文。

（2）陣：或演習〔註440〕，或作戰。

（3）軍：

1）一軍：一象軍、一馬軍、一車軍、一步軍，或有純馬軍、純象軍、步軍、車軍。〔註441〕

2）二軍：二象軍、二馬軍、二車軍、二步軍，或有象、馬，或象、車，或象、步，或馬、車，或馬、步，或車、步。

3）三軍：三象軍、三馬軍、三車軍、三步軍，或象、馬、車，或象、馬、步，或馬、車、步。

4）四軍：四象軍、四馬軍、四車軍、四步軍，或象、馬、車、步。

〔註438〕軍陣：軍隊的行列。《巴利律》作 uyyuttaṃ senaṃ，出征的軍隊。

〔註439〕利師達、富羅那：參看「捨墮・過前受急施衣過後畜戒第28」。

〔註440〕演習：〔大〕原作「戲」。

〔註441〕《巴利律》記十二人為一象軍、三人為一馬軍、四人為一車軍、四人持武器為一步軍。

5. 違犯輕重

那比丘，前往觀看軍陣，從道路〔註442〕走至道路、從道路走至支路、從支路走至道路、從低處走至高處、從高處走至低處，前去而觀看，波逸提；看不見，突吉羅。

如設法打扮〔註443〕，想觀看而不去，全突吉羅。

如比丘先在道路上行走，軍陣後來到達，比丘應離道路避開；如不避開，突吉羅。

（三）兼制

比丘尼，波逸提；式叉摩那、沙彌、沙彌尼，突吉羅。這叫做犯。

（四）開緣

不犯：如比丘有事前往，或被邀請前去；或被有勢力者帶去；或先在前路行走，軍陣後來到達，離開道路迴避；或水陸道路斷絕；或有盜賊之災、猛獸之災、洪水暴漲；或被有勢力者繫縛帶去，或性命有威脅、梵行受威脅，而不離開道路，無犯。

四十九、有緣軍中過限戒

提要：六群比丘到軍中度宿。

（一）制戒因緣

1. 軍中度宿

那時，佛在舍衛國祇樹給孤獨園。

這時，六群比丘於某時有因緣，到軍隊中度宿。

這時，居士們看見，互相說：「我們因為恩愛〔註444〕，所以在這裏度宿罷了；而這些沙門在這裏，又為了什麼呢？」

這時，比丘們聽聞，其中有少欲知足、行頭陀、喜好學戒、知慚愧者，嫌惡斥責六群比丘說：「世尊制戒：『有時因緣，乃得至軍中』，你們為什麼竟在軍隊中留下度宿呢？」

這時，比丘們前往到世尊之所，把這因緣全部稟告世尊。

〔註442〕道路：〔大〕原作「道」，應指主幹道。《巴利律》作 paṭipadā，道、行道。
〔註443〕設法打扮：〔大〕原作「方便莊嚴」，意謂準備前去觀看。
〔註444〕恩愛：意謂家庭因素。《巴利律》記居士為了生活或子女才在軍中度宿。

2. 佛斥六群

世尊藉這因緣召集比丘僧眾，怒聲斥責六群比丘：「你們做錯了！不合乎威儀、不合乎沙門法、不是清淨的行為、不依從佛法的行為，都不應做。某時間有因緣，可到軍隊中，但你們為了什麼事竟在軍隊中度宿呢？」

（二）制戒內容

1. 佛制戒

世尊用無數方法怒聲斥責六群比丘後，告訴比丘們：「這些愚癡人啊！會引生多種有漏，最初犯本戒。從今以後，跟比丘結戒，為了這十句義……乃至使正法得以久住。想說戒者，應這樣說：

若比丘，有因緣，聽至軍中二宿、三宿；過者，波逸提。」

2. 釋義

（1）比丘：意義如上文。

3. 違犯輕重

如比丘，有因緣要到軍隊中，可以住宿兩晚，至第三夜曙光未出之時，應離開看見、聽聞軍隊之處。

那比丘，在軍隊中住宿兩晚後，到第三夜曙光未出，沒有離開看見、聽聞軍隊之處；曙光一出，波逸提。

如離開看見之處，到聽聞之處，突吉羅；離開聽聞之處，到看見之處，突吉羅。

（三）兼制

比丘尼，波逸提；式叉摩那、沙彌、沙彌尼，突吉羅。這叫做犯。

（四）開緣

不犯：度宿兩夜後，至第三夜，曙光未出，離開看見、聽聞之處；或水陸道路斷絕；或有猛獸之災、盜賊之災、洪水暴漲、被有勢力者捉住強留；或被繫縛拘禁；或梵行受威脅、性命有危險，可以度宿兩夜，在軍隊中住宿至第三夜，曙光未出，沒有離開看見、聽聞之處，不犯。

五十、觀軍合戰戒

提要：六群比丘觀軍陣戰鬥，為箭射傷。

（一）制戒因緣

1. 看軍陣

那時，佛在舍衛國祇樹給孤獨園。

這時，六群比丘聽聞世尊制戒：「聽比丘有時因緣，至軍中，應二宿、三宿住」；他們在軍隊中住宿，觀看軍陣戰鬥，觀看各方的人、象、馬〔註445〕。

2. 被箭射傷

這時，六群比丘中有一人，因為觀看軍陣，被箭射中。

這時，同伴比丘便用衣物包裹傷者，把他抬回來。

居士們看見後，問比丘說：「這人有什麼禍患呢？」

比丘報說：「沒有禍患，之前前往觀看軍陣戰鬥，被箭射中。」

3. 居士譏嫌

這時，居士們皆一同譏議嫌惡說：「我們因為恩愛，所以發起這軍陣，你們是出家人，前往軍隊中做什麼事呢？」

比丘們聽聞後，其中有少欲知足、行頭陀、喜好學戒、知慚愧者，嫌惡斥責六群比丘說：「世尊制戒：『聽比丘有時因緣，至軍中，應二宿、三宿住』，你們到軍隊中度宿兩夜、三夜後，為什麼前往觀看軍陣戰鬥，而被箭射中呢？」

這時，比丘們前往世尊之所，頭面禮足，坐在一旁，把這因緣全部稟告世尊。

4. 佛斥犯者

這時，世尊藉這因緣召集比丘僧眾，怒聲斥責六群比丘說：「你們做錯了！不合威儀、不合沙門法、不是清淨的行為、不是隨順佛法的行為，都不應做。為什麼，六群比丘，世尊『聽比丘有時因緣，往軍中，二宿、三宿住』，而你們前往軍隊中住宿兩夜、三夜，竟觀看軍陣戰鬥，被箭射中呢？」

（二）制戒內容

1. 佛制戒

這時，世尊用無數方法怒聲斥責六群比丘後，告訴比丘們：「這些愚癡人啊！會引生多種有漏，最初犯本戒。從今以後，跟比丘結戒，為了這十句義……乃至使正法得以久住。想說戒者，應這樣說：

〔註445〕各方的人象馬：〔大〕原作「諸方人象馬」；北敦14505號、〔宋元明〕〔宮〕作「諸力人象馬」，「力人」即力士，亦通。

若比丘，二宿、三宿軍中住，或時觀軍陣鬥戰，若觀遊軍象馬力勢者〔註446〕，波逸提。」

2. 釋義

（1）比丘：意義如上文。

（2）鬥：或演習戰鬥，或真實戰鬥。

（3）軍：一種軍……乃至四種軍，或有王軍、賊軍、居士軍。

（4）力勢：第一象軍的威勢、第一馬軍的威勢、第一車軍的威勢、第一步軍的威勢。

（5）陣：四方陣，或圓陣，或半月形陣，或張甄陣〔註447〕，或減相陣〔註448〕，象王、馬王、人王陣。

3. 違犯輕重

那比丘，前往觀看軍陣戰鬥，象、馬的威勢，從道路走至道路，從道路走至支路、從支路走至道路，從高處到低處，從低處到高處，前往而看見，波逸提；前往而看不見，突吉羅。

設法打扮，想前往而不前往，全突吉羅。

如比丘，先在道路上行走，而軍陣後來到達，應避開；不避開，突吉羅。

（三）兼制

比丘尼，波逸提；式叉摩那、沙彌、沙彌尼，突吉羅。這叫做犯。

（四）開緣

不犯：某時間有因緣，或有所告白，或受到邀請召喚，或為有勢力者挾持去，或性命有危險，或梵行受威脅；或先在道路上行走，軍陣後來到達，離開道路迴避；或水陸道路斷絕，有盜賊、惡獸，洪水暴漲；或被強而有力者捉拿繫縛，或性命有危險、淨行受威脅，而不避離道路，無犯。

五十一、飲酒戒

提要：拘睒彌國王供應各種美食和黑酒，比丘醉倒嘔吐。

〔註446〕《巴利律》列出的軍陣內容有：uyyodhika（演習）、balagga（列兵）、senābyūha（軍陣）、anīkadassana（閱兵）。

〔註447〕張甄陣：以精兵為先鋒，軍陣似尖形。

〔註448〕減相陣：北敦14505號（740年）作「咸相陣」，〔宋元明〕〔宮〕作「函相陣」，即盒形軍陣。

（一）制戒因緣

1. 娑伽陀借宿

那時，佛在支陀〔註449〕國，跟比丘僧眾一千二百五十人在一起。

這時，尊者娑伽陀〔註450〕為佛做供養人〔註451〕。

這時，娑伽陀離開道路，到一編髮〔註452〕梵志的住處拜訪，對梵志說：「你這住處最好的房間，我現今想寄宿一夜，不知道能否容許留宿呢？」

梵志答道：「我不吝惜，可以留宿，但這房間中有毒龍，恐怕會傷害你啊！」

比丘說：「但求聽許我留宿，毒龍或不會傷害我。」

編髮梵志答道：「這間房很闊大，可隨意入住。」

2. 降伏毒龍

那時，長老娑伽陀便進入那房間中，自己敷好草褥，結跏趺坐，意念繫住當下。

這時，那條毒龍看見娑伽陀結跏趺坐，便放出火烟，娑伽陀亦放出火烟。毒龍憤怒，再從身上放出火焰，娑伽陀亦從身上放出火焰。

這時，那間房燒著了，有如火災，娑伽陀自己想念道：「我現今不如撲滅這龍火，而不傷害毒龍的身軀吧！」於是便撲滅龍火，使毒龍不受傷害。

這時，那條毒龍的火光沒有顏色，娑伽陀的火光轉為熾盛，有種種顏色——青、黃、赤、白、綠、碧、頗梨〔註453〕色。

這時，娑伽陀在夜晚降伏這條毒龍，盛放在鉢中；明日清晨，拿著前往拜訪編髮梵志之所說道：「你所說的毒龍，我已經降伏了，放置在鉢中，特地給你看。」

3. 國主欣賞

那時，拘睒彌國主在編髮梵志家中留宿，他這樣想念：「未曾有啊！世尊的弟子有這麼大的神力，何況是如來呢！」便對娑伽陀說：「如世尊來到拘睒彌國時，願你相告，希望可以禮覲。」

娑伽陀報說：「非常好啊！」

〔註449〕支陀：音譯詞。《巴利律》作 Ceti，或在今尼泊爾。這詞可音譯作「支提」，參看「僧殘・無主僧不處分過量房戒第6」。

〔註450〕娑伽陀：音譯詞。《巴利律》作 Sāgata，意譯「善來」。

〔註451〕供養人：負責為佛張羅飲食、住處者。

〔註452〕編髮：編髮辮。《巴利律》作 jaṭā，結縛、結髮。

〔註453〕頗梨：音譯詞。巴利語 phalika，水晶。

4. 遊化拘睒彌

那時，世尊從支陀國人間遊行到拘睒彌國。

這時，那國主聽聞世尊帶領一千二百五十名弟子來到本國，便乘車前往迎接世尊，遙遙看見世尊的容貌端正，軀體寂定，心念息滅，已得到最好的調教，有如降伏龍象，猶如澄清的潭淵。

他看見後，心生篤信，心存恭敬，即下車到世尊之所，頭面禮足後，站在一旁。

這時，世尊用無數方法說法，勸導感化，令國主歡喜。

5. 娑伽陀說法

那時，拘睒彌國主聽聞佛用無數方法說法，勸導感化，心裏大感歡喜後，望向眾僧，看不見娑伽陀，便問比丘們說：「娑伽陀現今在哪裏呢？」

比丘們報說：「他在後面，馬上將抵達。」

這時，娑伽陀與六群比丘相隨，從後面來到。

這時，拘睒彌國主看見娑伽陀來到，便上前迎接，頭面禮足後，站在一旁。

這時，娑伽陀又為他用各種方法說法，勸導感化，令他心感歡喜。

6. 要求黑酒

那時，拘睒彌國主聽聞娑伽陀用各種方法說法，勸導感化，心感歡喜後，稟告說：「有什麼需要呢？可說出來。」

娑伽陀報說：「夠了，夠了，這便是供養我了。」

他再稟說：「願說出有什麼需要。」

六群比丘對他說：「你知道嗎？比丘之衣、鉢、尼師壇、針筒，這些都是容易得到的物品；還有一些是比丘難得的物品，請給與。」

他便問道：「對比丘來說，什麼是難得的呢？」

六群比丘報說：「想要黑酒〔註454〕。」

他回答道：「想要的明日可來取，多少隨意。」

這時，他禮娑伽陀足，繞圈後離去。

7. 娑伽陀醉酒

明日清晨，娑伽陀穿衣持鉢，拜訪拘睒彌國主家中，走到座位而坐下。

這時，那拘睒彌國主拿出各種美味的飲食，並且給他黑酒，令他食飲得

〔註454〕黑酒：《巴利律》作 kāpotikā，酒一種（赤色）、美酒。

極飽。

這時，娑伽陀食飲皆飽足後，從座位起身離去，於途中因為酒醉，倒地嘔吐，大群雀鳥亂叫。

8. 佛斥犯者

那時，世尊明知故問阿難：「大群雀鳥為什麼鳴叫呢？」

阿難稟告佛說：「大德，這娑伽陀接受拘睒彌國主的供養，食各種飲食，兼飲黑酒，醉了躺在路邊，嘔吐大作，因此令大群雀鳥亂叫。」

佛告訴阿難：「這娑伽陀，愚癡人啊！如今不能降伏小龍，何況是降伏大龍呢？」

9. 飲酒十過

佛告訴阿難：「飲酒者有十種過失。哪十種呢？一、容顏惡劣；二、力氣少；三者、視力欠佳；四、現瞋恚的相狀；五、破壞農田及其他維生物品；六、增加疾病；七、增加鬥爭和訴訟；八、沒有好的聲譽，惡名遠播；九、智慧退減；十、身體損壞，性命終結，墮三惡道。阿難！這就是飲酒者的十種過失。」

佛告訴阿難：「從今以後，以我為師者……乃至不得用草木一端沾酒，再放入口。」

（二）制戒內容

1. 佛初制戒

這時，世尊用無數方法怒聲斥責娑伽陀比丘後，告訴比丘們：「這娑伽陀比丘，愚癡人啊！會引生多種有漏，最初犯本戒。從今以後，跟比丘結戒，為了這十句義……乃至使正法得以久住。想說戒者，應這樣說：

若比丘，飲酒者，波逸提。」

2. 釋義

（1）比丘：意義如上文。

（2）酒：木酒〔註 455〕、粳米酒〔註 456〕、餘米酒〔註 457〕、大麥酒，或其他釀酒方法所造的酒。

〔註 455〕木酒：用草木花果等釀製之酒。《巴利律》作 meraya，果酒、花酒、木酒。
〔註 456〕粳米酒：《巴利律》作 surā，穀酒。
〔註 457〕餘米酒：用其他米類製之酒。

（3）木酒：梨汁酒、閻浮〔註458〕果酒、甘蔗酒、舍樓伽〔註459〕果酒、蕤〔註460〕汁酒、葡萄酒。

（4）梨汁酒：或用蜜、石蜜混雜製造……乃至蒲桃〔註461〕酒，也是這樣混雜。

3. 酒與非酒

酒，有酒色、酒香、酒味，不應飲；或有酒，沒有酒色，而有酒香、酒味，不應飲；或有酒，沒有酒色、沒有酒香，而有酒味，不應飲；或有酒，沒有酒色、沒有酒香、也沒有酒味，不應飲。

非酒，有酒色、酒香、酒味，可飲；非酒，沒有酒色，而有酒香、酒味，可飲；非酒，沒有酒色、沒有酒香，而有酒味，可飲；非酒，沒有酒色、沒有酒香，也沒有酒味，可飲。

4. 違犯輕重

那比丘，如用酒煮食，用酒混入食物，或食，或飲，波逸提；如飲甜味酒，突吉羅。

如飲醋味酒，突吉羅；如食麴〔註462〕或酒糟〔註463〕，突吉羅。

5. 境想

酒，有酒的想法，波逸提；有酒的懷疑，波逸提。

酒，有無酒的想法，波逸提；無酒，有酒的想法，突吉羅；有酒的懷疑，突吉羅。

（三）兼制

比丘尼，波逸提；式叉摩那、沙彌、沙彌尼，突吉羅。這叫做犯。

（四）開緣

不犯：如有這樣那樣的病，用其他藥醫治，沒法痊癒，以酒為藥；或用酒塗瘡，全無犯。

〔註458〕閻浮：音譯詞。巴利語 jambu，蓮霧。
〔註459〕舍樓伽：音譯詞。巴利語 sālūka，藕根。
〔註460〕蕤：花蕊。
〔註461〕蒲桃：桃金孃（娘）科植物。又葡萄屬於葡萄科，兩者音同實異。
〔註462〕麴：蒸麥子或白米，使它發酵後再曬乾，稱「麴」，可用來釀酒。
〔註463〕酒糟：釀酒後剩下的渣滓。

五十二、水中戲戒〔註464〕

提要：十七群比丘在河嬉戲，波斯匿王伉儷看到不滿。

（一）制戒因緣

1. 比丘戲水

那時，佛在舍衛國祇樹給孤獨園。

這時，十七群比丘在阿耆羅婆提〔註465〕河中戲水：從此岸游到彼岸，或順流，或逆流，或在這裏沉沒在那裏浮出，或用手劃水，或用水互相潑灑〔註466〕。

2. 王不滿

那時，波斯匿王與末利〔註467〕夫人在樓觀〔註468〕上，遠遠看到十七群比丘在這河中戲水：從此岸游到彼岸，或順流，或逆流，或在這裏入水在那裏浮出，或用手劃水，或用水互相潑灑。

王見到後，便對末利夫人說：「看看他們所做之事！」

這時，末利夫人回報王說：「這些比丘，是年少才出家，在佛法未久，或是長老癡無所知。」

3. 派婆羅門訪佛

那時，末利夫人即匆匆下樓，對那陵迦〔註469〕婆羅門說：「你以我的名義，前往到祇桓精舍中，向世尊問訊：『步行健康強壯，教化辛勞嗎？以這一包石蜜奉上世尊』。把這因緣全部稟告世尊。」

這時，那婆羅門即接受夫人的教示，前往拜訪世尊之所，問訊後，坐在一旁。

那陵迦婆羅門稟告世尊說：「末利夫人派我來向世尊問訊：『步行健康強壯，教化辛勞嗎？』今奉上這一包石蜜。」把之前的因緣全部稟告世尊。

4. 佛斥犯者

那時，世尊藉這因緣召集比丘僧眾，用無數方法怒聲斥責十七群比丘說：

〔註464〕《巴利律》作第53戒。

〔註465〕阿耆羅婆提：音譯詞。《巴利律》作 Aciravatī。即「捨墮‧過前求雨衣過前用戒第27」所記的「阿夷羅跋提」。

〔註466〕潑灑：〔大〕原作「澆潘」。

〔註467〕末利：音譯詞。《巴利律》作 Mallikā，意譯「勝鬘」。

〔註468〕樓觀：樓殿。《巴利律》作 uparipāsāda，重閣上層。

〔註469〕那陵迦：音譯詞。巴利語 Naḷijaṅgha，意譯「竹膊」。

「你們做錯了！不合威儀、不合沙門法、不是清淨的行為、不是隨順佛法的行為，都不應做。為何十七群比丘，在阿耆婆提河中戲水：從此岸游到彼岸，或順流，或逆流，或在這裏入水在那裏浮出，或用手劃水，或用水互相潑濺。」

（二）制戒內容

1. 佛制戒

這時，世尊用無數方法怒聲斥責十七群比丘後，告訴比丘們：「這些愚癡人啊！會引生多種有漏，最初犯本戒。從今以後，跟比丘結戒，為了這十句義……乃至使正法得以久住。想說戒者，應這樣說：

若比丘，水中嬉戲〔註470〕者，波逸提。」

2. 釋義

（1）比丘：意義如上文。

（2）水中戲：任意放肆，從此岸游到彼岸，或順流，或逆流，或在這裏入水在那裏浮出，或用手劃水，或用水互相潑濺……乃至用鉢盛水戲弄，全波逸提。

3. 違犯輕重

除水以外，或酪漿，或清酪漿〔註471〕，或苦酒〔註472〕，或麥汁〔註473〕，用器皿〔註474〕玩弄，突吉羅。

（三）兼制

比丘尼，波逸提；式叉摩那、沙彌、沙彌尼，突吉羅。這叫做犯。

（四）開緣

不犯：或在道路上行走時要渡水，或從此岸渡向彼岸；或在水中牽拉木材，或是竹，或是筏〔註475〕，順流上下；或取石、取沙；或有失物沈入水底，要在這裏入水在那裏浮出；〔註476〕或想學浮水，而浮水時向上揚臂，劃水、潑水，全無犯。

〔註470〕嬉戲：《巴利律》作 hāsadhamma，嬉戲法。
〔註471〕清酪漿：無渣滓的酪漿
〔註472〕苦酒：醋；因有苦味，故名。《巴利律》作 kañjika，酸粥。
〔註473〕麥汁：《巴利律》作 rajana，染料、染汁。
〔註474〕器皿：〔大〕原作「器」。《巴利律》作 bhājana，容器、器具。
〔註475〕筏：〔大〕原作「簿」。
〔註476〕這意謂入水取回失物，入水出水；無犯。

五十三、擊擽戒〔註477〕

提要：六群比丘用手指弄死十七群比丘中一人。

（一）制戒因緣

1. 六群弄死人

那時，佛在舍衛國祇樹給孤獨園。

這時，六群比丘中有一人，擊弄十七群比丘中一人，令他命終。

比丘們聽聞後，其中有少欲知足、行頭陀、喜好學戒、知慚愧者，嫌惡斥責比丘說：「為何擊弄十七群比丘，令他命終呢？」

這時，比丘們前往世尊之所，頭面禮足，坐在一旁，把這因緣詳細稟告世尊。

2. 佛斥犯者

那時，世尊藉這因緣召集比丘僧眾，用無數方法怒聲斥責十七群比丘說：「你們做錯了！不合威儀、不合沙門法、不是清淨的行為、不是隨順佛法的行為，都不應做。為何六群比丘，你們擊弄十七群比丘，令他命終。」

（二）制戒內容

1. 佛制戒

世尊用無數方法怒聲斥責六群比丘後，告訴比丘們：「這六群比丘，愚癡人啊！會引生多種有漏，最初犯本戒。從今以後，跟比丘結戒，為了這十句義……乃至使正法得以久住。想說戒者，應這樣說：

若比丘，以指相擊擽〔註478〕者，波逸提。」

2. 釋義

（1）比丘：意義如上文。

（2）指：手有十指、腳有十指。

3. 違犯輕重

如比丘，用手指腳指互相擊弄，全波逸提。

除手指腳指外，或用杖，或戶鑰，或拂柄，以及一切其他物件，互相擊弄，全突吉羅。

〔註477〕《巴利律》作第 52 戒。

〔註478〕擊擽：《巴利律》作 patodaka，戳刺。本書譯寫作「擊弄」。

（三）兼制

比丘尼，波逸提；式叉摩那、沙彌、沙彌尼，突吉羅。這叫做犯。

（四）開緣

不犯：或非故意擊弄；或觸踤睡眠者令他醒覺；或出入經過；或掃地誤觸，誤用杖頭觸踤，無犯。

五十四、不受諫戒

提要：闡陀不受勸諫而犯戒。

（一）制戒因緣

1. 闡提犯戒

那時，佛在拘睒毘國瞿師羅園中。

這時，闡陀想犯戒，比丘們諫道：「你不要有這意念，不應這樣。」

這時，闡陀不依從比丘們的勸諫，即便犯戒。

比丘們聽聞後，其中有少欲知足、行頭陀、喜好學戒、知慚愧者，嫌惡斥責比丘說：「為何闡陀想犯戒，比丘們勸諫，而不依從他們的話，便犯戒呢？」

當時，比丘們前往世尊之所，頭面禮足，站在一旁，把這因緣詳細稟告世尊。

2. 佛斥犯者

那時，世尊藉這因緣召集比丘僧眾，怒聲斥責闡陀說：「你做錯了！不合威儀、不合沙門法、不是清淨的行為、不是隨順佛法的行為，都不應做。為何闡陀，比丘們勸諫，而不依從他們的話，便犯戒呢？」

（二）制戒內容

1. 佛制戒

世尊用無數方法怒聲斥責闡陀後，告訴比丘們：「這些六群比丘，愚癡人啊！會引生多種有漏，最初犯本戒。從今以後，跟比丘結戒，為了這十句義……乃至使正法得以久住。想說戒者，應這樣說：

若比丘，不受諫〔註479〕者，波逸提。」

2. 釋義

（1）比丘：意義如上文。

─────────────

〔註479〕不受諫：《巴利律》作 anādariya，漠視、輕侮、不尊敬。

（2）不受諫：如他人阻止說：「不要做這些，不應這樣。」

3. 違犯輕重

這樣故意違犯，根本不依從諫語，突吉羅；如自知所做者不合佛法，這樣故意違犯，根本不依從諫語，波逸提。〔註480〕

（三）兼制

比丘尼，波逸提；式叉摩那、沙彌、沙彌尼，突吉羅。這叫做犯。

（四）開緣

不犯：如無智慧的人來勸諫，報說：「你可問教授師〔註481〕、和上，學問誦經，知道勸諫方法然後可勸諫」，如勸諫者應採納；或戲笑說，或獨自說，或在夢中說，或想說這樣卻錯說那樣，全無犯。

五十五、怖比丘戒

提要：佛徹夜經行，侍者迦波羅比丘欲嚇怕佛陀，令他入房。〔註482〕

（一）制戒因緣

1. 佛經行

那時，佛在波羅梨毘〔註483〕國。

這時，尊者那迦波羅〔註484〕比丘，經常侍奉世尊左右，供應所需。

佛對那迦波羅說：「你拿雨衣過來，我想到經行處經行。」便承受教示，拿雨衣給世尊。

這時，世尊接受雨衣後，到經行處經行。

2. 佛不返房

那時，釋提桓因〔註485〕變化出金經行堂後，合掌，在世尊前稟告說：「我的世尊經行、我的善逝經行，據眾佛恒常的做法：如經行時，供養人要在經行

〔註480〕前者不知自己的行為不合佛法，僅不依從勸諫，罪較輕；後者自知不合佛法，罪較重。

〔註481〕教授師：〔大〕原作「師」。

〔註482〕《巴利律》則記六群比丘嚇十七群比丘。

〔註483〕波羅梨毘：音譯詞。巴利語 Pāṭaliputta，樹名；摩竭陀國首都，位於今印度比哈爾邦首府巴特那。

〔註484〕那迦波羅：音譯詞。巴利語 Nāgasamāla，意譯「象護、龍護」。

〔註485〕釋提桓因：音譯詞。巴利語 Sakka devānaminda，意譯「能天主」；忉利天之主，又稱「天帝釋」。

道的前頭站立。」

這時，那迦波羅比丘在經行道的前頭站立，知道前夜已過，稟告世尊說：「初夜已過去了，可還入房。」

這時，世尊默然。

這時，那迦波羅知道中夜、後夜已過，曙光初出、眾鳥醒覺的時分，天快將明亮，稟告世尊說：「初中、後夜已過了，曙光初出、眾鳥醒覺的時分，天快將明亮，願世尊返入房。」

這時，世尊默然。

3. 那迦波羅嚇佛

那時，那迦波羅自己想念道：「我今寧可嚇怕佛，令他入房吧！」〔註486〕

這時，那迦波羅便把毛衣〔註487〕反轉披上，來到佛之所，發出非人的恐怖音聲：「沙門呀！我是鬼〔註488〕。」

世尊報說：「當知這是愚人，心亦是惡。」

4. 帝釋讚佛

這時，釋提桓因稟告佛說：「僧眾中也有這樣的人嗎？」

佛告訴釋提桓因說：「僧眾中有這樣的人。」

佛又對釋提桓因說：「這人於今生中當得清淨之法。」

這時，釋提桓因用偈讚佛：「聖獨步不放逸，若毀譽不移動；聞師子吼不驚，如風過草無礙；引導一切諸眾，決定一切人天。」

這時，世尊用偈報說：「天帝謂我怖，故說此言耶？」

當時，釋提桓因即禮佛足，隱身離去。

5. 佛斥犯者

那時，世尊過夜後，清晨召集比丘僧眾，把這因緣全部向比丘們說：「這那迦波羅，愚癡人啊！想嚇怕我。」

（二）制戒內容

1. 佛制戒

這時，世尊用無數方法怒聲斥責那迦婆羅比丘後，告訴比丘們：「這愚癡人啊！會引生多種有漏，最初犯本戒。從今以後，跟比丘結戒，為了這十句

〔註486〕這意謂那迦波羅想早點休息，故設法令佛回房。
〔註487〕毛衣：〔大〕原作「拘執」，音譯詞。巴利語 koseyya，絹衣。
〔註488〕鬼：《巴利律》作 pisāca，惡鬼、食人鬼、吸血鬼。

義……乃至使正法得以久住。想說戒者，應這樣說：

「若比丘，恐怖〔註489〕他比丘者，波逸提。」

2. 釋義

（1）比丘：意義如上文。

（2）恐怖：如用「色、聲、香、味、觸、法」嚇怕人：

1）什麼是「色」嚇怕呢？或裝作象形、馬形；或裝作鬼形、鳥形，用這些形色〔註490〕嚇怕人，令他見到，或嚇怕或不嚇怕，波逸提；用這些形色嚇怕人，面前的人不見，突吉羅。

2）什麼是「聲」嚇怕人呢？或貝聲、鼓聲、波羅聲〔註491〕、象聲、馬聲、駝聲、啼聲，用這些音聲嚇怕人，令他人聽聞，嚇怕、不嚇怕，波逸提；如用這些音聲嚇怕人，他聽不到，突吉羅。

3）什麼是「香」嚇怕人呢？或根香、薩羅〔註492〕樹香、樹膠香、皮香、膚香、葉香、花香、果香，或美香，或嗅氣；如用這些香味嚇怕人，他人嗅聞，或嚇怕或不嚇怕，波逸提；如用這些香嚇怕人，面前的人不嗅聞，突吉羅。

4）什麼是「味」嚇怕人呢？如用味給人品嚐，或醋，或甜，或苦，或澀〔註493〕，或鹹，或袈裟味〔註494〕，用這些味嚇怕人，令他人品嚐，嚇怕或不嚇怕，波逸提。如用這些味嚇怕人，他不品嚐，突吉羅。

5）什麼是「觸」嚇怕人呢？或用熱，或用冷，或輕，或重，或細，或麁，或滑，或澀〔註495〕，或軟，或堅，用這些觸嚇怕人，令他人觸，嚇怕或不嚇怕，波逸提；用這些觸嚇怕人，他人不觸蹹，突吉羅。

6）什麼是用「法」嚇怕人呢？對面前的人說：「我見到這樣的相狀：或夢見你將死亡，或失去衣和鉢，或還俗；你的師和上、阿闍梨亦將死亡，失去衣、鉢，或還俗；或父母得重病，或命終。」用這些法嚇怕人，他知道，嚇怕或不嚇怕，波逸提；如用這些法嚇怕人，他不知道，突吉羅。

〔註489〕恐怖：《巴利律》作 bhiṃsāpeyya，使恐懼害怕、威脅恐嚇。本書譯寫作「嚇怕」。

〔註490〕形色：形態、容貌。

〔註491〕波羅聲：「波羅」，音譯詞。巴利語 pāla，守護。「波羅聲」，即守護者的吹擊樂聲。

〔註492〕薩羅：音譯詞。巴利語 sāla，多年生喬木，樹身高大，氣味芳香，木材堅固。

〔註493〕澀：味不甘滑。

〔註494〕袈裟味：或袈裟草味。

〔註495〕澀：不光滑。

3. 違犯輕重

如比丘，用色、聲、香、味、觸、法嚇怕人，如說得清楚，波逸提；說得不清楚，突吉羅。

（三）兼制

比丘尼，波逸提；式叉摩那、沙彌、沙彌尼，突吉羅。這叫做犯。

（四）開緣

不犯：或暗地坐下無燈火，或大小便處，遠遠看見便說道：「是象，或賊，或惡獸」，便嚇怕；或到暗室中無燈火處、大小便處，聽聞行走聲，或觸摸草木聲，或咳嗽聲而害怕；或用形相示人，沒有嚇怕的意念，或用聲、香、味、觸與人，沒有嚇怕的意念；或確實有其事，或見到這樣的事相，或夢中見：或將死亡，或還俗，或失去衣、鉢，或和上、教授師將死，失去衣、鉢，還俗，或父母病重將死，便這樣對他說：「我見到你這樣眾多變異的事相」。或戲笑說，或急速地說，或獨自說，或在夢中說，或想說這樣卻錯說那樣，全無犯。

五十六、半月浴過戒 〔註 496〕

提要：六群比丘於後夜在摩竭陀國水池洗浴至清晨，令瓶沙王等無法使用。

（一）制戒因緣

1. 六群洗浴

那時，佛在羅閱祇迦蘭陀竹園中，有池水〔註 497〕。

這時，摩竭國瓶〔註 498〕沙王，聽許比丘們恒常在池中洗浴。

這時，六群比丘於後夜曙光未出時，入池洗浴。

2. 王無洗浴

那時，瓶沙王於後夜曙光未出時，與婇女〔註 499〕一同到水池想洗浴，聽聞六群比丘在池水洗浴聲，即問侍從〔註 500〕說：「這裏誰人在洗浴呢？」

〔註 496〕《巴利律》作第 57 戒。

〔註 497〕池水：《巴利律》作 tapoda，溫泉。

〔註 498〕瓶：〔大〕〔麗〕〔金〕、北敦 14505 號作「洴」，今依〔宋元明〕〔宮〕。下文還有同樣情況，不贅注出。

〔註 499〕婇女：宮女。

〔註 500〕侍從：〔大〕原作「左右」。

侍從答道：「是比丘。」

王說：「不要大聲說話，勿令比丘們不能洗浴而離去。」

那些六群比丘用各種細末藥〔註501〕再互相洗浴，直至曙光露出。

這時，瓶沙王最後未能洗浴而離去。

這時，大臣們皆一起譏議嫌惡，互相說道：「這些沙門釋子不知慚愧，向外自稱道：『我修習正法』，這樣何來有正法呢？於後夜中相伴一起入池水，用各種細末藥再互相洗浴，直至曙光露出，令王最後不能洗浴而離去。」

這時，比丘們聽聞，其中有少欲知足、行頭陀、喜好學戒、知慚愧者，嫌惡斥責六群比丘說：「為何於後夜中入池水洗浴，用各種細末藥再互相洗浴，直至曙光露出，令王不得洗浴呢？」

當時，比丘們前往世尊之所，頭面禮足，坐在一旁，把這因緣詳細稟告世尊。

3. 佛斥犯者

那時，世尊藉這因緣召集比丘僧眾，怒聲斥責六群比丘說：「你們做錯了！不合威儀、不合沙門法、不是清淨的行為、不是隨順佛法的行為，都不應做。為何你們於後夜中入池水，用各種細末藥再互相洗浴，直至曙光露出，令王不得洗浴而離去呢？」

（二）制戒內容

1. 佛制戒

這時，世尊用無數方法怒聲斥責六群比丘後，告訴比丘們：「這些愚癡人啊！會引生多種有漏，最初犯本戒。從今以後，跟比丘結戒，為了這十句義……乃至使正法得以久住。想說戒者，應這樣說：

若比丘，半月應洗浴；若過〔註502〕者，波逸提。」

這樣世尊跟比丘結戒。

2. 修訂前制

那時，比丘們在盛熱時，身體出小瘡紅疹〔註503〕，污垢臭穢，但畏懼謹

〔註501〕細末藥：《巴利律》作 cuṇṇa（洗粉）、mattikā（粘土）。另參看「僧殘・故失精戒第1」。

〔註502〕過：超出。這意謂最多每半月洗浴一次，不得超過這限制。《巴利律》作 oren' addhamāsa，半月以內。這意謂如半月內又洗浴，即違犯。二律的規定同。

〔註503〕小瘡紅疹：〔大〕原作「疱痛」。

慎，不敢洗浴，恐怕違犯過半月洗浴的規定。

比丘們稟告佛。

佛說：「聽許病比丘們天熱時屢次洗浴。自今以後，應這樣說戒：

若比丘，半月應洗浴，除餘時；若過，波逸提。餘時者，熱時〔註504〕。」

這樣世尊跟比丘結戒。

3. 再修訂前制

其中病比丘們，身體出小瘡紅疹，污垢臭穢，或大小便、嘔吐，污垢、不乾淨；但畏懼謹慎，不敢洗浴，恐怕違犯過半月洗浴的規定。

比丘們稟告佛。

佛說：「聽許病比丘們屢次洗浴。從今以後，應這樣說戒：

若比丘，半月應洗浴，不得過；除餘時，波逸提。餘時者，熱時、病時。」

這樣世尊跟比丘結戒。

4. 三次修訂前制

那時，比丘們勞動時，身體污垢臭穢，但比丘們有畏懼謹慎之心，不敢洗浴。

比丘們稟告佛。

佛說：「聽許病比丘們屢次洗浴。從今以後，應這樣說戒：

若比丘，半月洗浴，不得過；除餘時，波逸提。餘時者，熱時、病時、作時。」

這樣世尊跟比丘結戒。

5. 四次修訂前制

那時，比丘們於風雨中行走，身體出小瘡紅疹，有灰塵，污穢不淨，但畏懼謹慎，不敢洗浴。

比丘們稟告佛。

佛說：「聽許病比丘們屢次洗浴。從今以後，應這樣說戒：

若比丘，半月洗浴，不得過；除餘時，波逸提。餘時者，熱時、病時、作時、風時、雨時。」

這樣世尊跟比丘結戒。

6. 五次修訂前制

那時，比丘們在道路上行走時，身體出小瘡紅疹熱，污垢灰塵、污穢不

〔註504〕熱時：《巴利律》作 uṇhasamaya（暑時）、pariḷāhasamaya（熱惱時）。

淨，但畏懼謹慎，不敢洗浴。

比丘們稟告佛。

佛說：「聽許病比丘們屢次洗浴。從今以後，應這樣說戒：

若比丘，半月洗浴，無病比丘應受，不得過；除餘時，波逸提。餘時者，熱時、病時、作時、風雨時、道行時，此是餘時。」

7. 釋義

（1）比丘：意義如上文。

（2）熱時：春季〔註505〕四十五日、夏〔註506〕初一月是熱時。

（3）病：輕微至身體臭穢，也是病。

（4）作：輕巧至掃屋前地。

（5）風雨時：輕微至一下旋風，一滴雨沾身。

（6）道行：短至半由旬，或來或往也是。

8. 違犯輕重

如比丘，每半月洗浴，除了其他某些時間，如過了期限，一淋遍全身，波逸提；或用水洗半身，波逸提。

或整理好衣著儀容，設法洗浴而沒有去，全突吉羅。

（三）兼制

比丘尼，波逸提；式叉摩那、沙彌、沙彌尼，突吉羅。這叫做犯。

（四）開緣

不犯：每半月洗浴；熱天時、患病時、勞作時、刮風時、下雨時、在道上行走時，屢次洗浴；或為有勢力者脅持，強迫洗浴，無犯。

五十七、露地然火戒〔註507〕

提要：六群比丘在露天地方燒燃柴草，比丘受驚，亂擲燒薪，焚毀講堂。

（一）制戒因緣

1. 燒柴取暖

那時，世尊在曠野城。

〔註505〕春季：《巴利律》作 gimha，夏季。

〔註506〕夏：《巴利律》作 vassa，雨季。

〔註507〕《巴利律》作第 56 戒。

這時，六群比丘互相說道：「我們在上座面前，不得隨意說話。」便出房外，在露天地方，收拾柴草及大樹株，燃火互相熱炙。〔註508〕

2. 焚毀講堂

這時，中空的樹株有一毒蛇，受到火熱的逼迫，從樹孔中竄出。

比丘們見到皆驚怖說：「毒蛇呀！毒蛇呀！」即拿起燒著的柴薪，散擲四方，火苗燃燒佛講堂。

比丘們聽聞，其中有少欲知足、行頭陀、喜好學戒、知慚愧者，嫌惡斥責六群比丘說：「你們為何互相說道：『我們在上座面前，不得隨意說話』，便出房外，收拾草木、大樹株，在露天地方，向空地燃火，樹孔中有毒蛇竄出，驚怖拿燒著的柴薪，散擲四方，火苗燃燒佛講堂呢？」

當時，比丘們便前往世尊之所，頭面禮足，坐在一旁，把這因緣詳細稟告世尊。

3. 佛斥犯者

那時，世尊藉這因緣召集比丘僧眾，怒聲斥責六群比丘說：「你們做錯了！不合威儀、不合沙門法、不是清淨的行為、不是隨順佛法的行為，都不應做。為何你們互相說道：『我們在上座面前，不得隨意說話』，便出房外，收拾草木、大樹株，在露天地方燃火，樹孔中有毒蛇竄出，驚怖拿取燒著的柴薪，散擲四方，火苗燃燒佛講堂呢？」

（二）制戒內容

1. 佛制戒

這時，世尊用無數方法怒聲斥責六群比丘後，告訴比丘們：「這些愚癡人啊！會引生多種有漏，最初犯本戒。從今以後，跟比丘結戒，為了這十句義……乃至使正法得以久住。想說戒者，應這樣說：

若比丘，為自炙〔註509〕故，露地然〔註510〕火、若教人然，波逸提。」

這樣世尊跟比丘結戒。

2. 修訂前制

那時，病比丘畏懼謹慎，不敢自燃火，也不教人燃火。

〔註508〕這意謂六群比丘燃火取暖。
〔註509〕自炙：《巴利律》作 visibbana，取暖、溫暖。
〔註510〕然：古同燃。

比丘稟告佛。

佛說：「聽許病比丘在露天地方燃火及教人燃火。從今以後，應這樣說戒：

若比丘，無病，為自炙故，露地然火、教人然者，波逸提。」

這樣世尊跟比丘結戒。

3. 再修訂前制

那時，比丘們想為病比丘們煮粥，或羹飯；或在溫室，或在廚屋，或在浴室中；或熏鉢，或染衣，或燃燈，或燒香。比丘們皆畏懼謹慎，不敢做。

佛說：「這些事聽許做。從今以後，應這樣說戒：

若比丘，無病，自為炙故，在露地然火、若教人然，除時因緣，波逸提。」

4. 釋義

（1）比丘：意義如上文。

（2）病：或需用火炙身。

5. 違犯輕重

如比丘，無病，為了炙熱自身的緣故，在露天地方燃火，或燃燒草木、枝葉、紵麻、芻麻，或牛屎、糠糞、麥糠〔註511〕，這些全燃燒，波逸提。

如用火置於草木、枝葉、麻紵、牛屎、糠糞、麥糠中燃燒，全波逸提。

或把半燒焦的草木〔註512〕擲入火中，突吉羅；或燃炭，突吉羅；或不對面前的人說：「你看到這些、知道這些」，突吉羅。

（三）兼制

比丘尼，波逸提；式叉摩那、沙彌、沙彌尼，突吉羅。這叫做犯。

（四）開緣

不犯：對面前的人說：「看見這些、知道這些」；或病人自行燃火、教人燃火；有時機因緣看望病人，為病人煮糜粥〔註513〕、羹飯；或在廚屋中，或在溫室中，或在浴室中，或熏鉢，或煮染衣汁、燃燈、燒香，全無犯。

五十八、藏他衣鉢戒〔註514〕

提要：六群比丘伺機偷去十七群比丘的衣鉢，令他們喪失供養。

〔註511〕麥糠：〔大〕原作「掃䅗」。

〔註512〕半燒焦的草木：〔大〕原作「被燒半燋」。

〔註513〕糜粥：把米置鍋裏跟菜湯肉汁一起熬爛，叫做糜或粥。

〔註514〕《巴利律》作第60戒。

（一）制戒因緣

1. 比丘經行

那時，佛在舍衛國祇樹給孤獨園。

這時，有居士請僧眾明日食，便於當夜籌辦充足各種肥美的飲食。

明日清早，前往告白時間已到。

這時，十七群比丘把衣、鉢、坐具、針筒，放在一邊，經行徘徊〔註515〕，屢次探視食時是否已到。

這時，六群比丘伺候他們經行背向時，取了他們的衣、鉢、坐具、針筒收藏。

2. 六群戲弄

十七群比丘聽聞告白時間已到，看到這情況，便說：「我們的衣、鉢、坐具、針筒原來在這裏，誰人取去呢？」

其他比丘問道：「你們從何處來呢？」

十七群比丘答道：「我們在這裏，把衣、鉢、坐具、針筒放在一邊，經行時探視食時是否已到。」

六群比丘在前方調笑，其他比丘注意到，見到六群比丘調笑，必定是他們取去衣、鉢收藏。

比丘們聽聞，其中少欲知足、行頭陀、喜好學戒、知慚愧者，嫌惡斥責六群比丘說：「為何你們取去十七群比丘的衣、鉢、坐具、針筒收藏呢？」

當時，比丘們便前往世尊之所，頭面禮足，坐在一旁，把這因緣全部稟告世尊。

3. 佛斥犯者

那時，世尊藉這因緣召集比丘僧眾，怒聲斥責六群比丘道：「你們做錯了！不合威儀、不合沙門法、不是清淨的行為、不是隨順佛法的行為，都不應做。為何六群比丘，伺候十七群比丘經行背向時，取去他們的衣、鉢、坐具、針筒收藏呢？」

（二）制戒內容

1. 佛初制戒

這時，世尊用無數方法怒聲斥責六群比丘後，告訴比丘們：「六群比丘，

〔註515〕徘徊：〔麗〕〔金〕、北敦 14505 號作「仿佯」，〔大〕〔磧〕作「彷徉」。

愚癡人啊！會引生多種有漏，最初犯本戒。從今以後，跟比丘們結戒，為了這十句義……乃至使正法得以久住。想說戒者，應這樣說：

若比丘，藏〔註516〕比丘衣、鉢、坐具、針筒，〔註517〕若自藏、若教人藏，下至戲笑〔註518〕者，〔註519〕波逸提。」

2. 釋義

（1）比丘：意義如上文。那比丘，收藏其他比丘的衣、鉢、坐具、針筒，或教人收藏，下至戲笑者，波逸提。

（三）兼制

比丘尼，尼薩耆波逸提；式叉摩那、沙彌、沙彌尼，突吉羅。這叫做犯。

（四）開緣

不犯：或確實知道是那人的財物，體念對方〔註520〕，悉數取去收藏；或在露天地方，為風雨所漂淹，取去收藏；或物主秉性不喜收藏，所有衣、鉢、坐具、針筒，四散凌亂，為了想教誠他的緣故，而取去收藏；或借他人之衣穿著，而他人不收拾，恐怕掉失便取去收藏；或因為這些衣、鉢等財物的緣故，性命有危險、梵行受威脅，取去收藏，全無犯。

五十九、真實淨不語取戒

提要：六群比丘把衣物真實施與親厚比丘後，不告知他便取回。

（一）制戒因緣

1. 施衣後取回

那時，佛在舍衛國祇樹給孤獨園。

這時，六群比丘把衣真實施與親厚〔註521〕比丘後，其後不告知物主〔註522〕便取回穿著。

比丘們聽聞，其中少欲知足、行頭陀、喜好學戒、知慚愧者，嫌惡斥責六

〔註516〕藏：《巴利律》作 apanidheyya，隱藏、掩蔽、蓋上。
〔註517〕《巴利律》多列 kāyabandhana（腰帶）。
〔註518〕戲笑：《巴利律》作 hasāpekkhopi，期待玩笑。
〔註519〕這意謂為了開玩笑而收藏他僧的衣、鉢等，也違犯。
〔註520〕體念對方：〔大〕原作「相體」。詳言之，即體念對方而知其衷曲。
〔註521〕親厚：《巴利律》作 bhātuno saddhivihārika，兄弟的共住者。
〔註522〕物主：〔大〕原作「主」，即前述的親厚比丘。

群比丘說：「為何你們先拿衣施與親厚比丘後，其後不告知物主便取回穿著呢？」

當時，比丘們前往世尊之所，頭面禮足，坐在一旁，把這因緣全部稟告世尊。

2. 佛斥犯者

那時，世尊藉這因緣召集比丘僧眾，怒聲斥責六群比丘：「你們做錯了！不合威儀、不合沙門法、不是清淨的行為、不是隨順佛法的行為，都不應做。為何六群比丘，先拿衣施與親厚比丘後，其後不告知物主便取回穿著呢？」

（二）制戒內容

1. 佛初制戒

這時，世尊用無數方法怒聲斥責六群比丘後，告訴比丘們：「這些愚癡人啊！會引生多種有漏，最初犯本戒。從今以後，跟比丘們結戒，為了這十句義……乃至使正法得以久住。想說戒者，應這樣說：

若比丘，與比丘、比丘尼、式叉摩那、沙彌、沙彌尼衣，後不語主還取著者，波逸提。」

2. 釋義

（1）比丘：意義如上文。

（2）衣：有十種，如上文所說。

（3）與衣：即淨施衣，有二種：

1）真實淨施〔註523〕：某比丘說：「這是我多出之衣，未令它清淨〔註524〕；今為了令它清淨，故給長老，行『真實淨施』的緣故。」〔註525〕

2）展轉淨施〔註526〕：某比丘說：「這是我多出之衣，未令它清淨；今為了令它清淨，故給長老。」

那長老應這樣說：「長老細聽，長老有這樣多出之衣，未令它清淨；今給我，為了令它清淨的緣故，我便接受。」

〔註523〕真實淨施：《巴利律》作 sammukhā-vikappanā，面對面淨施。

〔註524〕令他清淨：〔大〕原作「作淨」。

〔註525〕這意謂在僧眾中，比丘實在地把多出之衣施與某比丘託管，須問准取回，才可穿。

〔註526〕展轉淨施：《巴利律》作 parammukhā-vikappanā，輾轉淨施。

那長老接受後，應問道：「想給誰呢？」

某比丘應報說：「給某甲。」

那長老應這樣說：「長老有這樣多出之衣，未令它清淨，今給我，為清淨的緣故；我便接受，接受後給某甲比丘。」

那長老說：「這衣是某甲所有，你為某甲的緣故，守護拿著，隨意穿用。」〔註527〕

其中行「真實淨施」者，應先問准物主然後取來穿；行「展轉淨施」者，告知或不告知，隨意取來穿著。

如比丘，真實淨施衣，不告知物主而取來穿，波逸提。

（三）兼制

比丘尼，尼薩耆波逸提；式叉摩那、沙彌、沙彌尼，突吉羅。這叫做犯。

（四）開緣

不犯：如「真實淨施」後，告知物主而取來穿；「展轉淨施」者，告知或不告知，取來穿，無犯。

六十、著新衣戒〔註528〕

提要：六群比丘穿白色衣，有如王大臣。

（一）制戒因緣

1. 穿白衣

那時，世尊在舍衛國祇樹給孤獨園。

這時，六群比丘穿白色衣行走。

這時，居士們見到，皆一起譏議嫌惡：「這些沙門釋子不知慚愧，受取不滿足，向外自稱說：『我修習正法』，如今看來，又有何正法呢？為何穿白色新衣行走，仿如王及王大臣。」

比丘們聽聞，其中少欲知足、行頭陀、喜好學戒、知慚愧者，嫌惡斥責六群比丘說：「為何你們穿白色新衣行走呢？」

當時，比丘們便前往世尊之所，頭面禮足，坐在一旁，把這因緣全部稟告

〔註527〕這意謂甲比丘多出之衣，請乙比丘輾轉施與另一丙比丘，但仍交還甲比丘保管，無須問准，隨意穿用。

〔註528〕《巴利律》作第58戒。

世尊。

2. 佛斥犯者

那時，世尊藉這因緣召集比丘僧眾，怒聲斥責六群比丘道：「你們做錯了！不合威儀、不合沙門法、不是清淨的行為、不是隨順佛法的行為，都不應做。為何六群比丘穿白色衣行走呢？」

（二）制戒內容

1. 佛初制戒

這時，世尊用無數方法怒聲斥責六群比丘後，告訴比丘們：「這些愚癡人啊！會引生多種有漏，最初犯本戒。從今以後，跟比丘們結戒，為了這十句義……乃至使正法得以久住。想說戒者，應這樣說：

若比丘，得新衣，應三種壞色〔註529〕，一一色中隨意壞，若青、若黑、若木蘭〔註530〕。若比丘，不以三種壞色，若青、若黑、若木蘭，著餘新衣者，波逸提。」

2. 釋義

（1）比丘：意義如上文。

（2）新：或是新衣，或剛從他人得到者，皆稱作「新」。〔註531〕

（3）衣：有十種衣，如上文。

（4）壞色：染成青、黑、木蘭。

3. 違犯輕重

那比丘，得新衣，不染成青、黑、木蘭三種色，更穿其他新衣，波逸提。

或有重衣〔註532〕，不令它清淨而收蓄，突吉羅；或輕衣〔註533〕，不令它清淨，突吉羅。

如非衣：鉢囊、革屣囊、針綖囊、禪帶、腰帶、帽、襪、攝熱巾、裹革屣巾，不令它們清淨而收蓄，突吉羅。

如把未染之衣寄放白衣家，突吉羅。

〔註529〕壞色：《巴利律》作 dubbaṇṇakaraṇa，使壞色、造作壞色。

〔註530〕青、黑、木蘭：《巴利律》作 nīla（青）、kāḷasāma（黑褐）、kaddama（泥）。

〔註531〕《巴利律》對新衣的解釋是 akatakappa（未作淨法）。

〔註532〕重衣：多層之衣，以禦寒。

〔註533〕輕衣：熱時所穿衣。

（三）兼制

比丘尼，尼薩耆波逸提；式叉摩那、沙彌、沙彌尼，突吉羅。這叫做犯。

（四）開緣

不犯：或得白衣，染作青、黑、木蘭三種色；或重衣，令它清淨而收蓄；或輕衣，亦令它清淨而收蓄；或非衣：鉢囊……乃至裹革屣巾，皆令它們清淨而收蓄；或染衣寄放白衣家；或衣色脫落再染，無犯。

六十一、奪畜生命戒

提要：迦留陀夷射殺雀鳥。

（一）制戒因緣

1. 射殺烏鳥

那時，佛在舍衛國祇樹給孤獨園。

這時，尊者迦留陀夷〔註534〕不喜歡見到烏鳥〔註535〕，製弓射烏鳥，發射不停，殺了眾多烏鳥，在僧伽藍中，堆成大積聚。

這時，居士們入僧伽藍禮拜，見到大堆死烏鳥積聚，各人皆表示嫌惡，互相說道：「沙門釋子，不知慚愧、無有慈心，殺眾生命，向外自稱說：『我修習正法』，如今看來，有何有正法呢？射殺眾烏鳥，堆成大積聚。」

這時，比丘們聽聞，其中有少欲知足、行頭陀、喜好學戒、知慚愧者，嫌惡斥責迦留陀夷說：「為何你射殺眾烏鳥，堆成大積聚呢？」

當時，比丘們便前往世尊之所，頭面禮足，坐在一旁，把這因緣全部稟告世尊。

2. 佛斥犯者

那時，世尊藉這因緣召集比丘僧眾，知故問迦留陀夷：「你是否實在不喜歡看見烏鳥，而用竹弓射殺眾烏鳥而堆成大積聚呢？」

迦留陀夷答道：「確實這樣。」

世尊怒聲斥責迦留陀夷：「你做錯了！不合威儀、不合沙門法、不是清淨的行為、不是隨順佛法的行為，都不應做。為何迦留陀夷，射殺眾烏鳥堆成大積聚呢？」

〔註534〕迦留陀夷：《巴利律》作優陀夷，並記他是 issāsa（弓箭手）。
〔註535〕烏鳥：〔大〕原作「鳥」。《巴利律》作 kāka，烏鴉。

（二）制戒內容

1. 佛初制戒

世尊怒聲斥責迦留陀夷後，告訴比丘們：「這愚癡人啊！會引生多種有漏，最初犯本戒。從今以後，跟比丘們結戒，為了這十句義……乃至使正法得以久住。想說戒者，應這樣說：

若比丘，斷畜生〔註536〕命者，波逸提。」

這樣世尊跟比丘結戒。

2. 修訂前制

那時，比丘們坐下起來，往來行走，多殺害細小虫；其中或有行波逸提懺，或有畏懼謹慎。

比丘們前往稟告佛。

佛說：「不知道者，不犯。從今以後，應這樣說戒：

若比丘，故殺畜生命者，波逸提。」

3. 釋義

（1）比丘：意義如上文。

4. 違犯輕重

不能變化的畜生，斷除它的性命，或親自斷除，或教人斷除，或派使者，或派使者往來殺，〔註537〕或重派使者殺，〔註538〕或輾轉派使者殺，或自行求使者，或教人求使者，或自行求持刀人，或教人求持刀人，或用身體的形相，或口說，或兼用身體形相和口說，或派使者教人，或送書信教人，或兼派使者和送書信教人，或布置坑陷殺，或把刀安置在人常所倚靠之處，或用毒藥，或在人面前安置殺具，實行這些方法，或再有其他所想殺的畜生，如殺害，波逸提；設法想殺害而不殺，突吉羅。〔註539〕

（三）兼制

比丘尼，波逸提；式叉摩那、沙彌、沙彌〔註540〕尼，突吉羅。這叫做犯。

〔註536〕畜生：《巴利律》作 pāṇa，生物、生命。

〔註537〕這意謂同一使者往還去殺。

〔註538〕這意謂使者再派使者去殺。

〔註539〕本段所列各種殺生的方式，亦見於「波羅夷・殺人戒第3」。

〔註540〕彌：〔大〕作「爾」，今依〔麗〕〔金〕。

（四）開緣

不犯：不故意殺；或用瓦、石、刀、杖，擲去其他地方，而錯誤斷命；或比丘籌劃建房舍，手掉落瓦石而誤殺；或土、磚、杖〔註541〕、木，或屋之柱子、斗拱〔註542〕、棟樑、橫椽，這些手捉拿不穩，跌墮殺者；或扶病人起來而死，或返回躺臥而死，或洗浴時死，或服藥時死，帶入房時死，帶出房時死，或快日中坐下時死，或在樹蔭處而死，做這樣眾多事，無有殺害心而死者，無犯。

六十二、飲蟲水戒

提要：六群比丘飲有虫水。

（一）制戒因緣

1. 飲虫水

那時，世尊在舍衛國祇樹給孤獨園。

這時，六群比丘取混雜虫之水而飲用。

居士們見到，皆嫌惡斥責道：「這沙門釋子，沒有慈心，殺害虫之性命，向外自稱說：『我修習正法』，如今看來，有何正法呢？而取混雜虫之水而飲用。」

這時，比丘們聽聞，其中有少欲知足、行頭陀、喜好學戒、知慚愧者，嫌惡斥責六群比丘說：「為何你們沒有慈心，飲虫水，殺害它們的性命呢？」

當時，比丘們便前往世尊之所，頭面禮足，坐在一旁，把這因緣全部稟告世尊。

2. 佛斥犯者

那時，世尊藉這因緣召集比丘僧眾，怒聲斥責六群比丘說：「你們做錯了！不合威儀、不合沙門法、不是清淨的行為、不是隨順佛法的行為，都不應做。為何你們飲用混雜虫之水，殺害它們的性命呢？」

（二）制戒內容

1. 佛初制戒

這時，世尊用無數方法怒聲斥責六群比丘後，告訴比丘們：「這些愚癡人啊！會引生多種有漏，最初犯本戒。從今以後，跟比丘們結戒，為了這十句

〔註541〕杖：〔大〕原作「材」，今依〔宋元明〕〔宮〕。
〔註542〕斗拱：〔大〕原作「櫨」。

義……乃至使正法得以久住。想說戒者，應這樣說：

> 若比丘，飲用〔註543〕雜〔註544〕虫水者，波逸提。」

這樣世尊跟比丘結戒。

2. 修訂前制

那時，比丘們不知道有虫、無虫，其後才知道；或行波逸提懺，或有畏懼謹慎，稟告佛。

佛說：「不知道者，無犯。從今以後，應這樣說戒：

> 若比丘，知水有虫，飲用者，波逸提。」

3. 釋義

（1）比丘：意義如上文。

4. 違犯的不同情況

那比丘，知道是混雜虫之水，飲用者，波逸提。

除水外，如混雜虫之漿、苦酒、清酪漿、清麥汁〔註545〕，飲用，波逸提。

5. 境想

有虫水，有有虫的想法，波逸提；有有虫水的懷疑，突吉羅。

無虫水，有有虫水的想法，突吉羅；有無虫水的懷疑，突吉羅。

（三）兼制

比丘尼，波逸提；式叉摩那、沙彌、沙彌尼，突吉羅。這叫做犯。

（四）開緣

不犯：先前不知道有虫，有無虫的想法；或有麁虫〔註546〕，觸蹴水趕它離去；或濾水飲，無犯。

六十三、疑惱比丘戒〔註547〕

提要：六群比丘指問如何入四禪和得四果已犯戒，令人煩擾。

〔註543〕 飲用：《巴利律》作 paribhuñjeyya，享用。這意謂不止是飲，還包括清洗等其他用途。

〔註544〕 雜：《巴利律》作 sa，共、有。

〔註545〕 清麥汁：按「單墮・用蟲水戒第 19」所記違犯的飲料有「漬麥漿」，本律〈藥犍度〉也提到「漬麥汁」，而「清、漬」二字形近，或會混淆。

〔註546〕 麁虫：體形較大之虫。

〔註547〕 《巴利律》作第 77 戒。

（一）制戒因緣

1. 指控犯重

那時，佛在舍衛國祇樹給孤獨園。

這時，十七群比丘前往對六群比丘說：「長老，如何入初禪、第二、第三、第四禪呢？如何入空、無相、無願呢？如何得須陀洹果、斯陀含果、阿那含果、阿羅漢果呢？」

這時，六群比丘報說：「如你們所說，則已犯波羅夷法，並非比丘了。」

2. 行疑惱

那時，十七群比丘便往上座比丘之所，問道：「如有比丘們這樣問：『如何入初禪、二禪……乃至四禪、空、無相願、須陀洹……乃至阿羅漢果』，犯什麼罪呢？」

上座比丘報說：「無所犯。」

十七群比丘說：「我們之前拜訪六群比丘之所，問道：『如何入初禪……乃至四禪、空、無相願，如何得須陀洹果……乃至阿羅漢果』；他們即報說：『你們自稱得上人法，犯波羅夷，並非比丘了』。」

那上座比丘即察知，這六群比丘跟十七群比丘行「疑惱」。

這時，比丘們聽聞，其中有少欲知足、行頭陀、喜好學戒、知慚愧者，嫌惡斥責六群比丘：「為何你們跟十七群比丘行『疑惱』呢？」

當時，比丘們便前往世尊之所，頭面禮足，坐在一旁，把這因緣全部稟告世尊。

3. 佛斥犯者

那時，世尊藉這因緣召集比丘僧眾，怒聲斥責六群比丘說：「你們做錯了！不合威儀、不合沙門法、不是清淨的行為、不是隨順佛法的行為，都不應做。為何你們跟十七群比丘行『疑惱』呢？」

（二）制戒內容

1. 佛初制戒

這時，世尊用無數方法怒聲斥責六群比丘後，告訴比丘們：「這些愚癡人啊！會引生多種有漏，最初犯本戒。從今以後，跟比丘們結戒，為了這十句義……乃至使正法得以久住。想說戒者，應這樣說：

若比丘，與他作疑惱〔註548〕，波逸提。」

這樣世尊跟比丘結戒。

2. 修訂前制

那時，眾多比丘聚集在一處，一起討論佛法和戒律，有一比丘先行退去；退去者心有疑惑，這樣說：「那些比丘為我行『疑』。」

比丘們稟告佛。

佛說：「不故意行者，無犯。從今以後，應這樣結戒：

若比丘，故疑惱他比丘，令須臾間不樂〔註549〕者，波逸提。」

3. 釋義

（1）比丘：意義如上文。

（2）疑惱：

1）問生時疑

疑惱者即問道：「你出生至今有幾多時間呢？」

對方報說：「我生來是這個時間。」

疑惱者說道：「你不是這個時間出生，你有如餘人的出生時間，並非這個時間出生。」〔註550〕

2）問年歲時生疑

疑惱者問道：「你幾多歲呢？」

對方報說：「我是這歲數。」

疑惱者說道：「你不是這歲數，如餘人受戒者，你不是這歲數。」

3）問受戒生疑

疑惱者問道：「你受戒時既年不滿二十，又界內別眾〔註551〕」。

4）問羯磨生疑

疑惱者問道：「你受戒時告白不成功、羯磨不成功，非法別眾」。

5）於犯生疑

疑惱者說道：「你犯波羅夷、僧伽婆尸沙、波逸提、波羅提提舍尼、偷蘭遮、突吉羅、惡說」。

〔註548〕疑惱：《巴利律》作 kukkucca，惡作、後悔、悔疑。

〔註549〕不樂：《巴利律》作 aphāsu，不安的。

〔註550〕餘人即式叉摩那、沙彌、沙彌尼，如果同於他們的出生時間，便仍未滿二十歲，不能受戒。

〔註551〕如界內出現別眾，受戒羯磨不成立。

6）於法生疑

「你們所問的佛法〔註552〕，則犯波羅夷，非比丘」。

4. 違犯輕重

如比丘，故意為比丘行「疑」，或問出生之時，或歲數之時……乃至佛法之時行「疑」，說得清楚，波逸提；說得不清楚，突吉羅。

（三）兼制

比丘尼，波逸提；式叉摩那、沙彌、沙彌尼，突吉羅。這叫做犯。

（四）開緣

不犯：事實是這樣，非故意做：他並非這時間出生，恐怕之後有疑悔，無故受他人的利養、受大比丘禮敬，便說道：「你並非這時間出生，有如餘人的出生，知道你並非這個時間出生」；事實是這樣：他沒有這歲數，恐怕之後有疑悔，無故受他人的利養、受大比丘的禮敬，便說道：「你沒有這歲數，如其他比丘的歲數，你未有這樣的歲數」；事實是這樣：或年不滿二十、界內別眾，恐怕之後有疑悔，無故受他人的利養、受大比丘的禮敬，說話令他知道，返本處再受戒，故便對他說：「你年不滿二十，界內別眾」；事實是這樣：告白不成功、羯磨不成功，非法別眾，恐怕之後有疑悔，無故受他人的利養、受大比丘的禮敬，說話令他知道，返本處再受戒，故便對他說：「你告白不成功、羯磨不成就，非法別眾」；事實是這樣：犯波羅夷、僧伽婆尸沙、波逸提、波羅提提舍尼、偷蘭遮、突吉羅、惡說，恐怕之後有疑悔，無故受他人的利養、受持戒比丘的禮敬，想令他知道，合規範地懺悔，故便對他說：「你犯波羅夷……乃至惡說皆有」；又如他秉性麄疎，不懂說話，便說：「如你所說，自稱上人法，犯波羅夷，並非比丘的行為」。或戲笑說，或急速地說，或獨自說，或夢中語，或想說這樣卻錯說那樣，無犯。

六十四、覆他麤罪戒

提要：跋難陀屢犯罪，叫親厚比丘不要揭露。

（一）制戒因緣

1. 隱瞞犯罪

那時，佛在舍衛國祇樹給孤獨園。

〔註552〕這意謂問如何入初禪，以至得阿羅漢果等。

這時，跋難陀釋子跟一比丘親厚，但跋難陀釋子屢屢犯罪，向那比丘說：「長老，我實在犯了這樣那樣〔註553〕的罪〔註554〕，你切勿告知他人。」

那比丘報說：「可以。」

2. 反口揭露

又於其他時間，跋難陀釋子跟那比丘一起爭鬥。

這時，那比丘向其他比丘說：「跋難陀釋子犯這樣那樣的罪。」

比丘們問那比丘說：「你如何知道呢？」

比丘報說：「跋難陀釋子向我說。」

比丘們問道：「你為何不向其他比丘說呢？」

那比丘報說：「我先前忍耐不說，今不再忍耐故說。」

這時，比丘們聽聞，其中有少欲知足、行頭陀、喜好學戒、知慚愧者，嫌惡斥責那比丘說：「為何你們〔註555〕隱藏跋難陀釋子之罪呢？」

當時，比丘們便前往世尊之所，頭面禮足，坐在一旁，把這因緣全部稟告世尊。

3. 佛斥犯者

那時，世尊藉這因緣召集比丘僧眾，怒聲斥責那比丘說：「你做錯了！不合威儀、不合沙門法、不是清淨的行為、不是隨順佛法的行為，都不應做。為何比丘隱藏跋難陀釋子之罪呢？」

（二）制戒內容

1. 佛初制戒

這時，世尊用無數方法怒聲斥責那比丘後，告訴比丘們：「這愚癡人啊！會引生多種有漏，最初犯本戒。從今以後，跟比丘們結戒，為了這十句義……乃至使正法得以久住。想說戒者，應這樣說：

若比丘，覆藏〔註556〕餘比丘麁罪〔註557〕，波逸提。」

這樣世尊跟比丘結戒。

〔註553〕這樣那樣：〔大〕原作「如是如是」。
〔註554〕《巴利律》記比丘犯故失精戒。
〔註555〕你們：〔大〕原作「汝等」。按上下文意，隱瞞跋難陀之罪者應僅一比丘。
〔註556〕覆藏：《巴利律》作 paṭicchādeyya，隱藏、包住。
〔註557〕麁罪：《巴利律》作 duṭṭhullāpatti，粗罪、粗惡罪。

2. 修訂前制

那比丘，不知道犯麁罪或不犯麁罪，其後才知道是麁罪；或有行波逸提懺，或有疑惑。

佛說：「不知道者，無犯。從今以後，應這樣結戒：

若比丘，知他比丘犯麁罪，覆藏者，波逸提。」

3. 釋義

（1）比丘：意義如上文。

（2）麁罪：四波羅夷、僧伽婆尸沙。

4. 違犯輕重

那比丘，知道其他比丘犯麁罪，小食知道，中食後才說，突吉羅；食後知道，至初夜才說，突吉羅；初夜知道，至中夜才說，突吉羅；中夜知道，至後夜想說而未說，曙光一出，波逸提。

除麁罪外，覆藏其他罪，突吉羅；覆藏自己的麁罪，突吉羅。

除比丘、比丘尼外，覆藏餘人的麁罪，突吉羅。

5. 境想

麁罪，有麁罪的想法，波逸提；有麁罪的懷疑，突吉羅；非麁罪，有麁罪的想法，突吉羅；有非麁罪的懷疑，突吉羅。

（三）兼制

比丘尼，波逸提；式叉摩那、沙彌、沙彌尼，突吉羅。這叫做犯。

（四）開緣

不犯：先前不知道；是麁罪，有非麁罪的想法；或向人說；或無人可向說；發心說我會說，未說之際，曙光已出；如說，或性命有危險、梵行受威脅，而不說，無犯。

六十五、與年不滿戒

提要：童子出家，不能忍受日中一食。

（一）制戒因緣

1. 十七群童子

那時，世尊在羅閱城迦蘭陀竹園。

這時，羅閱城中有十七群童子，先前的關係已親密：最大者年十七、最小

者年十二，最富者有八十百千、最貧者有八十千〔註558〕。

2. 父母愛念

其中有一童子叫優波離〔註559〕，父母唯有這獨子，十分愛念，不讓他離開自己的視線。

父母想念道：「我們應教這兒子學什麼技術，那麼我們死後，讓他生活愉快，無所匱乏呢？」

他們即自己想念：「當教他先學書〔註560〕。我們死後，讓他生活愉快、無所匱乏，不令身力〔註561〕疲苦。」

父母又這樣想念：「教兒子書，身力亦會疲苦吧〔註562〕。更要學什麼技術，那麼我們死後，讓兒子生活愉快、無所匱乏、身力不疲苦呢？」

他們想念道：「今當教兒子學算數〔註563〕技術。我們死後，讓他生活愉快、無所匱乏、身力不疲苦。」

父母想念道：「今教兒子學算數，身力亦疲苦吧〔註564〕。今當再教這兒子學什麼技術，我們死後，讓他生活愉快、無所匱乏、身力不疲苦呢？今當教這兒子學畫像〔註565〕技術。我們死後，讓他生活愉快、無所匱乏。」

他們又想念：「今教學畫，恐令兒子眼力疲勞。當教這兒子更學什麼技術，我們死後，讓他生活愉快、無所匱乏、眼不疲苦。」

父母即自己想念道：「沙門釋子善於養身、安樂，無各種苦惱；如當教這兒子於沙門釋子法中，出家修道。我們死後，讓他生活愉快、無所匱乏、身不疲苦。」

3. 童子勸喻

後於另一時間，十七群童子對優波離童子說：「你可跟隨我們，出家修道。」

優波離答道：「我為何要出家呢？你們自己出家吧。」

〔註558〕律文無談到「八十百千、八十千」的意思，應指財富而言。
〔註559〕優波離：《巴利律》作 Upāli，為十七群童子的首領。這跟「持戒第一」的優波離，名同人異。
〔註560〕書：《巴利律》作 lekha，文字、書寫。
〔註561〕身力：身體力量。
〔註562〕《巴利律》記學書手指會痛。
〔註563〕算數：《巴利律》作 gaṇana，計算、默算。
〔註564〕《巴利律》記學算術心口會痛。
〔註565〕畫像：《巴利律》作 rūpa，畫畫等藝術。

十七群童子中的第二、第三人，對優波離說：「可來一同出家修道。為什麼？如我們現今一起互相娛樂，對你來說，也當這樣一起互相娛樂嬉戲。」

這時，優波離童子對童子們說：「你們稍等，我須前往稟告父母。」

4. 優波離求出家

優波離童子即前往父母之所，稟告說：「我今欲出家修道，願求父母聽許。」

父母報說：「我們唯有你一子，心甚愛念，甚至不想死別，而何況生別呢？」

優波離童子這樣再三稟告父母說：「唯願聽許我出家。」

父母也這樣報說：「我們唯有你一子，心甚愛念，不想有死別，何況生別呢？」

5. 父母允許

那時，父母經優波離童子再三慇懃請求，便這樣想念：「我們先已有這意願：『當教這兒子學什麼技術，在我們死後，讓兒子生活愉快、無所匱乏，令身力不疲苦呢』；即這樣想念：『如教學書……乃至畫像，我們死後，讓他生活愉快、無所匱乏，令身力不疲苦，而恐怕勞累兒子的身力、眼力，以致疲苦』；想念道：『唯有沙門釋子，善於養身，無各種苦惱；如讓這兒子於中出家，便生活愉快，無有眾苦』。」

當時，父母即回報兒子說：「現今正是時候，聽許你出家。」

6. 童子受度

那時，優波離童子返回十七群童子之所，說道：「我父母已聽許我出家，你們想去，現今正是時候。」

這時，童子們即前往僧伽藍中，稟告比丘們說：「大德，我們想出家修道，願求尊者們化度，可以修道。」

這時，比丘們即度令他們出家，受大戒。

7. 不堪一食

那時，童子們從小慣於安樂，不能忍受每日一食的規定；至於夜半飢餓，高聲大叫，啼哭說：「拿食物〔註566〕給我呀！拿食物給我呀！。」

比丘們告說：「小兒，須待天明。如僧眾有食物，當一起食；如無食物，當一起乞食。為什麼？這裏之前都沒有作食之處。」

〔註566〕《巴利律》列出三種食物：yāgu（粥）、bhatta（食物）、khādanīya（嚼食）。

8. 初訂規制

那時，世尊夜時在靜處思惟，聽聞小兒啼聲，明知故問阿難：「為何有小兒夜半啼聲呢？」

這時，阿難把這因緣全部稟告世尊。

世尊告訴阿難：「不應授年未滿二十者大戒。為什麼？如年未滿二十者，不能忍受寒熱、飢渴、暴風、蚊虻、毒虫，以及不能忍受惡言；如身體有各種苦痛，不能忍受；又不能持戒，不能忍受每日一食。阿難當知道，年滿二十者，能忍受以上各事。」

（二）制戒內容

1. 初制戒

這時，夜晚已過，世尊召集比丘僧眾，把這因緣告訴比丘們：「從今以後，跟比丘們結戒，為了這十句義……乃至使正法得以久住。想說戒者，應這樣說：

若比丘，年滿二十當受大戒〔註567〕；若年未滿二十受大戒，此人不得戒，彼比丘可呵責〔註568〕，癡故，波逸提。」

這樣世尊跟比丘結戒。

2. 修訂前制

那比丘，不知道年滿二十或不滿二十，後才知道不滿二十；或行波逸提懺，或有疑惑。

佛說：「不知道者，無犯。從今以後，當這樣結戒：

年滿二十應受大戒。若比丘，知年不滿二十，與受大戒，此人不得戒，彼比丘可呵，癡故，波逸提。」

3. 釋義

（1）比丘：意義如上文。

4. 違犯的不同情況

（1）和尚知年未滿便犯

某受戒人年不滿二十，和上知年不滿二十，僧眾及受戒人亦知年不滿二十，於僧眾中問：「你是否年滿二十呢？」未受戒人報言或滿二十，或不滿二十，或有疑惑，或不知年數，或默然，或僧眾不問；和上波逸提、僧眾突

〔註567〕大戒：《巴利律》作 upasampadā，具足戒。
〔註568〕呵責：《巴利律》作 gārayha，斥責。

吉羅。

某受戒人年未滿二十，和上知年未滿二十，僧眾及受戒人卻說年滿二十，僧眾問：「你是否年滿二十呢？」未受戒人報言或滿二十，或未滿，或有疑惑，或不知悉，或默然，僧眾或不問；和上波逸提、僧眾無犯。

某受戒人年未滿二十，和上知年未滿二十，僧眾及受戒人有疑慮，於僧眾中問道：「你是否年滿二十呢？」未受戒人報言或滿二十，或不滿二十，或有疑惑，或不知悉，或默然，僧眾或不問；和上波逸提、僧眾突吉羅。

某受戒人年未滿二十，和上亦知年未滿二十，僧眾及受戒人不知，於僧眾中問道：「你是否年滿二十呢？」未受戒人報說或滿二十，或不滿二十，或有疑惑，或不知悉，或默然，僧眾或不問；和上波逸提、僧眾無犯。

（2）和尚以為年滿無犯

某受戒人年未滿二十，和上說年滿二十，僧眾及受戒人知年未滿二十，於僧眾中問道：「你是否年滿二十呢？」未受戒人報說或滿二十，或不滿二十，或有疑惑，或不知悉，或默然，僧眾或不問；和上無犯、僧眾突吉羅。

某受戒人年未滿二十，和上說年滿二十，僧眾及受戒人卻說年滿二十，於僧眾中問道：「你是否年滿二十呢？」未受戒人報說或滿二十，或未滿二十，或有疑惑，或不知悉，或默然，僧眾或不問；和上無犯、僧眾亦無犯。

某受戒人年未滿二十，和上說年滿二十，僧眾及受戒人有懷疑，於僧眾中問道：「你是否年滿二十呢？」未受戒人報說或滿二十，或不滿二十，或有疑惑，或不知悉，或默然，僧眾或不問；和上無犯、僧眾突吉羅。

某受戒人年未滿二十，和上說年滿二十，僧眾及受戒人不知道，於僧眾中問道：「你是否年滿二十呢？」未受戒人報說或滿二十，或不滿二十，或有疑惑，或不知悉，或默然，僧眾或不問；和上及僧眾無犯。

（3）和尚有疑仍犯

某受戒人年未滿二十，和上有懷疑，僧眾及受戒人知道不滿二十，於僧眾中問道：「你是否年滿二十呢？」未受戒人報說或滿二十，或不滿，或有疑惑，或不知悉，或默然，僧眾或不問；和上波逸提，僧眾突吉羅。

某受戒人年未滿二十，和上有懷疑，僧眾及受戒人說年滿二十，於僧眾中問道：「你是否年滿二十呢？」未受戒人報說或滿，或未滿，或有疑惑，或不知悉，或默然，僧眾或不問；和上波逸提、僧眾無犯。

某受戒人年未滿二十，和上有懷疑，僧眾及受戒人亦有懷疑，於僧眾中問

道：「你是否年滿二十呢？」未受戒人報說或滿二十，或未滿，或有疑惑，或不知悉，或默然，僧眾或不問；和上波逸提、僧眾突吉羅。

某受戒人年未滿二十，和上有懷疑，僧眾及受戒人不知道，於僧眾中問道：「你是否年滿二十呢？」未受戒人報說或滿二十，或未滿，或有疑惑，或不知悉，或默然，僧眾或不問；和上波逸提、僧眾無犯。

（4）和尚不知無犯

某受戒人年未滿二十，和上不知道，僧眾及受戒人知道年未滿二十，於僧眾中問道：「你是否年滿二十呢？」未受戒人報說或滿二十，或未滿二十，或有疑惑，或不知悉，或默然，僧眾或不問；和上無犯、僧眾突吉羅。

某受戒人年未滿二十，和上不知道，僧眾及受戒人說年滿二十，於僧眾中問道：「你是否年滿二十呢？」未受戒人報說或滿二十，或未滿，或有疑惑，或不知悉，或默然，僧眾或不問；和上及僧眾無犯。

某受戒人年未滿二十，和上不知道，僧眾及受戒人有懷疑，於僧眾中問道：「你是否年滿二十呢？」未受戒人報說或滿二十，或未滿，或有疑惑，或不知悉，或默然，僧眾或不問；和上無犯、僧眾突吉羅。

某受戒人年不滿二十，和上不知道，僧眾及受戒人亦不知道，於僧眾中問道：「你是否年滿二十呢？」未受戒人報說或滿二十，或未滿，或有疑惑，或不知悉，或默然，僧眾或不問；和上、僧眾無犯。

5. 違犯輕重

那比丘，知道年未滿二十，授大戒的三羯磨完成，和上波逸提；已告白及二羯磨完成，和上三突吉羅；已告白及一羯磨完成，和上二突吉羅；告白完成，和上一突吉羅；告白未完成，和上突吉羅；如未告白，正准備設法剃髮，如想召集眾和上，全突吉羅；如僧眾集合，和上突吉羅。

（三）兼制

比丘尼，波逸提；式叉摩那、沙彌、沙彌尼，突吉羅。這叫做犯。

（四）開緣

不犯：先前不知道，相信受戒人的話，或有傍人作證，或信父母；〔註569〕或受戒後有懷疑，佛說：「應聽許計算胎中年月、計算閏月，或計算一切十四

〔註569〕這意謂相信受戒者父母的話。

日的說戒日，以為年數」，〔註570〕無犯。

六十六、發諍戒〔註571〕

提要：六群比丘於鬥諍平息後再發起鬥諍。

（一）制戒因緣

1. 激發鬥諍

那時，佛在舍衛國祇樹給孤獨園。

這時，六群比丘，於鬥諍合規範〔註572〕止息後再發起，這樣說：「你不善於觀察，不成觀察；不善於解決，不成解決；不善除滅，不成除滅。」令僧眾未有鬥諍之事而有鬥諍之事生起，已有鬥諍之事而不除滅。

這時，比丘們這樣想念道：「為何眾僧未有鬥諍之事而有鬥諍之事生起，已有鬥諍之事而不除滅呢？」

這時，比丘們即觀察，知道六群比丘在鬥諍之事合規範除滅後再發起，這樣說：「你不善於觀察，不成觀察；不善於解決，不成解決；不善除滅，不成除滅。」令僧眾未有鬥諍之事而有鬥諍之事生起，已有鬥諍之事而不除滅。

比丘們聽聞，其中有少欲知足、行頭陀、喜好學戒、知慚愧者，嫌惡斥責六群比丘：「你們為何鬥諍之事合規範除滅後再發起說：『你不善於觀察，不成觀察……乃至不成除滅』，令僧眾未有鬥諍之事而有鬥諍之事生起，已有鬥諍之事而不除滅。」

當時，比丘們前往到世尊之所，頭面禮足，坐在一旁，把這因緣全部稟告世尊。

2. 佛斥犯者

那時，世尊藉這因緣召集比丘僧眾，怒聲斥責六群比丘說：「你們做錯了！不合威儀、不合沙門法、不是清淨的行為、不是隨順佛法的行為，都不應做。為何鬥諍之事合規範除滅後再發起說：『你不善於觀察，不成觀察……乃至不成除滅』，令僧眾未有鬥諍之事而有鬥諍之事生起，已有鬥諍之事而不除滅。」

〔註570〕如受戒後懷疑年歲不足，可多計三種數作補足：1.胎中年月。懷胎九月，將生產四日，得九月四日。2.閏月。每十九年閏七月。3.說戒日。大月二日，小月一日，每年十八日，例如十八年共二百一十六日。如計入這三種數，十八歲多受戒，亦不違犯。《巴利律》無這安排。

〔註571〕《巴利律》作第63戒。

〔註572〕合規範：〔大〕原作「如法」。《巴利律》作 yathānudhammaṃ，如法地。

（二）制戒內容

1. 佛初制戒

世尊用無數方法怒聲斥責六群比丘後，告訴比丘們：「這些愚癡人啊！會引生多種有漏，最初犯本戒。從今以後，跟比丘們結戒，為了這十句義……乃至使正法得以久住。想說戒者，應這樣說：

若比丘，鬭諍〔註573〕如法滅已，後更發起〔註574〕者，波逸提。」

這樣世尊跟比丘結戒。

2. 修訂前制

那時，比丘們不知道鬭諍之事合規範除滅或不合規範除滅，後才知道合規範除滅；或有行波逸提懺，或有疑惑。

佛說：「不知道者，無犯。從今以後，應這樣結戒：

若比丘，知諍事如法懺悔已，後更發起者，波逸提。」

3. 釋義

（1）比丘：意義如上文。

（2）如法：合佛法、合毘尼、合佛所教示。

（3）諍：有四種：言諍〔註575〕、覓諍〔註576〕、犯諍〔註577〕、事諍〔註578〕。

4. 違犯輕重

那比丘，知道鬭諍之事合規範除滅後再發起，這樣說：「不善於觀察，不成觀察；不善於解決，不成解決；不善除滅，不成除滅。」說得清楚，波逸提；不清楚，突吉羅。

除這鬭諍外，如有其他鬭諍、責罵者，〔註579〕後更發起，全突吉羅。

如自行發起已鬭諍之事者，突吉羅；除比丘、比丘尼外，跟餘人鬭諍、責罵後再發起，突吉羅。

〔註573〕鬭諍：《巴利律》作 adhikaraṇa，問題、諍論。
〔註574〕更發起：《巴利律》作 punakammāya ukkoṭeyya，再羯磨而改判。
〔註575〕言諍：談論佛法之是非。《巴利律》作 vivādādhikaraṇa，言諍。
〔註576〕覓諍：尋覓比丘所犯之罪。《巴利律》作 anuvādādhikaraṇa，誹謗諍。
〔註577〕犯諍：評議比丘犯罪之虛實。《巴利律》作 āpattādhikaraṇa，犯罪諍。
〔註578〕事諍：評議羯磨是否合規範。《巴利律》作 kiccādhikaraṇa，常所行事諍。
〔註579〕這些鬭諍，即上述四種諍以外者。

5. 境想

觀察，有觀察的想法，波逸提；有觀察的懷疑，突吉羅；不成觀察，有觀察的想法，突吉羅；有不成觀察的懷疑，突吉羅。

（三）兼制

比丘尼，波逸提；式叉摩那、沙彌、沙彌尼，突吉羅。這叫做犯。

（四）開緣

不犯：如先前不知道；或觀察，作出不觀察的想法；或事實是這樣：不善於觀察，不成觀察；不善於解決，不成解決；不善除滅，不成除滅，便這樣說：「不善於觀察……乃至不善於成功除滅」；或戲笑說，或急速地說，或夢中語，或想說這樣卻錯說那樣，無犯。

六十七、與賊期行戒〔註580〕

提要：比丘與走私客同行，為關員逮捕，王訶責後釋放，大臣不服。

（一）制戒因緣

1. 私度關口

那時，佛在舍衛國祇樹給孤獨園。

有眾多比丘想從舍衛國到毘舍離。

這時，有伴隨的商人〔註581〕，想私下度過關口，不納王稅。

這時，商人問比丘們說：「大德，想到那裏呢？」

比丘報說：「想到毘舍離。」

商人問：「我們可否跟尊者們一同作伴嗎？」

比丘們報說：「可以。」

當時，比丘們跟這賊商人，結伴同行，私下度過關口。

2. 幾被處死

那時，守關人〔註582〕捉到，即帶到波斯匿王之所，稟告王說：「這些人私下度過關口而不納稅。」

王即問道：「這商人私下度關口而不納稅，這沙門又有什麼事呢？」

〔註580〕《巴利律》作第66戒。
〔註581〕商人：〔大〕原作「賈客」。《巴利律》作 sattha，商隊。
〔註582〕守關人：《巴利律》作 kammika，管理者、有官職者。

守關人報說：「跟這人作伴。」

王又問比丘們說：「大德，確實跟這商人結伴嗎？」

比丘們報言：「確實這樣。」

王又問道：「尊者們，是否知道這人不納王稅嗎？」

比丘們報說：「知道。」

王說：「如確實知道者，按法律應處死。」

3. 釋放比丘

這時，王自己想念道：「我現今作為水澆頂王種，怎會殺沙門釋子呢？」

這時，王用無數方法怒聲斥責比丘們後，於眾人前即勅令侍從〔註583〕，釋放比丘離去；侍從受教敕便釋放。〔註584〕

4. 大眾不滿

這時，王座下的眾人皆大聲稱說：「沙門釋子，犯國王重法，罪應處死，然而國王僅輕輕怒聲斥責便釋放。」

這時，比丘們聽聞，其中有少欲知足、行頭陀、喜好學戒、知慚愧者，嫌惡斥責六群比丘：「你們為何跟賊商人結伴同行呢？」

當時，比丘們便前往世尊之所，頭面禮足，坐在一旁，把這因緣全部稟告世尊。

5. 佛斥犯者

那時，世尊藉這因緣召集比丘僧眾，怒聲斥責比丘們說：「你們為何跟賊商人結伴同行呢？」

（二）制戒內容

1. 佛初制戒

世尊用無數方法怒聲斥責比丘們後，告訴比丘們：「這些愚癡人啊！會引生多種有漏，最初犯本戒。從今以後，跟比丘們結戒，為了這十句義……乃至使正法得以久住。想說戒者，應這樣說：

若比丘，共賊〔註585〕伴，同道行……乃至一村間者，波逸提。」

這樣世尊跟比丘結戒。

〔註583〕侍從：〔大〕原作「傍人」。
〔註584〕波斯匿王這做法，跟「波羅夷·盜戒第2」所記的瓶沙王一樣。
〔註585〕賊：《巴利律》作 theyyasattha，商隊的盜賊。

2. 修訂前制

比丘們不知道是賊，以為不是賊，一起結伴同行，其後才知道是與賊結伴；或有行波逸提懺，或有疑惑。

佛說：「不知道者，不犯。從今以後，應這樣說戒：

若比丘，知是賊伴，共同道行……乃至一村間，波逸提。」

這樣世尊跟比丘結戒。

3. 再修訂前制

那比丘，不要約結伴〔註586〕，有疑惑。

佛說：「不要約結伴，不犯。從今以後，應這樣結戒：

若比丘，知賊伴，結要〔註587〕共同道行……乃至一村間，波逸提。」

4. 釋義

（1）比丘：意義如上文。

（2）賊伴：或做賊歸還，或剛想去做賊。

（3）結要：一起要約入城，或入村。

（4）道：村落間各處的道路。

5. 違犯輕重

如比丘，知道是賊伴，一起要約在同一道路行走，至村落間向各處的道路行走，至每一條道路，波逸提。無村空曠無界處，一同行走至十里者，波逸提。

如一起在村落間行走了半條道路，突吉羅；不足十里，突吉羅；村落間一道路行走者，突吉羅；〔註588〕設法想去而不去，一起要約去而不去，全突吉羅。

（三）兼制

比丘尼，波逸提；式叉摩那、沙彌、沙彌尼，突吉羅。這叫做犯。

（四）開緣

不犯：或先前不知道，或不一起結伴，或跟隨他人行走，安穩、到達某處；或為有勢力者捉拿，或被繫縛帶走，或性命有危險、梵行受威脅，無犯。

〔註586〕要約結伴：〔大〕原作「結要」。

〔註587〕結要：《巴利律》作 saṃvidhāya，約定。

〔註588〕這裏意指在一村落內行走，而非在各村落之間，故罪較輕。

六十八、惡見違諫戒

提要：阿梨吒指佛說行婬不礙修道，規諫後仍不捨棄。

（一）制戒因緣

1. 惡見生起

那時，佛在舍衛國祇樹給孤獨園。

這時，有比丘字阿梨吒〔註589〕，有這樣的惡見〔註590〕生起：「我知道世尊的說法：『其有犯婬欲非障道法〔註591〕』。」

2. 堅持惡見

這時，比丘們聽聞阿梨吒比丘有這樣的惡見生起：「我知道世尊的說法：『犯婬欲非障道法』。」

這時，比丘們聽聞，欲除去阿梨吒比丘的惡見，即前往阿梨吒之所，恭敬問訊後，坐在一旁，比丘們對阿梨吒比丘說：「你確實知道世尊的說法：『犯婬欲非障道法』嗎？」

阿梨吒報說：「我確實知道世尊的說法：『犯婬欲非障道法』。」

這時，比丘們欲除去阿梨吒的惡見，即慇勤問道：「阿梨吒，不要這樣說，不要誹謗世尊，誹謗世尊者，不善好，世尊不會這樣說。」

「阿梨吒！世尊用無數方法去說法：教人斷除欲愛、知道欲的想法，教人除去愛欲、斷除愛欲的想法，除去愛欲所燒炙、超脫愛的結縛。世尊用無數方法說：欲如大火坑、欲如火把、亦如果熟、欲如假借、欲如枯骨、欲如肉塊、如夢中所見、欲如利刀、欲如新瓦器盛水置於日中之下〔註592〕、欲如毒蛇頭、欲如捉利劍、欲如利戟。世尊這樣說欲。」

「阿梨吒！世尊這樣善於說法：斷欲無欲、去垢無垢、調伏渴愛、滅除巢窟，出離一切各種結縛，愛盡涅槃。佛是這樣說法的，你為何說：『犯婬欲非障道法』呢？」

這時，比丘們慇勤問阿梨吒這樣說時，阿梨吒比丘堅持惡見，堅實地說：「這是真實，其餘皆是虛妄。」

當時，比丘們不能去除阿梨吒比丘的惡見，便前往世尊之所，頭面禮足後，

〔註589〕阿梨吒：音譯詞。《巴利律》作 Ariṭṭha，意譯「無環樹」；並記他原為馴鷹師。
〔註590〕惡見：《巴利律》作 diṭṭhigata，惡見、邪見（成見）。
〔註591〕障道法：《巴利律》作 antarāyikā dhammā，妨礙修道的道理。
〔註592〕這一連串譬喻，也見於「波羅夷・淫戒第1」。

坐在一旁，把這因緣全部稟告世尊。

3. 召見比丘

這時，世尊告訴一比丘〔註593〕：「你傳我口訊，快些前往叫阿梨吒比丘過來。」

那比丘受教示，即前往阿梨吒比丘之所，說道：「世尊有教示，叫喚你。」

這時，阿梨吒比丘聽聞世尊的召喚，即前往世尊之所，頭面禮足，坐在一旁，佛問阿梨吒比丘道：「你確實有這些話：『我知道佛所說法：「行婬欲非障道法」』嗎？」

阿梨吒答道：「大德，確實有這些話。」

佛告訴阿梨吒：「你為何知道我所說是這樣的呢？我用無數方法說斷除欲愛法……如上所說。」

4. 行呵諫羯磨

這時，世尊用無數方法怒聲斥責阿梨吒比丘後，告訴比丘們：「聽許僧眾為阿梨吒比丘行『呵諫』，為了使他放棄這事，行『白四羯磨呵諫』。應這樣『呵諫』：僧眾中應差遣能夠主持羯磨者……如上文，這樣告白：

大德僧聽，此阿梨吒比丘作如是語：『我知佛所說法：「行婬欲非障道法」』。若僧時到，僧忍聽僧今與阿梨吒比丘作呵諫，捨此事故。『阿梨吒！汝莫作是語，莫謗世尊，謗世尊者不善。世尊不作是語，世尊無數方便說：「婬欲是障道法」；若犯婬欲，即是障道法』。白如是。」

「大德僧聽，此阿梨吒比丘作如是語：『我知佛所說法：「犯婬欲非障道法」』。僧今與作呵諫，捨此事故。『阿梨吒！莫作是語，莫謗世尊，謗世尊者不善，世尊不作是語，世尊無數方便說：「婬欲是障道法」；若犯婬欲，即是障道法』。誰諸長老忍僧為阿梨吒比丘作呵諫捨此事者，默然；誰不忍者，說。是初羯磨。」

「第二、第三次也這樣說。」

「僧已為阿梨吒比丘作呵諫竟，僧忍，默然故，是事如是持。」

「應這樣呵責阿梨吒比丘，為了使他放棄這事，行白四羯磨。」

（二）制戒內容

1. 佛制戒

比丘們稟告佛，佛說：「如有其他比丘這樣說：『我知道佛所說：「行婬欲

〔註593〕比丘：北敦8103號（8世紀）作「異比丘」，亦通。

非障道法」』，僧眾亦應行『呵諫白四羯磨』。從今以後，跟比丘結戒，為了這十句義⋯⋯乃至使正法得以久住。想說戒者，應這樣說：

若比丘，作如是語：『我知佛所說法：「行婬欲非障道法」』。彼比丘諫此比丘言：『大德，莫作是語，莫謗世尊，謗世尊者不善，世尊不作是語；世尊無數方便說：「行婬欲是障道法」』。」

「彼比丘諫此比丘時，堅持不捨；彼比丘乃至三諫，捨此事故。若三諫捨者，善；不捨者，波逸提。」

2. 釋義

（1）比丘：意義如上文。

3. 行呵諫

（1）初勸諫

這比丘這樣說：「我知道佛所說法：『行婬欲非障道法』」。

那比丘勸諫這比丘說：「你不要這樣說，不要誹謗世尊，誹謗世尊者，不好，世尊不這樣說；世尊用無數方法說：『行婬欲是障道法』。你今可捨棄這事，不要為僧眾所呵諫，再犯重罪」。

（2）告白

如接受諫語，很好；不依隨諫語，應告白。告白後應說道：「我已告白了，還有羯磨。你可捨棄這事，不要為僧眾所呵責，再犯重罪。」

（3）羯磨

如接受諫語，很好；不依隨諫語，應行初羯磨。

行初羯磨了，當說道：「我已告白，行了初羯磨，還有二羯磨。你應放捨這事，不要為僧眾所呵責，再犯重罪。」

如接受諫語，很好；不依隨諫語，應行第二羯磨。

行第二羯磨後，應說道：「行了白二羯磨，還有一羯磨。你可捨棄這事，不要為僧眾所呵責，再重犯罪。」

如接受諫語，很好；不依隨諫語，唱三羯磨完畢，波逸提。

4. 違犯輕重

行白二羯磨後便放棄，三突吉羅；行白一羯磨後便放棄，二突吉羅；告白後便放棄，一突吉羅。

如初告白尚未完成便放棄，突吉羅；如完全未告白，這樣說：「我知佛所

說法：『行婬欲者非障道法』」，全突吉羅。

那比丘勸諫這比丘時，其他比丘遮止，或比丘尼遮止，或有餘人遮止：「你不要捨棄這事」；僧眾勸諫了、不勸諫，凡遮止，全突吉羅。

（三）兼制

比丘尼，波逸提；式叉摩那、沙彌、沙彌尼，突吉羅。這叫做犯。

（四）開緣

不犯：初次勸說時便捨棄；或非法別眾「呵諫」，或非法和合「呵諫」，法別眾、法相似別眾、法相似和合、非法非毘尼非佛所教；或無諫者，無犯。

六十九、隨舉戒

提要：阿梨吒比丘不捨棄惡見，六群比丘仍跟他共食共宿。

（一）制戒因緣

1. 不捨惡見

那時，佛在舍衛國祇樹給孤獨園。

這時，阿梨吒比丘生起惡見，僧眾「呵諫」，仍然不捨。

這時，比丘們聽聞，其中有少欲知足、行頭陀、喜好學戒、知慚愧者，嫌惡斥責阿梨吒比丘說：「為何你的惡見，僧眾『呵諫』，仍然不捨棄呢？」

當時，比丘們便前往世尊之所，頭面禮足，坐在一旁，把這因緣全部稟告世尊。

2. 佛斥犯者

那時，世尊藉這因緣召集比丘僧眾，怒聲斥責阿梨吒說：「你做錯了！不合威儀、不合沙門法、不是清淨的行為、不是隨順佛法的行為，都不應做。為何阿梨吒比丘的惡見，僧眾『呵諫』，仍然不捨棄呢？」

3. 行惡見不捨舉羯磨

世尊用無數方法怒聲斥責阿梨吒比丘後，告訴比丘們：「從今以後，僧眾與阿梨吒比丘，行『惡見不捨舉白四羯磨』。應這樣做：舉出阿梨吒比丘的違犯，舉出後，令他憶起違犯的時地，憶起了再給罪名。僧眾中應差遣能夠主持羯磨者……如上文，這樣告白：

大德僧聽，此阿梨吒惡見，眾僧呵諫而故不捨。若僧時到，僧忍聽僧今與阿梨吒比丘作惡見不捨舉羯磨。白如是。」

「大德僧聽，此阿梨吒比丘惡見，眾僧呵諫而故不捨。僧今為阿梨吒比丘作惡見不捨舉羯磨。誰諸長老忍僧今為阿梨吒比丘作惡見不捨舉羯磨者，默然；誰不忍者，說。是初羯磨。」

「第二、第三次亦這樣說。」

「僧已忍與阿梨吒比丘作惡見不捨舉羯磨竟，僧忍，默然故，是事如是持。」

4. 六群眷顧

這時，阿梨吒比丘，僧眾為他行「惡見不捨舉羯磨」；六群比丘供給所須，一起羯磨、住宿、談話。

這時，比丘們聽聞，其中有少欲知足、行頭陀、喜好學戒、知慚愧者，嫌惡斥責六群比丘：「阿梨吒比丘，僧眾為他行『惡見不捨舉羯磨』；為何供給所須，一起住宿、談話呢？」

當時，比丘們前往世尊之所，頭面禮足，坐在一旁，把這因緣全部稟告世尊。

5. 佛斥犯者

那時，世尊藉這因緣召集比丘僧眾，怒聲斥責六群比丘說：「你們做錯了！不合威儀、不合沙門法、不是清淨的行為、不是隨順佛法的行為，都不應做。為何六群比丘，僧眾為阿梨吒比丘行『惡見不捨舉羯磨』，而供給所須、住宿、談話呢？」

（二）制戒內容

1. 初制戒

這時，世尊用無數方法怒聲斥責六群比丘後，告訴比丘們：「這些愚癡人啊！會引生多種有漏，最初犯本戒。從今以後，跟比丘們結戒，為了這十句義……乃至使正法得以久住。想說戒者，應這樣說：

若比丘，與如是語人，未作法〔註594〕，有是惡見不捨；供給所須，共同羯磨、止宿、言語〔註595〕，波逸提。」

這樣世尊跟比丘結戒。

〔註594〕未作法：《巴利律》作 akaṭānudhamma，未依據法行事。
〔註595〕共同羯磨、止宿、言語：《巴利律》作 saddhiṃ sambhuñjeyya vā saṃvaseyya vā saha vā seyyaṃkappeyya，一起進食，或交流，或躺臥。

2. 修訂前制

那時，比丘們不知道有這樣的話或沒有這樣的話，後才知道有這樣的話；或有行波逸提懺，或有疑惑。

佛說：「不知道者，無犯。從今以後，應這樣說戒：

若比丘，知如是語人，未作法，如是邪見而不捨；供給所須、共同羯磨、止宿、言語者，波逸提。」

3. 釋義

（1）比丘：意義如上文。

（2）如是語：這樣說：「我聽聞世尊說法：『行婬欲者非障道法』。」

（3）未作法：如被舉出罪名，未為之解除〔註596〕。

（4）如是見：有這樣的見解，知道世尊所說的法非障道法。

（5）不捨惡見：眾僧「呵諫」，仍不捨惡見。

（6）供給所須：有二種：

1）法：教修習增上戒、增上意、增上智、學問誦經。

2）財：供給衣服、飲食、床、臥具、生病瘦弱時所需的醫藥。

（7）同羯磨：一同說戒。

（8）止宿：屋有四壁：全覆蓋全障隔，或全覆蓋不全障隔，或全障隔不全覆蓋，或不全覆蓋不全障隔。或比丘先入屋，後有這樣說的人來；或這樣說的人先入，比丘後來；或二人一同入宿，隨著脅肋著地，全波逸提。

（三）兼制

比丘尼，波逸提；式叉摩那、沙彌、沙彌尼，突吉羅。這叫做犯。

（四）開緣

不犯：比丘不知道便入住；或比丘先在屋，這樣說的人後來入屋，比丘不知道；或屋全覆蓋無四壁，或全覆蓋而半障隔，或全覆蓋少障隔，或全障隔而無覆蓋，或全障隔而半覆蓋，或全障隔少覆蓋，或半覆蓋半障隔，或少覆蓋少障隔，或不覆蓋不障隔，或露天地方，這樣全不知，無犯。

或病發倒地，或因病轉側，或為有勢力者捉拿，或被繫閉，或性命有危險、梵行受威脅，無犯。

〔註596〕解除：〔大〕原作「解」。《巴利律》作 osārita，出罪。

七十、隨擯沙彌戒

提要：跋難陀有兩沙彌行婬，不肯悔過，六群比丘再誘使二人一起住宿。

（一）制戒因緣

1. 行不淨

那時，佛在舍衛國祇樹給孤獨園。

這時，跋難陀釋子有二沙彌：一名羯那〔註597〕，二名摩睺迦〔註598〕，不知慚愧，一起行不淨。

這時，羯那、摩睺伽互相說道：「我們從佛聽法：『其有行婬欲非障道法』。」

這時，比丘們聽聞，其中有少欲知足、行頭陀、喜好學戒、知慚愧者，嫌惡斥責二沙彌言：「為何你們互相說道：『我從佛聞法：「行婬欲非障道法」』。」

當時，比丘們便前往世尊之所，頭面禮足，坐在一旁，把這因緣全部稟告世尊。

2. 佛斥犯者

那時，世尊藉這因緣召集比丘僧眾，怒聲斥責這二沙彌說：「你們做錯了！不合威儀、不合沙門法、不是清淨的行為、不是隨順佛法的行為，都不應做。為何你們相互說道：『我從佛聞法：「行婬欲者非障道法」』。」

3. 行呵諫羯磨

這時，世尊用無數方法怒聲斥責這二沙彌後，告訴比丘們：「從今以後，為這二沙彌行『呵諫』，為了使他們放棄這事，白四羯磨。應這樣行『呵諫』：二沙彌站立於僧眾前眼見耳不聞之處，僧眾中當差遣能夠主持羯磨者……如上文，這樣告白：

大德僧聽，彼二沙彌自相謂言：『我從世尊聞法：「行婬欲者非障道法」』。若僧時到，僧忍聽呵責彼二沙彌捨此事故。『沙彌！莫作是語，莫誹謗世尊，誹謗世尊者不善。世尊不作是語，沙彌！世尊無數方便說：「行婬欲是障道法」』。白如是。」

「大德僧聽，彼二沙彌自相謂言：『我從世尊聞法：「行婬欲者非障道法」』。僧今與彼二沙彌行『呵諫』，令捨此事故。『汝沙彌！莫誹謗世尊，誹謗世尊者不善。世尊不作是語，世尊無數方便說：「婬欲是障道法」』。誰諸長

〔註597〕羯那：音譯詞。《巴利律》作 Kaṇṭaka，意譯「利刺」。
〔註598〕摩睺迦：音譯詞。巴利語 Madhuka，意譯「蜜」。

老忍僧今呵責二沙彌令捨此事者，默然；誰不忍者，說。是初羯磨。」

「第二、第三次也這樣說。」

「眾僧已呵責二沙彌竟，僧忍，默然故，是事如是持。」

4. 不捨惡見

這二沙彌，僧眾呵責，仍不捨棄這事。

這時，比丘們聽聞，其中有少欲知足、行頭陀、喜好學戒、知慚愧者，嫌惡斥責二沙彌：「為何你們被僧眾呵責，仍然不捨惡見呢？」

當時，比丘們便前往世尊之所，頭面禮足，坐在一旁，把這因緣全部稟告世尊。

5. 佛斥犯者

那時，世尊藉這因緣召集比丘僧眾，怒聲斥責二沙彌說：「你們做錯了！不合威儀、不合沙門法、不是清淨的行為、不是隨順佛法的行為，都不應做。為何你們二沙彌，僧眾呵責仍不捨惡見呢？」

6. 行滅擯羯磨

世尊用無數方法怒聲斥責二沙彌後，告訴比丘們：「僧眾應為這二沙彌行『惡見不捨滅擯白四羯磨』，應這樣做：帶二沙彌到僧眾之前，站在可見之處但不聽聞之處。僧眾中應差遣能夠主持羯磨者……如上文。這樣告白：

大德僧聽，此二沙彌，眾僧呵責故不捨惡見。若僧時到，僧忍聽僧今為二沙彌作惡見不捨滅擯。自今已去此二沙彌，不應言：『佛是我世尊』。不得隨逐餘比丘，如諸沙彌，得與比丘二宿、三宿。汝等不得。汝出去！滅去！不應住此。白如是。」

「大德僧聽，此二沙彌，眾僧呵責故不捨惡見。眾僧今與二沙彌作惡見不捨滅擯羯磨。自今已去此二沙彌，不得言：『佛是我世尊』。不應隨逐餘比丘，如諸沙彌得與比丘二宿、三宿。汝今不得，汝出去！滅去！不應住此。誰諸長老忍僧為二沙彌作惡見不捨滅擯者，默然；誰不忍者，說。是初羯磨。」

「第二、第三次也這樣說。」

「僧已忍與二沙彌作惡見不捨滅擯竟，僧忍，默然故，是事如是持。」

7. 六群蓄養

那時，六群比丘知道僧眾為這二沙彌行「惡見不捨滅擯羯磨」，而便引誘帶來蓄養，一同住宿。

比丘們聽聞，其中有少欲知足、行頭陀、喜好學戒、知慚愧者，嫌惡斥責六群比丘說：「為何你們知道僧眾為這二沙彌行「惡見不捨滅擯羯磨」，而引誘帶來蓄養，一同住宿呢？」

當時，比丘們前往世尊之所，頭面禮足，坐在一旁，把這因緣全部稟告世尊。

8. 佛斥犯者

那時，世尊藉這因緣召集比丘僧眾，怒聲斥責六群比丘說：「你們做錯了！不合威儀、不合沙門法、不是清淨的行為、不是隨順佛法的行為，都不應做。為何你們知道僧眾為這二沙彌行「惡見不捨滅擯羯磨」，而引誘帶來蓄養，一同住宿呢？」

（二）制戒內容

1. 佛初制戒

世尊用無數方法怒聲斥責六群比丘後，告訴比丘們：「這些愚癡人啊！會引生多種有漏，最初犯本戒。從今以後，跟比丘們結戒，為了這十句義……乃至使正法得以久住。想說戒者，應這樣說：

若沙彌，作是言：『我知世尊所說法：「行婬欲非障道法」』。彼比丘諫此沙彌，如是言：『汝莫作是語，莫誹謗世尊，誹謗世尊者不善；世尊不作是語，世尊無數方便說：「行婬欲是障道法」』。」

「彼比丘作如是諫時，此沙彌堅持不捨；彼比丘應乃至再三呵諫，令捨此事故。若乃至三諫而捨者，善；不捨者，彼比丘當語彼沙彌言：『汝自今已去，不得言佛是我世尊，不得隨逐餘比丘，如諸沙彌得與比丘二、三宿。汝今無是事，汝出去！滅去！不應住此』。」

「若比丘，知如是眾中被擯沙彌，而誘將畜養、共止宿者，波逸提。」

這樣世尊跟比丘結戒。

2. 修訂前制

那二沙彌，於城中被擯出，便往村外；於城外被擯出，又返回城中。

這時，比丘們也不知是滅擯或不滅擯，後才知是滅擯，或有行波逸提懺，或有疑惑。

佛說：「不知道者，無犯。從今以後，應這樣說戒：

若比丘，知沙彌作如是言：『我從佛聞法：「若行婬欲非障道法」』。彼比丘

諫此沙彌如是言:『汝莫誹謗世尊,誹謗世尊者不善,世尊不作是語。沙彌,世尊無數方便說:「婬欲是障道法」』。」

「彼比丘諫此沙彌時,堅持不捨。彼比丘應乃至再三呵諫,令捨此事故。乃至三諫而捨者,善;不捨者,彼比丘應語彼沙彌言:『汝自今已去,不得言佛是我世尊,不得隨逐餘比丘,如諸沙彌得與比丘二、三宿。汝今無是事,汝出去!滅去!不應住此』。」

「若比丘,知如是眾中被擯沙彌,而誘將畜養、共止宿者,波逸提。」

3. 釋義

（1）比丘:意義如上文。

（2）滅擯:僧眾為行「滅擯白四羯磨」。

（3）畜養:或自己蓄養,或給人蓄養。

（4）誘:或自己引誘,或教人引誘。

（5）共宿:如上文所說。如比丘,先入宿,滅擯者後至;或滅擯者先至,比丘後至;或二人俱至,隨脅肋著地、轉側,波逸提。

（三）兼制

比丘尼,波逸提;式叉摩那、沙彌、沙彌尼,突吉羅。這叫做犯。

（四）開緣

不犯:先前不知道;或比丘先至,滅擯者後至,比丘不知;或房四方無障隔上有覆蓋……詳說如上,露天地方,無犯。

或發癲倒地,或因病動轉,或為勢力者捉拿,或被繫閉;性命有危險、梵行受威脅,無犯。

七十一、拒勸學戒

提要:比丘規諫時,闡陀說他不習戒,並反問持律者。

（一）制戒因緣

1. 不學戒規

那時,佛在拘睒毘國瞿師羅園中。

這時,其他比丘合規範勸諫時,闡陀比丘這樣說:「我今不學這戒,應問其他智慧持律比丘〔註599〕。」

〔註599〕智慧持律比丘:《巴利律》作 bhikkhu byatta vinayadhara,聰明的持律比丘。

這時，比丘們聽聞，其中有少欲知足、行頭陀、喜好學戒、知慚愧者，嫌惡斥責闡陀比丘說：「為何比丘們合規範勸諫時，便這樣說：『我今不學這戒，應問其他智慧持律比丘』。」

當時，比丘們便前往世尊之所，頭面禮足，坐在一旁，把這因緣全部稟告世尊。

2. 佛斥犯者

那時，世尊藉這段因緣召集比丘僧眾，怒聲斥責闡陀比丘說：「你做錯了！不合威儀、不合沙門法、不是清淨的行為、不是隨順佛法的行為，都不應做。闡陀比丘，為何其他比丘合規範勸諫時，這樣說：『我今不學這戒，應問其他智慧持律比丘』呢？」

（二）制戒內容

1. 佛初制戒

世尊用無數方法怒聲斥責闡陀後，告訴比丘們：「這愚癡人啊！會引生多種有漏，最初犯本戒。從今以後，跟比丘們結戒，為了這十句義……乃至使正法得以久住。想說戒者，應這樣說：

若比丘，餘比丘如法諫時，如是語：『我今不學〔註600〕此戒〔註601〕，當難問〔註602〕餘智慧持律比丘』者，波逸提；若為知、為學故，應難問。」

2. 釋義

（1）比丘：意義如上文。

（2）如法：合佛法、合律制、合佛所教示。

3. 違犯輕重

那比丘，合規範勸諫這比丘時，這比丘這樣說：「我今不學這戒規，應難問其他智慧持律比丘」。如說得清楚，波逸提；不清楚，突吉羅。

（三）兼制

比丘尼，波逸提；式叉摩那、沙彌、沙彌尼，突吉羅。這叫做犯。

（四）開緣

不犯：那受勸諫的比丘，愚癡、不明解的緣故，這比丘這樣說：「你回去

〔註600〕學：《巴利律》作 sikkhissāmi，學習。
〔註601〕戒：《巴利律》作 sikkhāpada，學處。
〔註602〕難問：請教。《巴利律》作 paripucchāmī，遍行、質問。

問你的和上、阿闍梨，你可更學問、誦經」，如事實是這樣；或戲笑說，或急速地說，或獨自說，或夢中語，或想說這樣卻錯說那樣，無犯。

七十二、毀毘尼戒

提要：六群比丘怕被檢舉微細的違犯，向長老進言只須誦重戒。

（一）制戒因緣

1. 棄雜碎戒

那時，佛在舍衛國祇樹給孤獨園。

這時，有眾多比丘共集一處，誦正法，誦毘尼。

這時，六群比丘互相說道：「這些比丘聚集在一處，誦正法、誦毘尼；這些比丘誦律通利〔註603〕，必將屢屢舉出我的犯罪。我今寧可前往告訴那些比丘：『長老，這些雜碎戒有何用呢？如想誦讀，應誦四事〔註604〕；如必想誦，應誦四事、十三事〔註605〕，其餘皆不應誦。為什麼？你們如誦讀，會令人懷疑憂惱』。」

2. 游說長老

這時，六群比丘便前往告訴那些比丘說：「長老，誦讀這些雜碎戒有何用呢？如想誦讀，應誦四事；如必想誦讀，應誦四事、十三事，其餘皆不應誦讀。為什麼？說這些戒時，會令人懷疑憂惱。」

其他比丘即觀察，這六群比丘想毀滅佛法，故這樣說罷了。

這時，比丘們聽聞，其中有少欲知足、行頭陀、喜好學戒、知慚愧者，嫌惡斥責六群比丘說：「為何你們想毀滅佛法，故這樣說呢？」

當時，比丘們前往世尊之所，頭面禮足，坐在一旁，把這因緣全部稟告世尊。

3. 佛斥犯者

那時，世尊藉這因緣召集比丘僧眾，怒聲斥責六群比丘說：「你們做錯了！不合威儀、不合沙門法、不是清淨的行為、不是隨順佛法的行為，都不應做。為何你們想毀滅佛法的緣故而這樣說呢？」

〔註603〕通利：《巴利律》作 pariyattiyā，得達、學得。
〔註604〕四事：四波羅夷。
〔註605〕十三事：十三僧殘。

（二）制戒內容

1. 初制戒

世尊用無數方法怒聲斥責六群比丘後，告訴比丘們：「這些愚癡人啊！會引生多種有漏，最初犯本戒。從今以後，跟比丘們結戒，為了這十句義……乃至使正法得以久住。想說戒者，應這樣說：

若比丘，說戒時作是語：『大德，何用說〔註606〕是雜碎戒〔註607〕為？說是戒時，令人惱愧、懷疑〔註608〕』；輕呵〔註609〕戒故，波逸提。」

2. 釋義

（1）比丘：意義如上文。

3. 違犯輕重

那比丘，或自說戒時，或他說戒時，或誦戒時，這樣說：「長老，誦這雜碎戒有何用呢？如想誦讀，應誦四事；或必誦讀，應誦四事、十三事。為什麼？如誦這些戒時，會令人懷疑、惱愧」。說得清楚，波逸提；不清楚，突吉羅。

毀謗毘尼，波逸提；毀謗阿毘曇，突吉羅；以及毀謗其他契經〔註610〕，突吉羅。

（三）兼制

比丘尼，波逸提；式叉摩那、沙彌、沙彌尼，突吉羅。這叫做犯。

（四）開緣

不犯：或說道：「先誦阿毘曇，然後誦律；先誦其他契經，然後誦律」；或有病者須痊癒，然後誦律；應勤修各種方法，於佛法中成就四沙門果，然後當誦律；不想毀滅佛法的緣故而這樣說，或戲笑說，或急速地說，或夢中語，或獨自說、想說這樣卻錯說那樣，無犯。

七十三、恐舉先言戒

提要：六群比丘犯戒，怕被人檢舉，搶先訛稱今始知戒條。

〔註606〕說：《巴利律》作 uddiṭṭha，被指示的、被略說的。

〔註607〕雜碎戒：《巴利律》作 khuddānukhuddakehi sikkhāpadehi，微細的學處。

〔註608〕惱愧、懷疑：《巴利律》作 kukkuccāya（疑惑）、vihesāya（苦惱）、vilekhāya（混亂）。

〔註609〕輕呵：輕微呵責。《巴利律》作 vivaṇṇaka，誹謗、惡口。

〔註610〕其他契經，指所謂「小乘經」而言。

（一）制戒因緣

1. 訛稱不懂戒

那時，佛在舍衛國祇樹給孤獨園。

這時，六群比丘中有一比丘，當說戒時犯罪〔註611〕，自知罪障〔註612〕，恐怕被清淨比丘揭發檢舉，便先拜訪清淨比丘之所，說道：「我現今才知道這法〔註613〕為戒經〔註614〕所載，來自半月半月說的戒經。」

比丘們察知六群比丘布薩時犯戒，自知罪障，恐怕被清淨比丘揭發檢舉，便先拜訪清淨比丘之所，說道：「我現今才知道這戒為戒經所載，來自半月半月說的戒經。」

比丘們聽聞，其中有少欲知足、行頭陀、喜好學戒、知慚愧者，嫌惡斥責六群比丘說：「為何你們說戒時犯罪而自知罪障，恐怕清淨比丘發舉，便先拜訪清淨比丘之所，說道：『來自半月半月說的戒經，我現今才知道這戒為戒經所載』。」

當時，比丘們前往世尊之所，頭面禮足，坐在一旁，把這因緣全部稟告世尊。

2. 佛斥犯者

那時，世尊藉這因緣召集比丘僧眾，怒聲斥責六群比丘說：「你們做錯了！不合威儀、不合沙門法、不是清淨的行為、不是隨順佛法的行為，都不應做。為何說戒時犯罪，自知罪障，恐怕清淨比丘發舉，便先拜訪清淨比丘之所，說道：『我現今才知道這戒為戒經所載，來自半月半月說的戒經』。」

（二）制戒內容

1. 制戒

這時，世尊用無數方法怒聲斥責六群比丘中一比丘後，告訴比丘們：「這愚癡人啊！會引生多種有漏，最初犯本戒。從今以後，跟比丘們結戒，為了這十句義……乃至使正法得以久住。想說戒者，應這樣說：

若比丘，說戒時作如是語：『我今始知此法，戒經所載，半月半月說戒經來』；餘比丘知是比丘，若二、若三，說戒中坐，何況多！〔註615〕

〔註611〕犯罪：《巴利律》作 anācāraṃ ācaritvā，行於非法行。

〔註612〕罪障：犯罪會障礙得樂果。

〔註613〕法：《巴利律》作 dhamma，意謂某條戒法。

〔註614〕戒經：《巴利律》作 sutta，經。

〔註615〕這意謂那些違犯比丘，最少兩三次參與說戒。

「彼比丘無知〔註616〕、無解，若犯罪，應如法治，更重增無知罪，語言：『長老，汝無利〔註617〕、不善得〔註618〕；汝說戒時，不用心念，不一心攝耳〔註619〕聽法』。彼無知〔註620〕故，波逸提。」

2. 釋義

（1）比丘：意義如上文。

3. 違犯輕重

那比丘，或自行說戒時，或他人說戒時，或誦戒時，這樣說：「長老，我現今才知道這法為戒經所載，來自半月半月說的戒經」。其他比丘知道這比丘曾兩、三次在布薩中坐，何況更多呢。那比丘無知、無解，隨所犯罪，應合規範地懲治，更應再加無知之罪：「長老，你無利養，不會好好得到；你說戒時，不善於用意思惟，不專心聽法」。那比丘，無知的緣故，再與波逸提；如不與者，那比丘，突吉羅。〔註621〕

（三）兼制

比丘尼，波逸提；式叉摩那、沙彌、沙彌尼，突吉羅。這叫做犯。

（四）開緣

不犯：或未曾聽聞說戒今才聽聞，或未曾聽聞詳說今才聽聞，或戲笑說，或急速地說，或獨自說，或夢中語、想說這樣卻錯說那樣，無犯。

七十四、同羯磨後悔戒〔註622〕

提要：沓婆摩羅子經羯磨獲贈貴價衣，後六群比丘反悔。

（一）制戒因緣

1. 給貴價衣

那時，佛在羅閱城耆闍崛山中。

〔註616〕知：〔大〕作「如」，今依〔麗〕〔金〕、北敦01605號。
〔註617〕無利：《巴利律》作 alābha，無利養。
〔註618〕不善得：《巴利律》作 dulladdha，被惡得的、不利的。
〔註619〕攝耳：集中聽力。
〔註620〕無知故：《巴利律》作 mohanaka，使成癡的、導致誤入歧途。
〔註621〕這意謂如那比丘已被檢舉無知之罪而說不知，波逸提；如未被檢舉的話，得較輕之突吉羅。
〔註622〕《巴利律》作第81戒。

這時，僧眾中差令尊者沓婆摩羅子比丘，管理僧眾的床座、臥具〔註623〕，以及分派飲食。

他因為僧事、塔事的緣故，外人雖有為新立之寺、新立之房、新造之池井，而設會布施，但不得前往接受，衣服破壞、垢膩不淨。

於另一時間，有人施僧眾貴價衣，僧眾互相說道：「這尊者沓婆摩羅子比丘，僧眾差遣，令他管理床座、臥具，以及分派飲食。他因為僧事、塔事的緣故，外人雖有為新立之寺、新立之房、新造之池井，而設會布施，但不得前往接受，衣服破壞、垢膩不淨。我們適宜把這衣給他。」

2. 後悔給衣

那時，僧眾行「白二羯磨」後，把衣給他。當白羯磨時，六群比丘也在僧眾中，既給衣後便這樣說：「這些比丘隨著親密關係〔註624〕，便把僧眾之衣給他。」

這時，比丘們聽聞，其中有少欲知足、行頭陀、喜好學戒、知慚愧者，嫌惡斥責六群比丘說：「為何你們一起在僧眾中行羯磨施與這衣，其後才說：『比丘們隨逐親密關係，把僧眾之衣給他』呢？」

當時，比丘們前往世尊之所，頭面禮足，坐在一旁，把這因緣全部稟告世尊。

3. 佛斥犯者

那時，世尊藉這因緣召集比丘僧眾，怒聲斥責六群比丘說：「你們做錯了！不合威儀、不合沙門法、不是清淨的行為、不是隨順佛法的行為，都不應做。為何你們共集一處，行白羯磨，把衣給他，既給衣後才說：『比丘們隨著親密關係，把僧眾之衣給他』呢？」

（二）制戒內容

1. 制戒

世尊用無數方法怒聲斥責六群比丘後，告訴比丘們：「這些愚癡人啊！會引生多種有漏，最初犯本戒。從今以後，跟比丘們結戒，為了這十句義……乃至使正法得以久住。想說戒者，應這樣說：

若比丘，共同羯磨已，後如是語：『諸比丘隨親厚〔註625〕，以眾僧物與』

〔註623〕床座、臥具：《巴利律》作 senāsana，臥坐具。
〔註624〕隨著親密關係：〔大〕原作「隨親」。
〔註625〕隨親厚：《巴利律》作 yathāsanthuta，依據有親密交往的。

者，波逸提。」

2. 釋義

（1）比丘：意義如上文。

（2）親厚：同和上、同阿闍梨，坐起、言語，皆親密關係者便是。

（3）僧物：如上文所說。

（4）物：衣、鉢、針筒、尼師壇……下至飲水器。

3. 違犯輕重

那比丘，先一起在僧眾中行羯磨後，悔過道：「比丘們隨著親厚，把僧眾的衣物給他」。說得清楚，波逸提；不清楚，突吉羅。

（三）兼制

比丘尼，波逸提；式叉摩那、沙彌、沙彌尼，突吉羅。這叫做犯。

（四）開緣

不犯：事實是這樣：隨著親厚，把僧物給他，無犯。

或戲笑說，或急速地說，或獨處時說，或夢中語，或想說這樣卻錯說那樣，全無犯。

七十五、不與欲戒〔註 626〕

提要：六群比丘以為僧眾要懲處他們，從集會自行離去。

（一）制戒因緣

1. 貿然離去

那時，佛在舍衛國祇樹給孤獨園。

這時，有眾多比丘聚集在一處，一起討論佛法、毘尼〔註 627〕。

這時，六群比丘互相說道：「看到這些比丘共集一處，似想為我們行羯磨。」即從座位起來而離去。

比丘們說道：「你們暫且停留，不要離去啊！僧眾有事。」但仍然離去，不停留。

其中有少欲知足、行頭陀、喜好學戒、知慚愧者，嫌惡斥責六群比丘說：「僧眾一起集合，想討論法事。為何便從座位起來離去呢？」

〔註 626〕《巴利律》作第 80 戒。
〔註 627〕《巴利律》記僧眾因某些事而集會。

當時，比丘們前往世尊之所，頭面禮足，坐在一旁，把這因緣全部稟告世尊。

2. 佛斥犯者

那時，世尊藉這因緣召集比丘僧眾，怒聲斥責六群比丘說：「你們做錯了！不合威儀、不合沙門法、不是清淨的行為、不是隨順佛法的行為，都不應做。為何你們，僧眾一起集合，想討論法事，從座位起來而離去呢？」

（二）制戒內容

1. 佛初制戒

世尊用無數方法怒聲斥責後，告訴比丘們：「這六群比丘，愚癡人啊！會引生多種有漏，最初犯本戒。從今以後，跟比丘們結戒，為了這十句義……乃至使正法得以久住。想說戒者，應這樣說：

若比丘，眾僧斷事〔註628〕未竟〔註629〕，起去〔註630〕者，波逸提。」

這樣世尊跟比丘結戒。

2. 修訂前制

比丘們或籌辦僧事，或籌辦塔寺事，或瞻視病比丘事，有疑惑。

佛說：「從今以後，聽許與欲。從今以後，應這樣說戒：

若比丘，眾僧斷事未竟，不與欲〔註631〕而起去，波逸提。」

3. 釋義

（1）比丘：意義如上文。

（2）僧：一同說戒、一同羯磨。

（3）事：有十八破僧事：法、非法……乃至說、不說〔註632〕。

4. 違犯輕重

如比丘，僧眾判斷事情未完畢，而起來離去，動身出戶外，波逸提。

一足在戶外，一足在戶內，設法想離去而不離去，或一起約定想離去而不離去，全突吉羅。

〔註628〕斷事：《巴利律》作 vinicchayakathā，審判的討論。

〔註629〕未竟：《巴利律》作 vippakata，未完成的、被中斷的。

〔註630〕起去：《巴利律》作 uṭṭhāyāsanā pakkameyya，起座而去。

〔註631〕欲：《巴利律》作 chanda，意欲。僧團行羯磨，如僧人有事缺席，可請假，缺席者將其意願託付出席者，稱「與欲」，以保障羯磨仍能正常進行。

〔註632〕十八事，詳參看「僧殘‧破僧違諫戒第10」。

（三）兼制

比丘尼，波逸提；式叉摩那、沙彌、沙彌尼，突吉羅。這叫做犯。

（四）開緣

不犯：有僧事、塔寺事、有瞻視病人事，而與欲，無犯。

或閉口不能與欲；或非法羯磨、非毘尼羯磨；或為僧事、或為塔寺事，或為和上、同和上，阿闍梨、同阿闍梨，或為朋友、親厚，設法為他們行損減、無利、無住處羯磨，這樣不與欲而離去，全無犯。

七十六、與欲後悔戒〔註633〕

提要：僧眾行羯磨懲處六群比丘，六群比丘後悔與欲，造成混亂。

（一）制戒因緣

1. 迴避檢舉

那時，佛在舍衛國祇樹給孤獨園。

這時，六群比丘中有人犯事，恐怕僧眾彈舉〔註634〕六人，便一起相隨，至大食、小食上，或僧眾聚集說法時，或說戒時，六人皆一起，互不相離，令比丘們沒法對他們行羯磨。

2. 與欲缺席

後於另一時間，六群比丘製衣，比丘們互相說道：「這六群比丘現今在這裏製衣，想行羯磨，今正是時候了。」即派使者喚道：「你們過來，僧眾有事。」

六群比丘報說：「僧眾有何什麼事呢？這樣我們要停止製衣，所以不能前往。」

僧眾報說：「你們如來不了，可令一、二比丘持欲〔註635〕過來。」

六群比丘即令一比丘受欲〔註636〕過去。

3. 伺機檢舉

這時，僧眾即為這一比丘行羯磨，行羯磨後，即返回那六群比丘之所。

他們問道：「僧眾有什麼作為呢？」

這比丘報說：「於我身無利益。」

〔註633〕《巴利律》作第79戒。

〔註634〕彈舉：彈劾檢舉。

〔註635〕持欲：行羯磨時，缺席者將其意願託付某出席者，某出席者便是「持欲」。

〔註636〕受欲：某比丘接受缺席者付託的意願，稱「受欲」。

他們問道：「用什麼事對你身無利益呢？」

比丘報說：「僧眾為我行羯磨。」

4. 後悔與欲

六群比丘先前已與欲，後便後悔道：「他所行的羯磨，不是羯磨，羯磨不成立。我因為那事的緣故與欲，不因為這事。」

這時，比丘們聽聞，其中有少欲知足、行頭陀、喜好學戒、知慚愧者，嫌惡斥責六群比丘說：「為何你們與欲了，其後自己後悔道：『我因為那事與欲，不因為這事』。」

當時，比丘們前往世尊之所，頭面禮足，坐在一旁，把這因緣全部稟告世尊。

5. 佛斥犯者

那時，世尊藉這因緣召集比丘僧眾，怒聲斥責六群比丘說：「你們做錯了！不合威儀、不合沙門法、不是清淨的行為、不是隨順佛法的行為，都不應做。為何先前與欲了，後自己後悔道：『我因為那事與欲，不因為這事』呢？」

（二）制戒內容

1. 初制戒

世尊用無數方法怒聲斥責後，告訴比丘們：「這六群比丘，愚癡人啊！會引生多種有漏，最初犯本戒。從今以後，跟比丘們結戒，為了這十句義……乃至使正法得以久住。想說戒者，應這樣說：

若比丘，與欲已，後悔〔註637〕者，波逸提。」

2. 釋義

（1）比丘：意義如上文。

3. 違犯輕重

如比丘，與欲了，後悔，這樣說：「你們行羯磨，並非羯磨，羯磨不成立；我因為那事與欲，不因為這事」。說得清楚，波逸提；不清楚，突吉羅。

（三）兼制

比丘尼，波逸提；式叉摩那、沙彌、沙彌尼，突吉羅。這叫做犯。

〔註637〕後悔：《巴利律》作 khīyana，責備。

（四）開緣

不犯：事實是這樣：非羯磨，羯磨不成立的緣故，便這樣說：「非羯磨，羯磨不成立」，不犯。

或戲笑說、急速地說、獨處時說、夢中說、想說這樣卻錯說那樣，全無犯。

七十七、屏聽四諍戒〔註638〕

提要：六群比丘離間僧眾，激起鬥諍。

（一）制戒因緣

1. 離間僧眾

那時，佛在舍衛國祇樹給孤獨園。

這時，六群比丘聽聞比丘們的鬥諍說話〔註639〕後，而向對家說，令僧眾未有鬥諍之事而有鬥諍之事，已有鬥諍之事而不能除滅。

比丘們這樣想念：「因何因緣令僧眾未有鬥諍之事而有鬥諍之事，已有鬥諍之事而不除滅呢？」

比丘們即察知，這是六群比丘聽聞比丘們的鬥諍說話後，而向對家說的緣故而已。

這時，比丘們聽聞，其中有少欲知足、行頭陀、喜好學戒、知慚愧者，嫌惡斥責六群比丘說：「你們為何聽聞比丘們的鬥諍後，而向對家說，令僧眾未有鬥諍之事而有鬥諍之事，已有鬥諍之事而不能除滅呢？」

比丘們前往世尊之所，頭面禮足，坐在一旁，把這因緣全部稟告世尊。

2. 佛斥犯者

那時，世尊藉這因緣召集比丘僧眾，怒聲斥責六群比丘說：「你們做錯了！不合威儀、不合沙門法、不是清淨的行為、不是隨順佛法的行為，都不應做。為何你們聽許比丘們鬥諍後，而向對家說，令僧眾未有鬥諍之事而有鬥諍之事，已有鬥諍之事而不能除滅呢？」

（二）制戒內容

1. 佛初制戒

世尊用無數方法怒聲斥責後，告訴比丘們：「這六群比丘，愚癡人啊！會

〔註638〕《巴利律》作第78戒。

〔註639〕鬥諍說話：〔大〕原作「鬥諍言語」。《巴利律》作 bhaṇḍati，議論、訴訟。

引生多種有漏，最初犯本戒。從今以後，跟比丘們結戒，為了這十句義……乃至使正法得以久住。想說戒者，應這樣說：

> 若比丘，比丘共鬥諍已，聽此語向彼說者，波逸提。」

2. 釋義

（1）比丘：意義如上文。

（2）鬥諍：有四種：言諍、覓諍、犯諍、事諍。

（3）聽：於屏蔽處聽聞他人的說話。

3. 違犯輕重

如比丘，前去聽聞他人鬥諍比丘的話，從道路走至道路、從道路走至支路、從支路走至道路、從高處到低處、從低處到高處，前往而聽聞，波逸提；聽不到，突吉羅。或設法想去而不去，或一起要約去而不去，全突吉羅。

或二人一起在黑暗的地方談話，應彈指〔註 640〕，或咳嗽警悟〔註 641〕他們；如不這樣做，突吉羅。

或二人在隱密處談話，亦應彈指、咳嗽；如不這樣，突吉羅。

或在道路行走，有二人在前方一起談話，亦應彈指、咳嗽；如不這樣，突吉羅。

（三）兼制

比丘尼，波逸提；式叉摩那、沙彌、沙彌尼，突吉羅。這叫做犯。

（四）開緣

不犯：如二人在黑暗處一起談話，咳嗽、彈指；如二人在屏蔽處談話，彈指、咳嗽；二人在道路前方行走，一起談話，而後來者咳嗽、彈指；或想行非法羯磨、非毘尼羯磨；或為僧眾，或為塔寺，或為和上、同和上，或阿闍梨、同阿闍梨、親厚朋友，想行損減、無利、無住處這些羯磨，想知悉而前去聽，無犯。

七十八、瞋打比丘戒〔註 642〕

提要：六群比丘毆打十七群比丘。

〔註 640〕 彈指：拇指與食指之指頭強力摩擦，或以拇指與中指壓覆食指，再以食指向外急彈，彈出聲音；為古印度人的習慣。

〔註 641〕 警悟：〔大〕原作「警」。《巴利律》作 vijānāpetabba，讓他知道。

〔註 642〕 《巴利律》作第 74 戒。

（一）制戒因緣

1. 打比丘

那時，佛在舍衛國祇樹給孤獨園。

這時，六群比丘中有一比丘，瞋恚而打十七群比丘，被打人高聲大叫道：「停止啊！停止啊！不要打我。」

這時，鄰房的比丘聽聞，即問道：「你為何大叫呢？」

這時，被打的比丘答道：「之前被那比丘所打。」

這時，比丘們聽聞，其中有少欲知足、行頭陀、喜好學戒、知慚愧者，嫌惡斥責六群比丘道：「為何因瞋恚而打十七群比丘呢？」

當時，比丘們前往世尊之所，頭面禮足，坐在一旁，把這因緣全部稟告世尊。

2. 佛斥犯者

那時，世尊藉這因緣召集比丘僧眾，怒聲斥責六群比丘說：「你們做錯了！不合威儀、不合沙門法、不是清淨的行為、不是隨順佛法的行為，都不應做。為何你們打十七群比丘呢？」

（二）制戒內容

1. 制戒

世尊用無數方法怒聲斥責六群比丘後，告訴比丘們：「這些六群比丘，愚癡人啊！會引生多種有漏，最初犯本戒。從今以後，跟比丘們結戒，為了這十句義⋯⋯乃至使正法得以久住。想說戒者，應這樣說：

　若比丘，瞋恚〔註643〕故不喜〔註644〕，打比丘者，波逸提。」

2. 釋義

（1）比丘：意義如上文。

（2）打：或用手，或用石，或用杖。

3. 違犯輕重

如比丘，用手、石、杖打比丘，全波逸提。

除杖、手、石，或用其他如戶鑰、曲鉤、拂柄、香爐柄撞擊〔註645〕，全

〔註643〕瞋恚：《巴利律》作 kupita，發怒。

〔註644〕不喜：《巴利律》作 anattamana，不滿意的、不悅意的。

〔註645〕撞擊：〔大〕原作「抂」。

突吉羅。〔註646〕

（三）兼制

比丘尼，波逸提；式叉摩那、沙彌、沙彌尼，突吉羅。這叫做犯。

（四）開緣

不犯：如有病須人椎打，或進食噎塞須椎打背脊；或一起談話對方聽不到，觸踫提醒他去聽；或睡覺時身體委墮他人身上，或來往經行時互相觸踫，或掃地時杖頭誤觸，全無犯。

七十九、搏比丘戒〔註647〕

提要：六群比丘以手拍擊十七群比丘，被拍擊者高聲大叫，佛遂制戒。

（一）制戒因緣

1. 拍打比丘

那時，佛在舍衛國祇樹給孤獨園。

這時，六群比丘用手搏打十七群比丘，被搏打的人，高聲大叫道：「停止啊！停止啊！不要這樣。」

鄰房比丘聽聞，即問道：「你為何大叫呢？」

那人報言：「這比丘用手搏打我，故大叫。」

比丘們聽聞，其中有少欲知足、行頭陀、喜好學戒、知慚愧者，嫌惡斥責六群比丘說：「你為何用手搏打十七群比丘呢？」

當時，比丘們前往世尊之所，頭面禮足，坐在一旁，把這因緣全部稟告世尊。

2. 佛斥犯者

那時，世尊藉這因緣召集比丘僧眾，怒聲斥責六群比丘說：「你們做錯了！不合威儀、不合沙門法、不是清淨的行為、不是隨順佛法的行為，都不應做。為何你們用手搏打十七群比丘呢？」

（二）制戒內容

1. 制戒

世尊用無數方法怒聲斥責六群比丘後，告訴比丘們：「這些愚癡人啊！會

〔註646〕《巴利律》制定就算用小如蓮葉（uppalapatta）之物去打，亦波逸提。
〔註647〕《巴利律》作第75戒。

引生多種有漏，最初犯本戒。從今以後，跟比丘們結戒，為了這十句義……乃至使正法得以久住。想說戒者，應這樣說：

若比丘，瞋恚、不喜，以手〔註648〕搏〔註649〕比丘者，波逸提。」

2. 釋義

（1）比丘：意義如上文。

（2）手：兩手。

3. 違犯輕重

那比丘，瞋恚，用手搏打比丘，波逸提。

除手外，或用戶鑰、拂柄、香爐柄撞擊，全突吉羅。

（三）兼制

比丘尼，波逸提；式叉摩那、沙彌、沙彌尼，突吉羅。這叫做犯。

（四）開緣

不犯：如他人想打，舉手遮擋；或象過來，或盜賊過來，或惡獸過來；或有人拿刺過來，舉手遮擋，無犯。

或渡水，或要從溝瀆泥水處過來，接近時舉手招喚，其他比丘觸踫到他，無犯。

或他人聽不到說話，用手觸踫提醒他去聽；或睡眠時，或行來入出，或掃地，或用杖誤觸，不故意這樣做，全無犯。

八十、無根僧殘謗戒〔註650〕

提要：六群比丘誹謗十七群比丘犯僧殘。

（一）制戒因緣

1. 誹謗他僧

那時，佛在舍衛國祇樹給孤獨園。

這時，六群比丘瞋恚的緣故，用無根據的僧伽婆尸沙罪誹謗十七群比丘。

這時，比丘們聽聞，其中有少欲知足、行頭陀、喜好學戒、知慚愧者，嫌惡斥責六群比丘言：「你為何瞋恚的緣故，用無根據的僧伽婆尸沙罪誹謗十七

〔註648〕手：《巴利律》作 talasattika，手掌做出劍的形態。

〔註649〕搏：《巴利律》作 uggireyya，舉起作勢。

〔註650〕《巴利律》作第 76 戒。

群比丘呢？」

比丘們便前往世尊之所，頭面禮足，坐在一旁，把這因緣全部稟告世尊。

2. 佛斥犯者

那時，世尊藉這因緣召集比丘僧眾，怒聲斥責六群比丘道：「你們做錯了！不合威儀、不合沙門法、不是清淨的行為、不是隨順佛法的行為，都不應做。你為何瞋恚的緣故，用無根據的僧伽婆尸沙罪誹謗十七群比丘呢？」

（二）制戒內容

1. 佛制戒

世尊用無數方法怒聲斥責六群比丘後，告訴比丘們：「這些愚癡人啊！會引生多種有漏，最初犯本戒。從今以後，跟比丘們結戒，為了這十句義……乃至使正法得以久住。想說戒者，應這樣說：

若比丘，瞋恚故，以無根僧伽婆尸沙謗者，波逸提。」

2. 釋義

（1）比丘：意義如上文。

（2）根：有三種根據：

1）見根：確實見到弄陰失精，或見到跟婦女身體相接觸，或見到跟婦女說麤惡語，或見到在婦女前歎譽自身，或見到一起媒嫁之時；或餘人見到，從他們聽聞，是為「見根」。

2）聞根：聽聞弄陰失精，或聽聞跟婦女身體相接近，或聽聞跟婦女說麤惡語，或聽聞在婦女面前歎譽自身，或聽聞一起媒嫁；或那人聽聞，從那人聽回來，是為「聞根」。

3）疑根：有二種因緣生起疑寶：

A.「見生疑」：有人見到跟婦女出林之時，見到入林之時，或見到赤身露體，無穿衣，不淨流出污身，或見到跟惡知識一起做事，或一起嬉戲。

B.「聞中生疑」：或於暗黑之處聽聞床郁動的聲音，聽聞草褥聲，聽聞喘息聲，聽聞談話聲，或聽聞交會聲，或聽聞那人自說：「我犯失精」，或說：「我與女人身相接觸」，或言：「我跟婦女說麤惡語」，或說：「我於婦女前讚歎自身」，或說：「我為男女媒嫁」，聽聞這些等等，於中生起疑寶。

除了這三根，用其他事情誹謗，是為無根據。

3. 違犯輕重

如比丘，瞋恚的緣故，用無根據的僧伽婆尸沙罪誹謗，說得清楚，波逸提；不清楚，突吉羅。

（三）兼制

比丘尼，波逸提；式叉摩那、沙彌、沙彌尼，突吉羅。這叫做犯。

（四）開緣

不犯：有看見的根據、聽聞的根據、懷疑的根據，如說實事，欲令對方改悔，而不誹謗；或戲笑說、急速地說、獨處時說、夢中語，或想說這樣卻錯說那樣，無犯。

八十一、突入王宮戒〔註651〕

提要：迦留陀夷入王宮乞食，見到末利夫人衣不蔽體。

（一）制戒因緣

1. 施飯與佛

那時，佛在舍衛國祇樹給孤獨園。

這時，舍衛城中有一大姓婆羅門，名叫耶若達〔註652〕，財寶豐饒，產業無量，田地穀〔註653〕食不可計量；金銀、車、馬瑙、真珠、虎魄、水精、琉璃、象馬、奴婢、庫藏滿溢，威勢盡現。

那時，有一婢女叫做黃頭〔註654〕，常常守衛末利〔註655〕園。〔註656〕

這時，那婢女常愁憂說：「我什麼時候免於做婢女呢？」

這時，那婢女清晨得自己的食物，分到乾飯，拿去到末利園中。

這時，世尊到了時間，穿衣持鉢，想入城乞食。

這時，黃頭婢女遠遠看到如來，自己心想念道：「我今寧可把這飯施與那沙門，或可脫除做婢使。」便把飯施與如來。

當時，世尊慈愍，所以接受，返回精舍。

〔註651〕《巴利律》作第83戒。
〔註652〕耶若達：音譯詞。巴利語作 Yaññadatta，意譯「祠授」。
〔註653〕穀：〔大〕作「穀」，今依〔麗〕〔金〕。
〔註654〕黃頭：這女子是劫比羅城人；劫比羅，音譯詞，巴利語 kapila，意譯「黃頭」。
〔註655〕末利：音譯詞。巴利語作 mallikā，茉莉。
〔註656〕《巴利律》只記是 uyyānapāla（守園人、園丁），沒提及是婢女或其名字。

2. 侍候大王

那時，黃頭婢女即前進入末利園中。

這時，波斯匿王整肅四種兵，出外遊獵，侍從各各分散，追逐鹿群。

天時大熱，國王疲乏，遠遠見到末利園，相去不遠，即把車掉頭前往，留車在外，步入園中。

這時，黃頭遠遠見到波斯匿王過來，即生起念頭：「那來人的行動舉止，不是常人。」即上前奉迎道：「來得正好啊〔註657〕！大人，可在這裏坐下。」即脫一衣敷設，讓王坐下。

黃頭問道：「是否須用水洗腳呢？」

王道：「可以。」

黃頭便用藕葉取水給與王，王自行用水洗，黃頭為王揩擦腳。

黃頭又問王道：「是否想洗面呢？」

王道：「可以。」

黃頭便再用藕葉盛水，給王洗面。

黃頭又問王道：「是否想飲水呢？」

王道：「想飲。」

黃頭便到水池洗手，取好藕葉盛水給與王飲。

黃頭又問王道：「是否想稍稍臥息嗎？」

王道：「想臥下休息。」

黃頭便又再脫一衣與王敷設，讓王臥下休息。

3. 讚美婢女

這時，黃頭見王臥下後，在前面長跪，按摩腳及各處關節，消解王的疲勞。

黃頭的身體如天身，細軟妙好；王接觸到，感覺細滑，心想念道：「未曾有這樣聰〔註658〕明的女子，我沒有教導，但全部都做妥。」

王即問道：「你是誰家女子呢？」

黃頭報說：「我是耶若達家的婢使，常常差遣我守護這末利園。」

4. 王娶為妻

這樣談話間，波斯匿王大臣追蹤國王的車跡，到訪園中，跪拜王足後，各各站在一旁。

〔註657〕來得正好啊：〔大〕原作「善來」。
〔註658〕聰：〔大〕作「總」，今依〔麗〕、〔金〕、北敦01605號。

王勅令一人說：「你快些召喚耶若達婆羅門過來。」

大臣即接受王的教示，召喚婆羅門過來，拜訪王所，跪拜王足，站在一旁。

王問道：「這女人是你的婢女嗎？」

婆羅門答道：「是。」

王道：「我現今想娶〔註659〕為婦，你意下如何？」

婆羅門報說：「她是婢使，如何可成為婦人呢？」

王道：「不用擔心，只要一起議論價錢。」

婆羅門報說：「如議論價錢，值百千兩金；但我豈敢拿王的價錢，今奉上大王。」

王道：「不要這樣，我今娶為婦，為何不給價錢呢？」

王即拿出百千兩金給婆羅門後，派使者到宮中取來各種瓔珞、衣裳、服飾，沐浴澡洗，打扮女身，一同載入宮中，眾臣衛從。

5. 成第一夫人

那時，黃頭自心想念道：「他並非其他人，正是波斯匿王。」

黃頭既得以處於宮裏，學習種種技術、書算、印畫各種形像、歌舞戲樂，無事不知；因她從末利園中帶來的緣故，即號稱「末利夫人」，逐年長大，王甚愛敬。

又於另一時間，王於五百女人中，立為第一夫人，在高殿上，便自己想念道：「我因為什麼業報因緣，得免於做婢女，今享受這樣的快樂呢？」

她又這樣想念：「應是我先前用混和蜜的乾飯分派施與沙門，因這因緣，故今得免於做婢女，享受這樣的快樂吧！」

6. 拜訪佛

夫人即問侍從說：「舍衛城中可有這樣相貌的沙門嗎？」

侍從答道：「有。是如來、無所著、至真、等正覺。」

夫人聽聞後歡喜，便想前往到佛之所，即拜訪波斯匿王，稟告說：「我想見佛，禮拜、問訊。」

王報說：「宜知道這是時候。」

末利夫人即整備五百乘車、五百婇女和侍從，出離舍衛城，拜訪祇桓精舍，到後下車步入園中。

〔註659〕娶：〔大〕原作「取」，古二字通。

夫人遠遠看見如來，顏貌端正、各感官寂靜，已得到最好的調教，如降伏象王，又如澄清的潭淵，清淨無穢，見到歡喜，來拜訪佛之所，頭面禮足，坐在一旁，稟告佛說：「什麼因緣承受女人身，顏貌醜陋，見者不歡喜；資財乏少，無有威力呢？又有什麼因緣，顏貌醜陋，見者不歡喜；資財無乏，無有威力呢？又有什麼因緣，顏貌醜陋，見者不歡喜；資財無乏，大有威力呢？又有什麼因緣，顏貌端正，見者歡喜；資財無乏，大有威力呢？」

7. 佛說因果

這時，世尊告訴末利夫人：「或有女人，心多瞋恚，喜歡懊惱他人：或因些少言語，顯現大瞋恚；或因多番言語，也顯現大瞋恚；亦不布施沙門、婆羅門、貧窮孤老、來乞求者；衣服、飲食、象馬、車乘、香華、瓔珞、房舍、臥具、燈燭，全不施與。如見到他人得利養，而生嫉妬心。因此末利，女人多瞋恚，故顏貌醜陋，見者不歡喜；不布施，故資財乏少；見他得到利養，生嫉妬心，故無有威力。」

「末利啊！女人心多瞋恚，喜歡懊惱他人：因些少言語，顯現大瞋恚；因多番言語，也顯現大瞋恚；而能布施沙門、婆羅門、貧窮孤老、來乞求者；衣服、飲食、象馬、車乘、香華、瓔珞、房舍、臥具，全部給與。見他人得利養，而心生嫉妬，因此女人多瞋恚，故顏貌醜陋；因布施故，資財無乏，心生嫉妬，故無有威力。」

「末利啊！女人心多瞋恚，喜歡懊惱他人：因些少言語，顯現大瞋恚；因多番言語，也顯現大瞋恚；而能布施沙門、婆羅門、貧窮孤老、來乞求者；衣服、飲食、華香、瓔珞……乃至房舍、臥具、燈燭，全部給與。見他人得利養者，心不嫉妬，因此女人因瞋恚，故顏貌醜陋；因布施，故資財無乏；因見他人得利養，不生嫉妬心，故有大威力。」

「末利啊！女人無有瞋恚，不懊惱他人：或聽聞些少言語、多番言語，也不顯現大瞋恚；而能布施沙門、婆羅門、貧窮孤老、來乞求者；象馬、車乘、衣服、飲食……乃至燈燭，全部給與。見他人得利養，不生嫉妬心。因此，末利，女人不瞋恚，故顏貌端正；因布施，故資財無乏；不生嫉妬心，故有大威力。如是末利，因這因緣，故女人顏貌醜陋、資財乏少、無有威力；因這因緣，女人顏貌醜陋、資財無乏、無有威力；因這因緣，女人顏貌醜陋、資財無乏、有大威力；因這因緣，女人顏貌端正、資財無乏、有大威力。」

8. 明解佛理

這時，末利夫人再稟告佛說：「大德，我前世時，多瞋恚，喜懊惱他人：些少言說而顯現大瞋恚，因多番言說，亦顯現大瞋恚。為什麼？今我承受的形體醜陋，人不喜好，因此知道。大德，我前世時，能行布施沙門、婆羅門、貧窮孤老、來乞求者；衣服、飲食……乃至燈燭，全部給與，因此我今日資財無乏。大德，我前世時，見他人得利養，不生嫉妬心，故今日有大威力。今這裏波斯匿王宮中五百女人，皆是剎利種姓，而我於中尊貴自在。」

「大德，我從今以後，不再瞋恚，懊惱他人：不因些少言說、多番言說，而顯現大瞋恚，應常常布施沙門、婆羅門、貧窮孤老、來乞求者；衣服、象馬、車乘……乃至燈燭，全部給與。如見他人得利養，心不生嫉妬。大德，我從今以後，終生歸依佛、法、僧，聽許成為憂婆私；從今以後，終生不殺生……乃至不飲酒。」

9. 夫人歸依

這時，世尊為末利夫人用無數方法，說法開化，勸令歡喜。所謂說法，即說施、說戒、說往生天界的方法，怒斥欲望的過失、欲望為不淨，是上漏、纏縛，讚歎出離世間、解脫為樂，即於座位上，各種煩惱盡消，得法眼淨，察見佛法，得到佛法，已得果證。

這時，末利夫人再稟告佛說：「我今第二次說、第三次說，歸依佛、法、僧，聽許成為優婆私；從今以後，終生不殺生……乃至不飲酒。」

10. 王亦信樂

夫人從座位起來，頭面禮佛足，遶三圈而去，還到宮中，勸喻波斯匿王，令得信樂。

王既信樂了，便聽許比丘們，出入宮閣，無有障礙。

11. 跌衣露體

那時，迦留陀夷〔註660〕，在時間到了，穿衣持鉢，前往入波斯匿王宮。

這時，王與夫人白天一起睡眠，夫人遠遠見到迦留陀夷過來，即起來披上衣服；用披上的大價衣〔註661〕，拂拭床座，請迦留陀夷坐。

這時，夫人的衣服墮地，露出形體，慚愧而蹲下。

這時，迦留陀夷見到，便離開王宮。

〔註660〕《巴利律》記這人為阿難。
〔註661〕大價衣：《巴利律》作 pītakamaṭṭha dussa，黃色美衣。

王問夫人：「先前比丘見到你的身體嗎？」

夫人稟告王說：「雖然見到，有如兄弟姊妹無異，這事不引來苦惱。」

12. 自誇見寶

那時，迦留陀夷回到僧伽藍中，對比丘們說：「波斯匿王的第一寶，我今全見到。」

比丘問道：「你見到什麼寶物呢？」

迦留陀夷答道：「我見到末利夫人身體裸露，全部見到。」

比丘們聽聞，其中有少欲知足、行頭陀、喜好學戒、知慚愧者，嫌惡斥責迦留陀夷說：「為何進入王宮，到婇女之間呢？」

比丘們前往世尊之所，頭面禮足，坐在一旁，把這因緣全部稟告世尊。

13. 佛斥犯者

那時，世尊藉這因緣召集比丘僧眾，明知故問迦留陀夷說：「你確實進入王宮，到婇女之間嗎？」

迦留陀夷答道：「確實這樣，世尊。」

世尊用無數方法怒聲斥責迦留陀夷說：「你做錯了！不合威儀、不合沙門法、不是清淨的行為、不是隨順佛法的行為，都不應做。為何進入王宮婇女之間呢？」

（二）制戒內容

1. 佛制戒

世尊用無數方法怒聲斥責迦留陀夷後，告訴比丘們：「這愚癡人啊！會引生多種有漏，最初犯本戒。從今以後，跟比丘們結戒，為了這十句義……乃至使正法得以久住。想說戒者，應這樣說：

若比丘，剎利水澆頭王種，王未出、未藏寶而入；若過宮門閾〔註662〕者，波逸提。」

2. 釋義

（1）比丘：意義如上文。

（2）王剎利水澆頭種：取四大海水，取白牛右角，收拾一切種子，盛滿放置金輦〔註663〕上，令小王們擡輦；王與第一夫人，一起坐在輦上，大婆羅

〔註662〕閾：門檻。《巴利律》作 indakhīla，境界標、門柱。

〔註663〕輦：人力拉車。

門用水灌王頭頂上；如是剎利種，水灌頭頂上，便這樣立為王，名為「剎利王水澆頂種」；如是婆羅門種、毘舍〔註664〕、守陀羅〔註665〕種，用水灌頂，便這樣立為王，亦名「剎利王水澆頭種」。

（3）未出：王未離去、婇女未還回本處。〔註666〕

（4）未藏寶：金、銀、真珠、車璩、瑪瑙、水精、琉璃、貝玉等一切眾寶瓔珞，而未收藏。

3. 違犯輕重

如比丘，王剎利水澆頭種，王未離開，寶物未收藏好；如入王宮，越過門檻，波逸提。

如一足在外、一足在內，立意想去，或一起約好而不去，全突吉羅。

除王剎利種，或入其他粟散小王〔註667〕、豪貴長者家，進入過了門檻，全突吉羅。

（三）兼制

比丘尼，波逸提；式叉摩那、沙彌、沙彌尼，突吉羅。這叫做犯。

（四）開緣

不犯：或王已離開，或婇女返回本處，所有金寶、瓔珞已收藏；或有所奏白，或被請喚，或為有勢力者執持帶走，或性命有危險、梵行受威脅，全無犯。

八十二、捉寶戒〔註668〕

提要：比丘不知如何妥善地處理他人遺留的財物，造成困擾。

（一）制戒因緣

1. 暫取金囊

那時，佛在舍衛國祇樹給孤獨園。

這時，有外道弟子、居士從拘薩羅國，在道路行走，於路邊休息，忘記留下千兩金囊〔註669〕而離去。

〔註664〕毘舍：音譯詞。《巴利律》作 vessa，庶民。
〔註665〕守陀羅：音譯詞。《巴利律》作 sudda，奴隸。
〔註666〕《巴利律》標明王未離去的是 sayanighara（寢室）。
〔註667〕粟散小王：意謂小王如粟之多。
〔註668〕《巴利律》作第 84 戒。
〔註669〕金囊：《巴利律》作 thavikā，袋子、錢包。

這時，有眾多比丘也從那道路行走，後來也於路邊休息，見到這金囊在地上，互相說道：「暫且拿走，如有主人可以識別，當歸還。」便拿走而離去。

2. 爭拗財物

那時，那居士忘記這金囊，向前行了數里才記起，急速返回。

比丘們遠遠看到，互相說道：「這人過來，行走甚急速，必是金主。」

比丘們便問道：「想去那裏呢？」

居士報說：「你自行前去，何須問我呢？」

比丘們說：「告知所往之處，有何困難呢？」

居士報說：「我於某處休息，忘記遺下千兩金囊，故今前往那裏取回。」

比丘們即出示金囊，說：「是你的物品嗎？」

居士報說：「是我的囊吧，但當中的物品為何少了呢？」

比丘們說：「我們確實正得這些而已。」

居士即拜訪官府，了斷這事。

3. 懲治居士

那時，波斯匿王親自在座，審斷事項，派使者叫喚比丘們。

比丘們前往，問道：「大德們，這事是怎樣的，是否如那人的話嗎？」

比丘們稟告王說：「我們所得正是這些而已，再沒有了。」

這時，居士說：「我所有物……乃至有多少。」

王即勅人，如他所說的斤兩，取庫中金來放入這囊中盛載；即如這人所指示，取金用囊盛載，但囊不能承受。

王對居士說：「這不是你的財物，你自己走吧。」即懲治他的罪，更把他家中的財物作為稅款，連同這些金，一切沒入官府。

這時，比丘們聽聞，其中有少欲知足、行頭陀、喜好學戒、知慚愧者，嫌惡斥責比丘們說：「為何自行手捉金銀，令居士為官治罪，連同家中財物作為稅款，全沒入官府呢？」

當時，比丘們前往世尊之所，頭面禮足，坐在一旁，把這因緣全部稟告世尊。

4. 佛斥犯者

那時，世尊用無數方法怒聲斥責比丘們說：「你們做錯了！不合威儀、不合沙門法、不是清淨的行為、不是隨順佛法的行為，都不應做。為何你們自行手捉金銀，使王懲罰居士，以及財物沒入官府呢？」

（二）制戒內容

1. 佛初制戒

世尊用無數方法怒聲斥責比丘們後，告訴比丘們說：「這些愚癡人啊！會引生多種有漏，最初犯本戒。從今以後，跟比丘們結戒，為了這十句義……乃至使正法得以久住。想說戒者，應這樣說：

若比丘，若寶〔註670〕、若寶莊嚴〔註671〕，自捉〔註672〕、若教人捉者，波逸提。」

這樣世尊跟比丘結戒。

2. 忘取寶物

那時，舍衛城中的世俗恒常安排，有婦女節會日〔註673〕，毘舍佉母用瓔珞打扮自身，從祇桓精舍那邊過來，而她得信樂心，又這樣想念：「我參加女人節有何用呢？我今不如前往世尊之所，禮拜、問訊。」

她便返回入祇桓精舍，自己心想念道：「我不宜戴著瓔珞飾物前往見世尊，今應先脫下，然後才禮拜世尊。」

這時，她便在一樹下，脫去身上的寶衣、瓔珞，堆放樹下，成為大積聚，便前往世尊之所，頭面禮足，站在一旁。

這時，世尊即設法為她說法，開化歡喜。

這時，毘舍佉母聽了如來說法，甚大歡喜，向前禮佛足，遶圈後離去。

她的心念存眷於法，逕直走出祇桓精舍門，忘記拿回瓔珞、寶衣等裝扮身體的器具。回家後才記起，這樣想念說：「如我派使者前往取衣，或〔註674〕取不回，便會侮辱比丘們。」即停止不遣使往取。〔註675〕

3. 修訂前制

有一比丘見到毘舍佉母入祇桓精舍曾到樹下，又見到她出來時卻沒有到這樹下。

那比丘便前往樹那裏，見到眾多寶衣、瓔珞，積聚一處，見後心有疑惑，不敢取去。想念道：「世尊制戒：『若比丘，捉寶、若寶莊飾，自捉、若教人捉，

〔註670〕寶：《巴利律》作 ratana，寶物、珠寶。

〔註671〕寶莊嚴：用寶物裝飾的器具。《巴利律》作 ratanasammata，被想成寶者。

〔註672〕捉：《巴利律》作 uggaṇheyya，拿起。

〔註673〕婦女節會日：《巴利律》作 ussava，祭禮。

〔註674〕或：〔大〕原作「脫」。

〔註675〕如果毘舍佉母派人去未能取回，比丘或被誤會為盜賊。

波逸提』。」

那比丘前往稟告世尊，世尊告說：「從今以後，聽許在僧伽藍內，見到有遺留的物件，為了不遺失、堅固牢靠〔註676〕的緣故，應取去收藏。從今以後，應這樣說戒：

若比丘，捉金、寶、若寶莊嚴，自捉、若教人捉；除僧伽藍中，波逸提。」

這樣世尊跟比丘結戒。

4. 守護財物

那時，有眾多比丘從拘薩羅國來，在道路行走，離開道路，至一無住處的村落，問那人說：「這村落中那裏有空房舍可供住宿呢？」

眾人說道：「這裏有某甲巧匠家，有空房舍可供住宿。」

比丘們前往巧匠的房舍，說道：「我想寄宿，可以嗎？」

巧匠報說：「可以。」

比丘們即入他的房舍內，敷設草褥而坐，端正身體、端正意念，意念繫住當下。

那時，巧匠有已鑄成金、未鑄成金、已鑄成未鑄成金，已鑄成銀、未鑄成銀、已鑄成未鑄成銀，置放房舍內而離去。

這時，比丘們為守護的緣故，徹夜不眠，恐怕有人盜走這些金銀而離去。

夜過後，巧匠來入屋，向比丘們問訊道：「尊者們夜晚得安眠嗎？」

比丘報說：「不得安眠。」

巧匠即問道：「為何不得安眠呢？」

比丘報說：「你留這些雜物置屋舍中，我們徹夜為守護的緣故，不得安眠。」

這時，比丘們把這因緣全部稟告世尊。

5. 再修訂前制

世尊說：「從今以後，聽許比丘們在他家留宿時，如屋中有物，為了不遺失、堅固牢靠的緣故，應該收藏。從今以後，應這樣說戒：

若比丘，若寶及寶莊飾，自捉、若教人捉；除僧伽藍中及寄宿處〔註677〕，波逸提。」

「若比丘，在僧伽藍中、若寄宿處，捉寶、若以寶莊嚴，自捉、教人捉，當作是意：『若有主識者，當取』。作如是因緣非餘。」

〔註676〕堅固牢靠：〔大〕原作「堅牢」；意謂保持財物完整。
〔註677〕寄宿處：《巴利律》作 āvasatha，住處、居宅。

6. 釋義

（1）比丘：意義如上文。

（2）寶：金、銀、真珠、虎珀、車渠〔註 678〕、馬瑙、琉璃、貝玉、生像金。

（3）寶莊嚴：銅、鐵、鉛、錫、白鑞等寶物裝飾便是。

7. 遺留物處理

如比丘，在僧伽藍內，或屋舍內，或寶物，或寶裝飾具，自己捉拿，或教人捉拿，應當識記囊器的形相、識記包裹的相狀、識記繫縛的相狀，應解開囊器看，知道有幾多連綴〔註 679〕、幾多未連綴，幾多方形、幾多圓形，幾多故舊、幾多簇新。

如有求索者，應問道：「你的物件似什麼呢？」如相對應，應歸還；如不對應，應說道：「我不見這樣的物件。」

如有二人皆來索取，應問道：「你的物件是什麼形狀的呢？」如說話內容相對應者，應歸還；如不對應，應說道：「我不見這樣的物件。」如二人的說話內容皆對應，應拿著這物件，擺在前面，說道：「是你們的物件，各自取去。」〔註 680〕

8. 違犯輕重

如比丘，在僧伽藍內，或屋舍內，或寶，或寶裝飾物，或自己捉拿，或教人捉拿，或不識記囊的形相、包裹的相狀、繫縛的相狀，突吉羅。

如解開囊，不看有幾多連綴、幾多未連綴，幾多方形、幾多圓形，幾多簇新、幾多故舊，全突吉羅。

（三）兼制

比丘尼，波逸提；式叉摩那、沙彌、沙彌尼，突吉羅。這叫做犯。

（四）開緣

不犯：如到僧伽藍內，或住宿之處，或寶、或寶裝飾物，或自己捉拿，或教人捉拿，識記囊器的形相、識記包裹的相狀、識記繫縛的相狀，解開囊看，知道有幾多連綴、幾多未連綴，幾多方形、幾多圓形，幾多故舊、幾多簇新；

〔註 678〕渠：〔大〕作「渠」，今依〔麗〕〔金〕。

〔註 679〕連綴：縫補。

〔註 680〕這樣做是考驗兩人的誠信，或讓兩人互相對質。

如二人皆來索取，問道：「你的物件是什麼形狀的呢？」如說話內容相對應，歸還；如不對應，應說道：「我不見這樣的物件」。如二人的說話內容皆相對應，應拿著這物件，擺在前面，說道：「是你們的物件，取去」。如是供養塔寺的莊嚴器具，為了堅固牢靠的緣故而收藏，這樣全無犯。

八十三、非時入聚落戒〔註681〕

提要：跋難陀非時入村，跟居士捉棋。

（一）制戒因緣

1. 非時入村

那時，佛在舍衛國祇樹給孤獨園。

這時，跋難陀釋子在不適當的時間入村〔註682〕，跟居士們一起捉棋〔註683〕。

比丘勝出，居士們不及，居士因為慳嫉，便說：「比丘晨朝入村，為了乞食的緣故；在不適當的時間入村，為了什麼事呢？」

這時，比丘們聽聞，其中有少欲知足、行頭陀、喜好學戒、知慚愧者，嫌惡斥責跋難陀釋子：「為何在不適當的時間入村，跟居士們一起捉棋嬉戲呢？」

比丘們前往世尊之所，頭面禮足，坐在一旁，把這因緣全部稟告世尊。

2. 佛斥犯者

那時，世尊用無數方法怒聲斥責比丘們說：「你們做錯了！不合威儀、不合沙門法、不是清淨的行為、不是隨順佛法的行為，都不應做。為何跋難陀釋子，在不適當的時間入村，跟居士們一起捉棋嬉戲呢？」

（二）制戒內容

1. 佛初制戒

世尊用無數方法怒聲斥責跋難陀釋子後，告訴比丘們：「這愚癡人啊！會引生多種有漏，最初犯本戒。從今以後，跟比丘們結戒，為了這十句義……乃至使正法得以久住。想說戒者，應這樣說：

若比丘，非時入聚落，波逸提。」

這樣世尊跟比丘結戒。

〔註681〕《巴利律》作第85戒。
〔註682〕《巴利律》記六群比丘入村再到 sabhā（會堂）。
〔註683〕捉棋：〔大〕原作「樗蒲」。《巴利律》記比丘們跟居士議論俗事，而非捉棋。

2. 修訂前制

其中有比丘，或因僧事，或塔寺事，或瞻視病人之事。佛說：「從今以後，聽許比丘們有事緣，囑授後才入聚落。」

比丘們不知囑授什麼人。佛言：「應囑咐比丘。如獨處一房，應囑授鄰房。從今以後，應這樣說戒：

若比丘，非時入聚落，不囑〔註684〕比丘者，波逸提。」

3. 釋義

（1）比丘：意義如上文。

（2）時：從曙光出至中午。

（3）非時：從中午後至翌日曙光未出。

（4）村聚落：四種村，如上文。

（5）有比丘：同住的客比丘，得以咐囑所及處。

4. 違犯輕重

如比丘，在不適當的時間入村，有比丘但不囑授，動身一入村門，波逸提。

一腳在門內、一腳在門外，設法想去而不去，或一起約好而不去，全突吉羅。

（三）兼制

比丘尼，波逸提；式叉摩那、沙彌、沙彌尼，突吉羅。這叫做犯。

（四）開緣

不犯：如比丘，經營眾僧事、塔寺事、瞻視病人事，囑授比丘；或道路從村內經過，或有所啟白，或為人叫喚，或受邀請，或為有勢力者捉拿，或被繫縛帶走，或性命有危險、梵行受威脅，無犯。

八十四、過量床足戒〔註685〕

提要：迦留陀夷於道路中敷設高好床座。

（一）制戒因緣

1. 敷設床座

那時，佛在舍衛國祇樹給孤獨園。

〔註684〕囑：《巴利律》作 āpucchā，請求允許、尋找。

〔註685〕《巴利律》作第 87 戒。

這時，尊者迦留陀夷預知世尊必從這道路過來，便於道路中敷設高好的床座，迦留陀夷遠遠見到世尊過來，稟告佛說：「世尊，看我的床座吧！善逝，看我床座吧！」

佛說：「當知這愚癡人，心懷弊惡。」

2. 佛斥比丘

這時，世尊藉這因緣召集比丘僧眾，告訴比丘們：「這癡人迦留陀夷，敷設高廣大床，但是為了自己。」

（二）制戒內容

1. 佛制戒

世尊用無數方法怒聲斥責迦留陀夷後，告訴比丘們：「這愚癡人啊！會引生多種有漏，最初犯本戒。從今以後，跟比丘們結戒，為了這十句義……乃至使正法得以久住。想說戒者，應這樣說：

若比丘，作繩床、木床〔註686〕，足應高如來八指〔註687〕，除入陛〔註688〕孔上，截竟〔註689〕；若過者，波逸提。」

2. 釋義

（1）比丘：意義如上文。

（2）床：五種床，如上文。

3. 違犯輕重

如比丘，自製繩床、木床，床腳應高八指，截斷了，仍超過，波逸提；製而未完成，突吉羅。

或教人製，超過八指，截斷了，波逸提；製而未完成，突吉羅。

或為他製，完成或不完成，全突吉羅。

（三）兼制

比丘尼，波逸提；式叉摩那、沙彌、沙彌尼，突吉羅。這叫做犯。

（四）開緣

不犯：如製床腳高八指，或不足八指，或他人施與已製成者，截斷而使用；

〔註686〕繩床、木床：《巴利律》作 mañca（臥床）、pīṭha（椅子）。

〔註687〕八指：約 36.6 厘米。

〔註688〕陛：台階。《巴利律》作 aṭani，床架。

〔註689〕截竟：意謂製床完畢。

或脫去床腳，無犯。

八十五、兜羅貯床褥戒〔註690〕

提要：六群比丘用草木花綿製坐臥具，斷眾生命。

（一）制戒因緣

1. 製綿床褥

那時，佛在舍衛國祇樹給孤獨園。

這時，六群比丘製貯藏〔註691〕兜羅綿〔註692〕的繩床、木床、大小褥。

居士們見到，皆一起嫌惡他們，互相說道：「這些沙門釋子，不知慚愧、無有慈心，斷眾生命，向外白稱說：『我修習正法』，而製貯藏兜羅綿的木床及繩床、大小褥，有如國王，亦如大臣，這樣何來有正法呢？」

比丘們聽聞，其中有少欲知足、行頭陀、喜好學戒、知慚愧者，嫌惡斥責六群比丘：「為何製貯藏兜羅綿的繩床、木床、大小褥呢？」

當時，比丘們前往世尊之所，頭面禮足，坐在一旁，把這因緣全部稟告世尊。

2. 佛斥犯者

那時，世尊用無數方法怒聲斥責六群比丘：「你們做錯了！不合威儀、不合沙門法、不是清淨的行為、不是隨順佛法的行為，都不應做。為何製貯藏兜羅綿的繩床、木床、大小褥，令居士嫌惡呢？」

（二）制戒內容

1. 佛制戒

世尊怒聲斥責六群比丘後，告訴比丘們：「這些愚癡人啊！會引生多種有漏，最初犯本戒。從今以後，跟比丘們結戒，為了這十句義……乃至使正法得以久住。想說戒者，應這樣說：

若比丘，作兜羅貯繩床、木床、大小褥，成者，波逸提。」

〔註690〕《巴利律》作第 88 戒。

〔註691〕貯藏：〔大〕、北敦 01605 號作「繒」。「繒」，亦作「紵」，綿絮裝衣。〔宋元明〕〔宮〕作「貯」。律疏全用「貯」作解，意謂把綿散佈床上，用布覆蓋。《巴利律》作 onaddha，覆蓋、包裝。

〔註692〕兜羅：音譯詞。《巴利律》作 tūla，綿花。

2. 釋義

（1）比丘：意義如上文。

（2）兜羅：白楊樹華、楊柳華、蒲臺〔註693〕便是〔註694〕。

（3）木〔註695〕床：有五種，如上文。

（4）繩床：有五種，如上文。

（5）大褥：為了坐、臥的緣故。

（6）小褥：為了坐的緣故。

3. 違犯輕重

如比丘，製貯藏兜羅綿的繩床、木床、大小褥，如自行製成，波逸提；製不成，突吉羅。

或教他令製成，波逸提；製不成，突吉羅。

如為他人製，製成或不製成，全突吉羅。

（三）兼制

比丘尼，波逸提；式叉摩那、沙彌、沙彌尼，突吉羅。這叫做犯。

（四）開緣

不犯：或用鳩羅耶〔註696〕草、文若〔註697〕草、娑婆〔註698〕草，或用毳毛、劫貝等碎弊物製，或用來製揩肩物〔註699〕、製輿〔註700〕上枕，無犯。

八十六、骨牙角針筒戒

提要：有工匠為比丘造針筒，荒廢家業。

（一）制戒因緣

1. 家財散盡

那時，佛在羅閱城耆闍崛山中。

〔註693〕 蒲臺：即蒲花，狀如臺，故名。

〔註694〕 《巴利律》列三種：rukkhatūla（木棉）、latātūla（蔓棉）、poṭakitūla（葦棉）。

〔註695〕 木：〔大〕作「大」，今依〔麗〕〔金〕。

〔註696〕 鳩羅耶：音譯詞。原語不明，應為印度的柔軟之草。

〔註697〕 文若：音譯詞。巴利語 muñja，萱之類的禾木科的草。

〔註698〕 娑婆：音譯詞。巴利語 kusa，臙草、吉祥草。

〔註699〕 揩肩物：「揩」，通薦。「揩肩物」，即墊在肩上之物。《巴利律》作 aṃsabandhana，肩帶。

〔註700〕 輿：車。

這時，有信樂工匠〔註701〕，為比丘製骨、牙、角針筒，因此令這工匠放棄家業，財物耗盡，沒有衣食。

這時，世人們皆這樣說：「這工匠未供養沙門釋子時，財寶豐饒；自從供養沙門釋子以來，居家貧乏，無所食啖〔註702〕。供養者望得其福，反得禍殃。」

這時，比丘們聽聞，其中有少欲知足、行頭陀、喜好學戒、知慚愧者，嫌惡斥責比丘們：「你們為何令那工匠製骨、牙、角針筒，廢家事業、財物耗盡呢？」

當時，比丘們前往世尊之所，頭面禮足，坐在一旁，把這因緣全部稟告世尊。

2. 佛斥犯者

那時，世尊用無數方法怒聲斥責比丘們說：「你們做錯了！不合威儀、不合沙門法、不是清淨的行為、不是隨順佛法的行為，都不應做。為何比丘們令工匠製牙、骨、角針筒，財物耗盡呢？」

（二）制戒內容

1. 佛制戒

世尊用無數方法怒聲斥責比丘們，告訴比丘們：「這些愚癡人啊！會引生多種有漏，最初犯本戒。從今以後，跟比丘們結戒，為了這十句義……乃至使正法得以久住。想說戒者，應這樣說：

若比丘，作骨、牙〔註703〕、角針筒，剞刮〔註704〕者，波逸提。」

2. 釋義

（1）比丘：意義如上文。

3. 違犯輕重

如比丘，骨、牙、角，自行剖空剞削，製成，波逸提；製不成，突吉羅。

或教他人製成，波逸提；製不成，突吉羅。

或為他人製，製成或不製成，全突吉羅。

〔註701〕工匠：〔大〕原作「工師」。《巴利律》作 dantakāra，象牙匠。
〔註702〕啖：〔麗〕〔金〕、北敦 01605 號作「噉」，〔大〕作「瞰」，譯寫依前者。
〔註703〕牙：《巴利律》指是 hatthidanta（象牙）。
〔註704〕剞刮：意謂把骨、牙、角，剞削剖空，製成中空之筒或盒。

（三）兼制

比丘尼，突吉羅；式叉摩那、沙彌、沙彌尼，突吉羅。這叫做犯。

（四）開緣

不犯：或鐵，或銅，或鉛、錫，或白鑞，或竹，或木，或葦，或舍羅草〔註705〕，製針筒，不犯。

或製錫杖頭、鏢鑲〔註706〕，或製傘蓋子及斗頭鏢〔註707〕，或製曲鈎，或製刮污刀，或製如意〔註708〕，或製玦珥〔註709〕，或製匕〔註710〕，或製杓，或製鈎衣刮〔註711〕，或製眼藥箆〔註712〕，或製刮舌刀，或製摘齒物，或製挑耳箆，或禪鎮〔註713〕，或製熏鼻筒〔註714〕，這樣全無犯。

八十七、過量尼師壇戒〔註715〕

提要：六群比丘故意造過大坐具。

（一）制戒因緣

1. 臥具污穢

那時，佛在舍衛國祇樹給孤獨園。

這時，世尊不接受檀越邀請送食；眾佛的恒常做法，乃如不受請，會走遍房舍，見到一怪異之處：因僧眾的臥具，敷設在露天地方，為不淨所污染。

這時，天大暴雨，世尊便用神力，令僧眾的臥具不為雨水浸泡。

比丘們歸還，世尊藉這因緣召集比丘僧眾，告說：「我之前走遍房舍，看見有怪異之處：敷設僧眾的臥具，在露天地方，為不淨所污染。這時，天下大雨，我用神力令它們不為雨水浸泡。應知道這污染，是有欲人、非是無欲人，

〔註705〕舍羅草：甘蔗草，中空。「舍羅」，音譯詞。巴利語 salākā，籌木、木片。
〔註706〕鏢鑲：刀劍鞘末的裝飾。
〔註707〕斗頭鏢：傘頂的裝飾。
〔註708〕如意：搔背的器具。
〔註709〕玦珥：玉環的鈕扣。《巴利律》作 vidha，鈕扣。
〔註710〕匕：勺、匙一類的取食用具。〔大〕作「匙」，今依〔麗〕〔金〕、北敦 01605 號。
〔註711〕鈎衣刮：用來刮衣，令衣光鮮、挺直。
〔註712〕眼藥箆：刮眼膜的竹片。《巴利律》作 añjanisalākā，挖膏藥用的小板匙。
〔註713〕禪鎮：坐禪時用以警覺睡眠的器具。
〔註714〕熏鼻筒：有鼻疾時，用來引煙入鼻作治療。
〔註715〕《巴利律》作第 89 戒。

是瞋恚人、非是無瞋恚人，是癡人、非是無癡人。而且，離欲外道、仙人離欲者都沒有這事，何況阿羅漢呢？如比丘，睡眠時意念不散亂，沒有這事，何況阿羅漢呢？從今以後，聽許比丘們為了障隔身、障隔衣、障隔臥具的緣故，製尼師壇。」

2. 製大坐具

世尊既聽許製尼師壇，六群比丘便多製闊而長的尼師壇。

這時，比丘們見到，問道：「世尊制戒：『聽畜三衣，不得過長』，這是誰人的衣呢？」

六群比丘報說：「是我們的尼師壇。」

這時，比丘們聽聞，其中有少欲知足、行頭陀、喜好學戒、知慚愧者，嫌惡斥責六群比丘說：「為何你們多製闊而長的尼師壇呢？」

比丘們前往世尊之所，頭面禮足，坐在一旁，把這因緣全部稟告世尊。

3. 佛斥犯者

那時，世尊藉這因緣召集比丘僧眾，怒聲斥責六群比丘說：「你們做錯了！不合威儀、不合沙門法、不是清淨的行為、不是隨順佛法的行為，都不應做。為何你們製闊而長的尼師壇呢？」

（二）制戒內容

1. 佛初制戒

世尊用無數方法怒聲斥責六群比丘後，告訴比丘們：「這些愚癡人啊！會引生多種有漏，最初犯本戒。從今以後，跟比丘們結戒，為了這十句義……乃至使正法得以久住。想說戒者，應這樣說：

若比丘，作尼師壇，當應量〔註716〕作；此中量者，長佛二搩手、廣一搩手半〔註717〕。過者、裁〔註718〕竟，波逸提。」

這樣世尊跟比丘結戒。

2. 修訂前制

那時，尊者迦留陀夷體型大，尼師壇小不夠坐；知道世尊由這道路來，便在路旁，手拿著尼師壇，想增大它。

〔註716〕量：《巴利律》作 pamāṇa，分量。
〔註717〕二搩手、一搩手半：約 100 厘米、75 厘米。
〔註718〕裁：剪裁。《巴利律》作 chedana，切斷。

世尊見迦留陀夷手拿著尼師壇後，明知故問說：「你為何拿著這尼師壇呢？」

答道：「想增大它，所以拿著罷了。」

這時，世尊藉這事隨順比丘們說法，讚歎頭陀、少欲知足、喜好出離者，告訴比丘們：「從今以後，聽許比丘們再增加闊長各半搩手。從今以後，應這樣說戒：

若比丘，作尼師壇，當應量作；是中量者，長佛二搩手、廣一搩手半，更增廣長各半搩手。若過、裁竟，波逸提。」

3. 釋義

（1）比丘：意義如上文。

（2）尼師壇：敷設在下面就坐。

4. 違犯輕重

如比丘，製尼師壇，長度過限量、闊度不過限量；或闊度過限量、長度不過限量；闊長皆過限量，自行製成，波逸提；製不成，突吉羅。

教他人令製成，波逸提；製不成，突吉羅。

為他人製，製成或不製成，皆突吉羅。

（三）兼制

比丘尼，突吉羅；式叉摩那、沙彌、沙彌尼，突吉羅。這叫做犯。

（四）開緣

不犯：合限量製；或不足限量製；或從他人得到已製成者，剪裁合限量；或〔註719〕重疊作兩重，〔註720〕無犯。

八十八、覆瘡衣過量戒〔註721〕

提要：六群比丘多製大覆瘡衣。

（一）制戒因緣

1. 瘡患痛楚

那時，佛在舍衛國祇樹給孤獨園。

〔註719〕或：〔麗〕〔金〕、北敦01605號作「若」，〔大〕作「如」，譯寫依前者。

〔註720〕這意謂把衣物摺成兩重，長或闊減半，故不過量。

〔註721〕《巴利律》作第90戒。

這時，比丘們患癰、瘡疥等各種瘡病，膿血流出，弄污身體、弄污衣、弄污臥具。

比丘們前往稟告佛，佛說：「從今以後，『聽諸比丘畜覆瘡衣』。」

這時，比丘們的覆瘡衣粗糙、多毛，貼著瘡患，拉起衣時感到痛楚。

2. 穿覆瘡衣

比丘稟告佛，佛說：「從今以後，『聽諸比丘以大價細軟衣覆瘡上，著涅槃僧』。如到白衣家請坐時，應說道：『我有病患』；如主人說道：『只管坐』，當揭起涅槃僧，用這衣覆蓋瘡患而坐。」

那時，六群比丘聽聞世尊「聽作覆瘡衣」，便多製闊而長的覆瘡衣。

比丘們見到，即問道：「世尊制戒：『畜三衣，不得過長』，這是誰人的衣呢？」

六群比丘報說：「是我們的覆瘡衣。」

比丘們聽聞，嫌惡斥責六群比丘：「為何你們多製闊而長的覆瘡衣呢？」

當時，比丘們前往世尊之所，頭面禮足，坐在一旁，把這因緣全部稟告世尊。

3. 佛斥犯者

那時，世尊藉這因緣召集比丘僧眾，怒聲斥責六群比丘說：「你們做錯了！不合威儀、不合沙門法、不是清淨的行為、不是隨順佛法的行為，都不應做。為何你們多製闊而長的覆瘡衣呢？」

（二）制戒內容

1. 佛制戒

世尊用無數方法怒聲斥責六群比丘後，告訴比丘們說：「這些愚癡人啊！會引生多種有漏，最初犯本戒。從今以後，跟比丘們結戒，為了這十句義……乃至使正法得以久住。想說戒者，應這樣說：

若比丘，作覆瘡衣〔註722〕，當應量作；是中量者，長佛四搩手、廣二搩手〔註723〕。裁竟、過者，波逸提。」

2. 釋義

（1）比丘：意義如上文。

〔註722〕覆瘡衣：《巴利律》作 kaṇḍupaṭicchādī，覆瘡衣。
〔註723〕四搩手、二搩手：約 2 米、1 米。

（2）覆瘡衣：有各種瘡病〔註724〕，拿來覆蓋身體。

3. 違犯輕重

如長度合限量、闊度不合限量，闊度合限量、長度不合限量，或闊長度皆不合限量，自行製成，波逸提；製不成，突吉羅。

教人製成，波逸提；製不成，突吉羅。

或為他人製，製成或製不成，盡突吉羅。

（三）兼制

比丘尼，突吉羅；式叉摩那、沙彌、沙彌尼，突吉羅。這叫做犯。

（四）開緣

不犯：合限量製；或不足限量製；或從他人得到，剪裁合限量；或重疊成兩重，無犯。

八十九、雨衣過量戒〔註725〕

提要：六群比丘多製過大雨浴衣。

（一）制戒因緣

1. 分雨浴衣

那時，佛在舍衛國祇樹給孤獨園。

這時，毘舍佉母聽聞如來「聽諸比丘作雨浴衣」，即多製雨浴衣，派人拿去拜訪僧伽藍中，給比丘們；比丘們得到便分派。

佛說：「這些衣不應分派。從今以後，如得雨浴衣，隨上座次第付與。如不足，記憶次第；再得到時，接續次第給與，令能給所有人。」

2. 分貴價衣

那時，得到貴價衣，接續按次第給與。

佛說：「不應這樣，應給上座交易。因上座先得者，轉次給下座。如不能全給，應把僧團中可分配的衣物給與，讓所有人都得到。」

3. 製大浴衣

那時，六群比丘聽聞如來制戒：「聽諸比丘作雨浴衣」，擅自多製闊大的雨

〔註724〕《巴利律》列瘡病有：kaṇḍu（疥癬）、pīḷakā（疹子）、assāva（濕瘡）、thūlakacchā（大疥病）。

〔註725〕《巴利律》作91戒。

浴衣。

比丘們見到，即問道：「如來制戒：『畜三衣，不得過長』，這是誰的衣呢？」

六群比丘報說：「是我們的雨浴衣。」

這時，比丘們聽聞，其中有少欲知足、行頭陀、喜好學戒、知慚愧者，嫌惡斥責六群比丘說：「你們為何多製闊大的雨浴衣呢？」

比丘們前往世尊之所，頭面禮足，坐在一旁，把這因緣全部稟告世尊。

4. 佛斥犯者

那時，世尊藉這因緣召集比丘僧眾，怒聲斥責六群比丘們：「你們做錯了！不合威儀、不合沙門法、不是清淨的行為、不是隨順佛法的行為，都不應做。為何你們多製闊大的雨浴衣呢？」

（二）制戒內容

1. 佛制戒

世尊用無數方法怒聲斥責六群比丘後，告訴比丘們：「這些愚癡人啊！會引生多種有漏，最初犯本戒。從今以後，跟比丘們結戒，為了這十句義……乃至使正法得以久住。想說戒者，應這樣說：

若比丘，作雨浴衣，應量作；是中量者，長佛六搩手、廣二搩手半〔註726〕。過者、裁竟，波逸提。」

2. 釋義

（1）比丘：意義如上文。

（2）雨浴衣：比丘們穿，在雨中洗浴。

3. 違犯輕重

如比丘，製雨浴衣，長度不合量限、闊度合量限，或闊度不合量限、長度合量限，或闊長皆不合量限，自製而完成，波逸提；不完成，突吉羅。

或教人製成，波逸提；製不成，突吉羅。

或為他人製，製成或不製成，皆突吉羅。

（三）兼制

比丘尼，突吉羅；式叉摩那、沙彌、沙彌尼，突吉羅。這叫做犯。

〔註726〕六搩手、二搩手半：約 3 米、1.25 米。

（四）開緣

不犯：合量限製；不足量限製；或從他人得來，剪裁合量限；或重疊成兩重，無犯。

九十、與佛等量作衣戒〔註727〕

提要：六群比丘製跟佛相等或更大之衣。

（一）制戒因緣

1. 准穿黑衣

那時，佛在釋翅搜尼拘類園中。

這時，尊者難陀僅矮佛四指〔註728〕，比丘們遠遠見到難陀過來，皆說是佛過來，即起來奉迎，到了才知道是難陀；比丘皆們感到懷慚愧。

這時，難陀亦感到慚愧。

這時，比丘們藉這因緣全部稟告世尊，世尊告訴比丘：「從今以後，制定：『難陀比丘著黑衣』。」

2. 製佛量衣

那時，六群比丘，與如來等同限量製衣，或超過限量製。

比丘們聽聞，其中有少欲知足、行頭陀、喜好學戒、知慚愧者，嫌惡斥責六群比丘：「你們為何跟如來等同限量製衣或超過限量製呢？」

當時，比丘們便前往世尊之所，頭面禮足，坐在一旁，把這因緣全部稟告世尊。

3. 佛斥犯者

那時，世尊藉這因緣召集比丘僧眾，怒聲斥責六群比丘：「你們做錯了！不合威儀、不合沙門法、不是清淨的行為、不是隨順佛法的行為，都不應做。為何六群比丘，跟如來等同限量製衣，或超過限量製衣呢？」

（二）制戒內容

1. 佛制戒

世尊用無數方法怒聲斥責六群比丘後，告訴比丘們：「這些愚癡人啊！會引生多種有漏，最初犯本戒。從今以後，跟比丘們結戒，為了這十句義……乃

〔註727〕《巴利律》作第92戒。
〔註728〕四指：約18.3厘米。

至使正法得以久住。想說戒者，應這樣說：

若比丘，與如來等量作衣，或過量作者，波逸提；是中如來衣量者，長佛十搩手、廣六搩手〔註729〕，是謂如來衣量。」

2. 釋義

（1）比丘：意義如上文。

（2）衣：十種衣，如上文。

3. 違犯輕重

如比丘，等同如來衣的限量，長度不合限量、闊度合限量，闊度不合限量、長度合限量，或闊長度皆不合限量，自行製成，波逸提；製不成，突吉羅。

或教他人製成，波逸提；製不成，突吉羅。

或為他人製，製成或製不成，亦突吉羅。

（三）兼制

比丘尼，突吉羅；式叉摩那、沙彌、沙彌尼，突吉羅。這叫做犯。

（四）開緣

不犯：從他人得到，製成衣，應剪裁合限；或不剪裁，重疊成兩重，無犯。

〔註729〕十搩手、六搩手：約 5 米、3 米。《巴利律》作九搩手、六搩手，約 4.5 米、3 米

第六篇　波羅提提舍尼

一、在俗家從非親尼取食戒

提要：蓮華色尼為供養眾僧，乞食時跌倒地上。

（一）制戒因緣

1. 轉施比丘

那時，佛在舍衛國祇樹給孤獨園。

那時，世間歉收、穀物昂貴、人民飢餓、死者無數、乞食難得。

這時，蓮華色比丘尼，在時間到了，穿衣持鉢，入舍衛城乞食，首日所得的食物，拿給比丘；第二日所得食物，或第三日所得食物，也給比丘。

2. 墮落深泥

蓮華色比丘尼又於另一時間，穿衣持鉢，入舍衛城乞食。

這時，有長者乘車將前往問訊波斯匿王，侍從驅趕，避開道路。

這時，蓮華色比丘尼見到，避開道路，墮深泥中，面覆在地上而躺臥；長者見到，心生慈愍，即停車，勒令侍從扶出。

長者問道：「阿姨〔註1〕，有何患苦呢？」

蓮華色報說：「我沒有患苦，飢乏才因此這樣罷了。」

這時，長者問道：「為何飢乏，乞食難得嗎？」

蓮華色答道：「容易得到吧。我首日得到的食物，拿給比丘，第二日、第三日的食物也給比丘，故我飢乏吧。」

〔註1〕阿姨：對女性的親切稱呼。《巴利律》作 bhaginī，姊妹。

這時，長者嫌惡說：「沙門釋子，接受無滿足，不知慚愧，向外自稱說：『我知道正法』，這樣何來有正法呢？接受這比丘尼所乞得的食物，不知謙讓〔註2〕；布施雖無限止，而受者應知足。」

3. 長者供養

那時，長者即帶這比丘尼回家，洗滌她的衣服，為她製酥粥，供給所須，說道：「從今以後，可經常在我家進食，不用去他處；如在外有所得者，隨意給人。」

這時，比丘們聽聞，其中有少欲知足、行頭陀、喜好學戒、知慚愧者，嫌惡斥責那比丘說：「為何你們於比丘尼那邊接受食物呢？」

當時，比丘們前往世尊之所，頭面禮足，坐在一旁，把這因緣全部稟告世尊。

4. 佛斥犯者

那時，世尊藉這因緣召集比丘僧眾，怒聲斥責那比丘說：「你做錯了！不合威儀、不合沙門法、不是清淨的行為、不是隨順佛法的行為，都不應做。為何接受那蓮華色比丘尼的食物，不知滿足呢？」

（二）制戒內容

1. 佛制戒

世尊用無數方法怒聲斥責那比丘後，告訴比丘們：「這愚癡人啊！會引生多種有漏，最初犯本戒。從今以後，跟比丘們結戒，為了這十句義……乃至使正法得以久住。想說戒者，應這樣說：

若比丘，入村中，自受比丘尼食〔註3〕食者，彼比丘應向餘比丘說：『大德，我犯可呵法，所不應為，今向大德悔過』。是法名悔過法。」

這樣世尊跟比丘結戒。

2. 修訂前制

那時，比丘們皆有疑惑，不敢取親里比丘尼的食物。

佛說：「從今以後，聽許接受親里比丘尼的食物。」

那時，病比丘們又有疑惑，不敢接受非親里比丘尼的食物。

佛說：「從今以後，聽許病比丘接受非親里比丘尼的食物。」

〔註2〕謙讓：〔大〕原作「義讓」。
〔註3〕食：《巴利律》舉出硬、軟兩種食物。

那時，比丘們又有疑惑，非親里比丘尼把食物置地，不敢取去，或令人給，也不敢取去。

佛言：「從今以後，聽許比丘們接受這樣的食物。從今以後，應這樣說戒：

若比丘，入村中，從非親里比丘尼，若無病，自手取食食者，是比丘應向餘比丘，悔過言：『大德，我犯可呵法，所不應為，我今向大德悔過』。是法名悔過法。」

3. 釋義

（1）比丘：意義如上文所說。

（2）非親里、親里：亦如上文。

（3）病：亦如上文。

（4）食：二種食，亦如上文。那比丘，入村中，從非親里比丘尼，如無病，而自行用手接受這些食物而食，每吞咽一口，波羅提提舍尼〔註4〕。

（三）兼制

比丘尼，突吉羅；式叉摩那、沙彌、沙彌尼，突吉羅。這叫做犯。

（四）開緣

不犯：接受親里比丘尼的食物，或有病，或置地上給，或使人授與；或在僧伽藍中給，或在村外給，或在比丘尼寺內給，這樣接受而取食，無犯。

二、在俗家偏心授食戒

提要：六群比丘尼在俗人家索取羹飯，先給六群比丘。

（一）制戒因緣

1. 不依次第給

那時，佛在舍衛國祇樹給孤獨園。

這時，眾多比丘與六群比丘在白衣家內一起坐下進食。

這時，六群比丘尼為六群比丘索取羹、飯，說道：「給這羹，給這飯。」〔註5〕但捨棄中間的比丘不給，而越過次第，給六群比丘先食。

這時，比丘們聽聞，其中有少欲知足、行頭陀、喜好學戒、知慚愧者，嫌惡斥責六群比丘說：「為何你們食六群比丘尼所索取的羹、飯呢？」

〔註4〕波羅提提舍尼：《巴利律》作 pāṭidesanīya，應該懺悔的。
〔註5〕這意謂六群比丘尼指示在家人先給六群比丘羹和飯。

比丘們前往世尊之所，頭面禮足，坐在一旁，把這因緣全部稟告世尊。

2. 佛斥犯者

那時，世尊藉這因緣召集比丘僧眾，怒聲斥責六群比丘說：「你們做錯了！不合威儀、不合沙門法、不是清淨的行為、不是隨順佛法的行為，都不應做。為何你們食六群比丘尼所索取的羹、飯，而令排在中間的比丘不得食呢？」

（二）制戒內容

1. 佛制戒

世尊用無數方法怒聲斥責六群比丘後，告訴比丘們：「這些愚癡人啊！會引生多種有漏，最初犯本戒。從今以後，跟比丘們結戒，為了這十句義……乃至使正法得以久住。想說戒者，應這樣說：

若比丘，至白衣家內食，是中有比丘尼指示：『與某甲羹，與某甲飯』。比丘應語彼比丘尼如是言：『大姊〔註6〕且止，須比丘食竟』。」

「若無一比丘語彼比丘尼如是言：『大姊且止，須比丘食竟』者，是比丘應悔過言：『大德，我犯可呵法，所不應為，我今向諸大德悔過』。是法名悔過法。」

2. 釋義

（1）比丘：意義如上文。

（2）家內：有男人、女人便是。

（3）食：如上文所說。那比丘，於白衣家內食，當中有比丘尼指示：「給某甲羹，給某甲飯」；那比丘應說道：「大姊稍等，須待比丘們食畢」，如無一比丘說道：「大姊稍等，須待比丘們食畢」而食，每吞咽一口，波羅提提舍尼。

（三）兼制

比丘尼，突吉羅；式叉摩那、沙彌、沙彌尼，突吉羅。這叫做犯。

（四）開緣

不犯：如說道：「大姊稍等，須待比丘們食畢」；或比丘尼自己作為檀越；或檀越準備食物，令比丘尼處理〔註7〕；或非故意地偏給這人而放置於那處，這樣無犯。

〔註6〕大姊：《巴利律》作 bhaginī，姊妹。
〔註7〕處理：〔大〕原作「處分」。

三、學家過受戒

提要：居士夫婦已悟道，供養致家貧。

（一）制戒因緣

1. 耗盡家財

那時，佛在羅閱城耆闍崛山中。

這時，有居士家夫婦，皆得信樂，成為佛弟子。

眾佛的弟子得見諦理，他們的恒常做法，乃對比丘們沒有吝嗇，以至連肉身也不吝嗇。

如比丘們到家中，常給飯食，及各種供養的緣故，令他們貧窮，衣食乏盡。

鄰居們皆這樣說：「他的家先前大富貴，財物豐饒，自從供養沙門釋子以來，財物竭盡，貧窮到這樣；這樣恭敬供養，反得貧弊。」

這時，比丘們聽聞，其中有少欲知足、行頭陀、喜好學戒、知慚愧者，嫌惡比丘們說：「你們為何屢到居士家接受飲食供養而不知足，令這居士的財物耗盡至這樣呢？」

當時，比丘們前往世尊之所，頭面禮足，坐在一旁，把這因緣全部稟告世尊。

2. 佛斥犯者

那時，世尊藉這因緣召集比丘僧眾，怒聲斥責比丘們說：「你們做錯了！不合威儀、不合沙門法、不是清淨的行為、不是隨順佛法的行為，都不應做。你們為何屢到居士家接受供養飲食，乃令這家貧窮至這樣呢？」

（二）制戒內容

1. 行學家白二羯磨

世尊用無數方法怒聲斥責比丘們後，告訴比丘們：「從今以後，聽許僧眾為這居士行『學家〔註8〕白二羯磨』，這樣做：僧眾中當差遣能主持羯磨者⋯⋯如上，應這樣告白：

大德僧聽，此羅閱城中一居士家夫婦，得信為佛弟子，財物竭盡。若僧時到，僧忍聽僧今作學家羯磨，諸比丘不得在其家受食食。白如是。」

〔註8〕學家：《巴利律》作 sekhasammuti，有學的認定。有學，意謂雖能知見佛法，然尚有煩惱未斷，仍須修學，故名。

「大德僧聽，此羅閱城中一居士家夫婦，得信為佛弟子，財物竭盡。僧今與作學家羯磨，諸比丘不得在其家受食食。誰諸長老忍僧與彼居士作學家羯磨者，默然；誰不忍者，說。」

「僧已忍與彼居士作學家羯磨竟，僧忍，默然故，是事如是持。」

2. 佛制戒

「從今以後，跟比丘們結戒，為了這十句義……乃至使正法得以久住。想說戒者，應這樣說：

若比丘，知是學家，僧與作學家羯磨竟，而在其家受飲食食，當向餘比丘悔過言：『大德，我犯可呵法，我今向大德悔過』。是法名悔過法。」

這樣世尊跟比丘結戒。

3. 修訂前制

其中，比丘先已接受修學者之家的邀請，皆有疑惑，不敢前往。

佛說：「聽許先接受邀請者前往。」

那時，病比丘疑惑，不敢接受修學者之家的食物。

佛說：「從今以後，聽許病比丘們接受修學者之家的食物而食。」

那時，比丘們見施食者把食物置地給與，有疑惑，不敢取去，或他令人給，亦不敢接受。

佛說：「聽許接受。從今以後，應這樣說戒：

若先作學家羯磨，若比丘，於如是學家先不請，無病，自手受食食，是比丘應向餘比丘悔過言：『我犯可呵法，所不應為，我今向大德悔過』。是法名悔過法。」

4. 釋義

（1）比丘：意義如上文。

（2）學家：僧眾為行白二羯磨。

（3）居士家：如上文。

（4）病：亦如上文。如比丘，這修學者之家，僧眾先為行「學家羯磨」後，比丘先前沒受到邀請，又無病，於這修學者之家中，自行用手接受食物而食，每吞咽一口，波羅提提舍尼。

（三）兼制

比丘尼，突吉羅；式叉摩那、沙彌、沙彌尼，突吉羅。這叫做犯。

（四）開緣

不犯：或先前已接受邀請，或有病，或放置地上給與，或從他人受取，或修學者之家施與後財物仍多，無犯。

那修學者之家財物仍多，從僧眾乞求「解學家羯磨」，比丘們稟告佛，佛說：「如那修學者之家財物仍多，從僧眾乞求『解學家羯磨』，僧眾應為行白二羯磨解除。僧眾中應差遣能主持羯磨者……如上，應這樣告白：

大德僧聽，此羅閱城中有一居士夫婦，得信為佛弟子，好施財物竭盡，僧先與作學家羯磨。今財物還多，從僧乞解學家羯磨。若僧時到，僧忍聽僧今解學家羯磨。白如是。」

「大德僧聽，此羅閱城中一居士家夫婦，得信為佛弟子，好施財物竭盡，僧先與作學家羯磨。今財物還多，從僧乞解學家羯磨。僧今與彼居士解學家羯磨。誰諸長老忍僧與彼居士解學家羯磨者，默然；誰不忍者，說。」

「僧已忍與彼居士解學家羯磨竟，僧忍，默然故，是事如是持。」

這時，比丘們皆疑惑，不敢接受已行「解學家羯磨」的居士的食物，稟告佛。佛說：「從今以後，『聽諸比丘受食，無犯』。」

四、有難蘭若受食戒

提要：女人供養佛，為賊騷擾。

（一）制戒因緣

1. 盜賊騷擾

那時，佛在釋翅搜國迦維羅衛尼拘類園中。

舍夷城中的婦女們〔註9〕、俱梨〔註10〕女人們，拿飲食拜訪僧伽藍中行供養。

這時，盜賊〔註11〕們聽聞，於道路擾亂觸犯〔註12〕。

這時，比丘們聽聞，前往稟告世尊。

2. 佛規勸

世尊說：「從今以後，比丘們應對婦女們說：『切勿出去道路，有盜賊，令

〔註 9〕舍夷城……婦女：《巴利律》作 sākiyānī，釋迦族女。
〔註10〕俱梨：音譯詞。巴利語作 Koḷiyā，種族名。
〔註11〕盜賊：《巴利律》作 dāsaka，奴隸、奴僕。
〔註12〕擾亂觸犯：〔大〕原作「嬈觸」。《巴利律》作 pariyuṭṭhiṃsu，纏縛。

人恐懼』；如已出城，應說道：『切勿到僧伽藍中，道路有盜賊，令人恐懼』。」

（二）制戒內容

1. 佛制戒

「從今以後，跟比丘們結戒，為了這十句義……乃至使正法得以久住。想說戒者，應這樣說：

若比丘，在阿蘭若，有疑、恐怖〔註13〕處住，僧伽藍外不受食，僧伽藍內受食而食。當向餘比丘悔過言：『大德，我犯可呵法，我今向大德悔過』。是法名悔過法。」

這樣世尊跟比丘們結戒。

2. 修訂前制

那時，檀越們先前知道有懷疑、令人恐懼，仍然拿食物來；比丘們有疑惑，不敢接受食物。

佛說：「從今以後，聽許比丘們接受這樣的食物。」

這時，病比丘們也有疑惑，不敢接受這樣的食物。

佛說：「從今以後，聽許病比丘們接受這樣的食物。」

那時，有施主把食物置放地上給，或教人給，比丘們有疑惑，不敢接受。

佛說：「從今以後，聽許比丘們接受這樣的食物。從今以後，應這樣說戒：

若比丘，在阿蘭、若迥遠〔註14〕有疑、恐怖處；若比丘，在如是阿蘭若處住，先不語檀越，若僧伽藍外不受食，在僧伽藍內，無病、自手受食食者，應向餘比丘悔過言：『大德，我犯可呵法，我今向大德悔過』。是法名悔過法。」

3. 釋義

（1）比丘：意義如上文。

（2）阿蘭若處：離開村落五百弓，採遮摩羅國弓的度量。

（3）有疑、恐怖：懷疑有盜賊，令人恐懼。

（4）病：如上文所說。如阿蘭若比丘，住在這樣遙遠之處，如不先告訴檀越，於僧伽藍外不接受食物；在僧伽藍內，無病、自行用手接受食物而食，每吞咽一口，波羅提提舍尼。

〔註13〕恐怖：其他戒條有類似文句，但用詞不同：「捨墮‧有難蘭若離衣戒第29」作「恐懼」、「單墮‧與尼期行戒第27」作「畏怖」。

〔註14〕迥遠：遙遠。

（三）兼制

比丘尼，突吉羅；式叉摩那、沙彌、沙彌尼，突吉羅。這叫做犯。

（四）開緣

不犯：或先已告訴檀越，或有病，或放置地上給，或教人給；或來受教勅、聽法時，比丘私下有食物，今授與者，〔註15〕無犯。

〔註15〕這意謂比丘已有食物，施主來時拿來授與，並非施主帶來。

第七篇　眾　學

一、齊整著涅槃僧戒

（一）制戒因緣

1. 穿衣不整

那時，佛在舍衛國祇樹給孤獨園。

這時，六群比丘穿涅槃僧，或有時穿得太低，或有時穿得太高，或作象鼻形，或作多羅〔註1〕樹葉形，或有時細微摺疊〔註2〕。

居士們見到後，皆譏議嫌惡說：「這些沙門釋子，無有慚愧，向外自稱說：『我知道正法』，這樣何來有正法呢？為何穿涅槃僧，或有時太低，或有時太高，或有時作象鼻形，或作多羅樹葉形，或有時細微摺疊，仿似國王、長者、大臣、居士，仿似節會中戲笑、俳說〔註3〕人穿衣呢？」

這時，比丘們聽聞，其中有少欲知足、行頭陀、喜好學戒、知慚愧者，嫌惡斥責六群比丘說：「為何你們穿涅槃僧，或有時太低，或有時太高，或有時作象鼻形，或作多羅樹葉形，或有時細微摺疊呢？」

比丘們前往世尊之所，頭面禮足，坐在一旁，把這因緣全部稟告世尊。

2. 佛斥犯者

那時，世尊藉這因緣召集比丘僧眾，怒聲斥責六群比丘說：「你們做錯了！不合威儀、不合沙門法、不是清淨的行為、不是隨順佛法的行為，都不應做。

〔註1〕多羅：《巴利律》作 tāla，多羅樹、棕櫚樹。

〔註2〕細微摺疊：〔大〕原作「細襵」。

〔註3〕俳說：戲笑嘲謔的言辭。

為何你們穿涅槃僧，或有時太低，或有時太高，或作象鼻形，或作多羅樹葉形，或有時細微摺疊呢？」

（二）制戒內容

1. 佛制戒

世尊用無數方法怒聲斥責後，告訴比丘們說：「這些愚癡人啊！會引生多種有漏，最初犯本戒。從今以後，跟比丘們結戒，為了這十句義……乃至使正法得以久住。想說戒者，應這樣說：

當齊整〔註4〕著涅槃僧，式叉迦羅尼〔註5〕。」

2. 釋義

（1）比丘：意義如上文。

（2）不齊整著：

1）下著：繫帶在肚臍下。

2）高著：提起〔註6〕齊至膝部。

3）象鼻：前面垂下一衣角。

4）多羅樹葉：前面垂下兩衣角。

5）細襵：繞腰的布條摺疊，出現皺紋。

3. 違犯輕重

如比丘，太高穿、太低穿涅槃僧，或作象鼻形，或作多羅樹葉形，或有時細微摺疊，故意違犯，應懺突吉羅。因為故意做的緣故，犯非威儀、突吉羅；如非故意做，突吉羅。〔註7〕

（三）兼制

比丘尼，突吉羅；式叉摩那、沙彌、沙彌尼，突吉羅。這叫做犯。

（四）開緣

不犯：或某時有這樣的病〔註8〕：肚臍中生瘡，穿低些；或腳後跟〔註9〕生瘡，穿高些；或僧伽藍內，或村落外，或勞作時，或在道路行走，無犯。

〔註4〕齊整：《巴利律》作 parimaṇḍalaṃ，完全地。

〔註5〕式叉迦羅尼：音譯詞。《巴利律》作 sikkhā karaṇīyā，應當學。

〔註6〕提起：〔大〕原作「褰」。

〔註7〕犯非威儀、突吉羅，須向一比丘懺罪；僅犯突吉羅，自心悔責便可。

〔註8〕病：《巴利律》作 gilāna，生病的、病人。

〔註9〕後跟：〔大〕原作「蹲」。

二、齊整著三衣戒

（一）制戒因緣

1. 穿衣不整

那時，佛在舍衛國祇樹給孤獨園。

這時，六群比丘所穿之衣，或穿得太高，或穿得太低，或作象鼻形，或作多羅樹葉形，或細微摺疊。

長者們見到後，皆譏議嫌惡說：「這些沙門釋子，不知慚愧，向外自稱說：『我知道正法』，這樣何來有正法呢？為何穿衣，或穿得太高，或穿得太低，或作象鼻形，或作多羅樹葉形，或有時輕微摺疊，仿似國王、大臣、長者、居士種呢？」

這時，比丘們聽聞，其中有少欲知足、行頭陀、樂學戒、知慚愧者，嫌惡斥責六群比丘說：「為何你們穿三衣，或穿得太高，或穿得太低，或作象鼻形，或作多羅樹葉形，或輕微摺疊呢？」

這時，比丘們前往世尊之所，頭面禮足，坐在一旁，把這因緣全部稟告世尊。

2. 佛斥犯者

那時，世尊藉這因緣召集比丘僧眾，怒聲斥責六群比丘說：「你們做錯了！不合威儀、不合沙門法、不是清淨的行為、不是隨順佛法的行為，都不應做。為何你們穿衣，或穿得太高，或穿得太低，或作象鼻形，或作多羅樹葉形，或有時細微摺疊呢？」

（二）制戒內容

1. 佛制戒

世尊用無數方法怒聲斥責後，告訴比丘們說：「這些愚癡人啊！會引生多種有漏，最初犯本戒。從今以後，跟比丘們結戒，為了這十句義……乃至使正法得以久住。想說戒者，應這樣說：

當齊整著三衣〔註10〕，式叉迦羅尼。」

2. 釋義

（1）比丘：意義如上文。

〔註10〕三衣：《巴利律》作 pārupana，衣物。

（2）不齊：

1）下著衣：衣下垂過手肘，露出脅肋。

2）高著衣：高過腳後跟之上。

3）象鼻：衣下垂一角。

4）多羅樹葉：衣前面下垂兩角，後面提高。

5）細襵：細微摺疊，已包裹邊緣縫合〔註11〕。

3. 違犯輕重

如比丘，故意太高穿、太低穿衣，作象鼻形，或作多羅樹葉形，或有時細微摺疊，故意違犯，應懺突吉羅。因為故意做的緣故，犯非威儀、突吉羅；如非故意做，突吉羅。

（三）兼制

比丘尼，突吉羅；式叉摩那、沙彌、沙彌尼，突吉羅。這叫做犯。

（四）開緣

不犯：或某時有這樣的病：如某時肩臂生瘡，穿低些；或某時腳後跟生瘡，穿高些；或在僧伽藍內，或在村落外，或在道路行走、勞作時，無犯。

三、反抄衣戒〔註12〕

（一）制戒因緣

1. 反翻穿衣

那時，佛在舍衛國祇樹給孤獨園。

這時，六群比丘穿三衣行走，從前面反翻於後，入白衣舍〔註13〕。

居士們見到，皆一起譏議嫌惡說：「這些沙門釋子，不知慚愧，向外自稱說：『我秉持正法』，這樣有何正法呢？為何穿衣，從前面反翻於後，入白衣舍，仿似國王大臣長者、居士種呢？」

這時，比丘們聽聞，其中有少欲知足、行頭陀、樂學戒、知慚愧者，嫌惡斥責六群比丘說：「為何你們穿三衣行走，從前面反翻於後，入白衣舍呢？」

比丘們前往世尊之所，頭面禮足，坐在一旁，把這因緣全部稟告世尊。

〔註11〕 包裹邊緣縫合：〔大〕原作「安緣」。

〔註12〕 《巴利律》作第9戒。

〔註13〕 白衣舍：《巴利律》作 antaraghara，家中。

2. 佛斥犯者

那時，世尊藉這因緣召集比丘僧眾，怒聲斥責六群比丘說：「你們做錯了！不合威儀、不合沙門法、不是清淨的行為、不是隨順佛法的行為，都不應做。為何你們穿三衣，從前面反翻於後，入白衣舍呢？」

（二）制戒內容

1. 佛制戒

世尊用無數方法怒聲斥責後，告訴比丘們說：「這些愚癡人啊！會引生多種有漏，最初犯本戒。從今以後，跟比丘們結戒，為了這十句義……乃至使正法得以久住。想說戒者，應這樣說：

不得反抄〔註14〕衣行，入白衣舍，式又迦羅尼。」

2. 釋義

（1）比丘：意義如上文。

（2）白衣舍：村落便是。

（3）反抄衣：或左或右，把衣從前面反翻於後，覆於肩上。

3. 違犯輕重

如比丘，故意把衣，或左或右，從前面反翻於後，覆於肩上，白衣舍，故意違犯，應懺突吉羅。因為故意做的緣故，犯非威儀、突吉羅；如非故意做，犯突吉羅。

（三）兼制

比丘尼，突吉羅；式又摩那、沙彌、沙彌尼，突吉羅。這叫做犯。

（四）開緣

不犯：或某時有這樣的病：脅肋邊生瘡；或在僧伽藍內，或在村外，或在道路行走，或勞作時，無犯。

四、反抄衣坐戒〔註15〕

「不得反抄衣，入白衣舍坐，式又迦羅尼」。如上文。

〔註14〕反抄：《巴利律》作 ukkhittaka，被拉上的、被舉起者。本書譯寫作從前面反翻於後。

〔註15〕《巴利律》作第 10 戒。

五、衣纏頸戒

（一）制戒因緣

1. 用衣纏頸

那時，佛在舍衛國祇樹給孤獨園。

這時，六群比丘用衣纏頸，入白衣舍。

居士們見到後，皆譏議嫌惡說：「這些沙門釋子，不知慚愧，用衣纏頸，入白衣舍，仿似國王、大臣、長者、居士種。」

這時，比丘們聽聞，其中有少欲知足、行頭陀、喜好學戒、知慚愧者，嫌惡斥責六群比丘說：「你們為何用衣纏頸，入白衣舍呢？」

比丘們前往世尊之所，頭面禮足，坐在一旁，把這因緣全部稟告世尊。

2. 佛斥犯者

那時，世尊藉這因緣召集比丘僧眾，怒聲斥責六群比丘說：「你們做錯了！不合威儀、不合沙門法、不是清淨的行為、不是隨順佛法的行為，都不應做。為何你們用衣纏頸，入白衣舍呢？」

（二）制戒內容

1. 佛制戒

世尊用無數方法怒聲斥責六群比丘後，告訴比丘們：「這些愚癡人啊！會引生多種有漏，最初犯本戒。從今以後，跟比丘們結戒，為了這十句義……乃至使正法得以久住。想說戒者，應這樣說：

不得衣纏頸，入白衣舍，式叉迦羅尼。」

2. 釋義

（1）比丘：意義如上文。

（2）纏頸：全捉衣兩角擺放肩上。

3. 違犯輕重

故意用衣纏頸，入白衣舍，犯應懺突吉羅。因為故意做的緣故，犯非威儀、突吉羅；如非故意做，犯突吉羅。

（三）兼制

比丘尼，突吉羅；式叉摩那、沙彌、沙彌尼，突吉羅。這叫做犯。

（四）開緣

不犯：或某時有這樣的病：肩臂生瘡；或在僧伽藍內，或在村落外，或勞作時，或在道路上行走，無犯。

六、衣纏頸坐戒

「不得衣纏頸，入白衣舍坐，式又迦羅尼」。也是這樣。

七、覆頭戒〔註16〕

（一）制戒因緣

1. 覆頭入屋

那時，佛在舍衛國祇樹給孤獨園。

這時，六群比丘用衣覆蓋頭，入白衣舍。

居士們見到後，皆譏議嫌惡說：「這些沙門釋子，不知慚愧，向外自稱說：『我知道正法』，這樣何來有正法呢？用衣覆蓋頭行走，仿似盜賊。」

這時，比丘們聽聞，其中有少欲知足、行頭陀、喜好學戒、知慚愧者，嫌惡斥責六群比丘言：「你們為何把衣覆蓋頭，入白衣舍呢？」

比丘們前往世尊之所，頭面禮足，坐在一旁，把這因緣全部稟告世尊。

2. 佛斥犯者

那時，世尊藉這因緣召集比丘僧眾，怒聲斥責六群比丘說：「你們做錯了！不合威儀、不合沙門法、不是清淨的行為、不是隨順佛法的行為，都不應做。為何你們用衣覆蓋頭，入白衣舍呢？」

（二）制戒內容

1. 佛制戒

世尊用無數方法怒聲斥責六群比丘後，告訴比丘們說：「這些愚癡人啊！會引生多種有漏，最初犯本戒。從今以後，跟比丘們結戒，為了這十句義……乃至使正法得以久住。想說戒者，應這樣說：

不得覆〔註17〕頭，入白衣舍，式又迦羅尼。」

2. 釋義

（1）比丘：意義如上文。

〔註16〕《巴利律》作第23戒。
〔註17〕覆：《巴利律》作 oguṇṭhetia，覆蓋、纏、包。

（2）白衣舍：村落。

（3）覆頭：或用樹葉，或用碎段物〔註18〕。

3. 違犯輕重

或用衣覆蓋頭行走，入白衣舍，故意違犯，應懺突吉羅。因為故意做的緣故，犯非威儀、突吉羅；如非故意做，犯突吉羅。

（三）兼制

比丘尼，突吉羅；式叉摩那、沙彌、沙彌尼，突吉羅。這叫做犯。

（四）開緣

不犯：或某時有這樣的病：如某時患寒病，或頭上生瘡；或性命有危險、梵行受威脅，覆蓋頭而行走，無犯。

八、覆頭坐戒〔註19〕

「不得覆頭，入白衣舍坐，式叉迦羅尼」。也是這樣。

九、跳行戒

（一）制戒因緣

1. 跳行入舍

那時，佛在舍衛國祇樹給孤獨園。

這時。六群比丘跳行，入白衣舍。

居士們見到後，皆譏議嫌惡說：「這些沙門釋子，不知慚愧，向外自稱說：『我知道正法』，這樣何來有正法呢？跳行入舍，仿似雀鳥。」

比丘們聽聞，其中有少欲知足、行頭陀、喜好學戒、知慚愧者，嫌惡斥責六群比丘說：「你們為何跳行，入白衣舍呢？」

比丘們前往世尊之所，頭面禮足，坐在一旁，把這因緣全部稟告世尊。

2. 佛斥犯者

那時，世尊藉這因緣召集比丘僧眾，怒聲斥責六群比丘說：「你們做錯了！不合威儀、不合沙門法、不是清淨的行為、不是隨順佛法的行為，都不應做。為何你們跳行入白衣舍呢？」

〔註18〕碎段物：雜碎但仍成一段的物件。
〔註19〕《巴利律》作第24戒。

（二）制戒內容

1. 佛制戒

世尊用無數方法怒聲斥責後，告訴比丘們：「這些愚癡人啊！會引生多種有漏，最初犯本戒。從今以後，跟比丘們結戒，為了這十句義⋯⋯乃至使正法得以久住。想說戒者，應這樣說：

不得跳行，入白衣舍，式叉迦羅尼。」

2. 釋義

（1）比丘：意義如上文。

（2）白衣舍：如上文。

（3）跳行：雙腳跳。

3. 違犯輕重

如比丘，故意跳行，入白衣舍，違犯應懺突吉羅。因為故意做的緣故，犯非威儀、突吉羅；如非故意做，犯突吉羅。

（三）兼制

比丘尼，突吉羅；式叉摩那、沙彌、沙彌尼，突吉羅。這叫做犯。

（四）開緣

不犯：或某時有這樣的病；或為人所打；或有賊，或有惡獸，或有棘刺，或渡渠，或渡坑溝，或渡泥巴，而跳過，無犯。

十、跳行坐戒

「不得跳行，入白衣舍坐，式叉迦羅尼」。也是這樣。

十一、蹲坐戒 〔註20〕

（一）制戒因緣

1. 舍內蹲坐

那時，佛在舍衛國祇樹給孤獨園。

這時，有居士請僧眾，想設飲食，即於當夜籌辦充足珍饈美食，晨朝前往稟告時間已到。

〔註20〕或即《巴利律》第 26 戒。

這時，比丘們，在時間到了，穿衣持鉢，拜訪居士家，走到座位而坐下。

這時，六群比丘在白衣舍內蹲下坐，鄰座比丘用手觸踫，即時倒下，露出形體。

居士們見到，譏議嫌惡說：「這些沙門釋子，不知慚愧，向外自稱說：『我知道正法』，這樣何來有正法呢？在舍內蹲下，仿似裸形婆羅門。」

這時，比丘們聽聞，其中有少欲知足、行頭陀、喜好學戒、知慚愧者，嫌惡斥責六群比丘說：「你們為何在白衣舍內蹲下坐呢？」

比丘們前往世尊之所，頭面禮足，坐在一旁，把這因緣全部稟告世尊。

2. 佛斥犯者

那時，世尊藉這因緣召集比丘僧眾，怒聲斥責六群比丘說：「你們做錯了！不合威儀、不合沙門法、不是清淨的行為、不是隨順佛法的行為，都不應做。為何你們在白衣舍內蹲下坐呢？」

（二）制戒內容

1. 佛制戒

世尊用無數方法怒聲斥責後，告訴比丘們：「這些愚癡人啊！會引生多種有漏，最初犯本戒。從今以後，跟比丘們結戒，為了這十句義……乃至使正法得以久住。想說戒者，應這樣說：

不得白衣舍內蹲坐〔註21〕，式叉迦羅尼。」

2. 釋義

（1）比丘：意義如上文。

（2）白衣舍：如上文。

（3）蹲坐：或在地，或在床上，屁股不貼地。

3. 違犯輕重

如比丘，故意在白衣舍內蹲坐，違犯應懺突吉羅。因為故意做的緣故，犯非威儀、突吉羅；如非故意做，犯突吉羅。

（三）兼制

比丘尼，突吉羅；式叉摩那、沙彌、沙彌尼，突吉羅。這叫做犯。

〔註21〕蹲坐：《巴利律》作 pallattha，或蹲，或坐，或懶洋洋靠著。

（四）開緣

不犯：或某時有這樣的病：如屁股〔註22〕邊生瘡；或有所給與，或作禮，或懺悔，或接受教誡，〔註23〕無犯。

十二、叉腰戒〔註24〕

（一）制戒因緣

1. 叉腰入舍

那時，佛在舍衛國祇樹給孤獨園。

這時，六群比丘手叉腰行走，入白衣舍。

這時，居士們見到，皆譏議嫌惡說：「沙門釋子，不知慚愧，向外自稱說：『我知道正法』，這樣何來有正法呢？仿似世俗人新婚嫁娶，得志驕恣。」

這時，比丘們聽聞，其中有少欲知足、行頭陀、喜好學戒、知慚愧者，嫌惡斥責六群比丘說：「你們為何這樣手叉腰行走，入白衣舍呢？」

當時，比丘們前往世尊之所，頭面禮足，坐在一旁，把這因緣全部稟告世尊。

2. 佛斥犯者

那時，世尊藉這因緣召集比丘僧眾，怒聲斥責六群比丘說：「你們做錯了！不合威儀、不合沙門法、不是清淨的行為、不是隨順佛法的行為，都不應做。為何你們手叉腰行走，入白衣舍呢？」

（二）制戒內容

1. 佛制戒

世尊用無數方法怒聲斥責後，告訴比丘們：「這些愚癡人啊！會引生多種有漏，最初犯本戒。從今以後，跟比丘們結戒，為了這十句義……乃至使正法得以久住。想說戒者，應這樣說：

不得叉腰〔註25〕行，入白衣舍，式叉迦羅尼。」

2. 釋義

（1）比丘：意義如上文。

〔註22〕屁股：〔大〕原作「尻」。
〔註23〕由有所給與至接受教誡四事，需身處較低位置，故蹲下無犯。
〔註24〕《巴利律》作第21戒。
〔註25〕叉腰：《巴利律》作 khambhakata，兩手叉腰的。

（2）白衣舍：如上文。

（3）叉腰：用手叉腰，兩肘有如狹長型的筐器。〔註26〕

3. 違犯輕重

如比丘，故意叉腰行，入白衣舍，違犯應懺突吉羅。因為故意做的緣故，犯非威儀、突吉羅；如非故意做，犯突吉羅。

（三）兼制

比丘尼，突吉羅；式叉摩那、沙彌、沙彌尼，突吉羅。這叫做犯。

（四）開緣

不犯：或某時有這樣的病：脅肋下生瘡；或在僧伽藍內，或在村落外，或勞作時，或在道路行走，無犯。

十三、叉腰坐戒〔註27〕

「不得手叉腰，入白衣舍坐，式叉伽羅尼；手叉腰，匡肘，白衣舍，妨比坐〔註28〕」。也是這樣。

十四、搖身戒〔註29〕

（一）制戒因緣

1. 搖身入舍

那時，佛在舍衛國祇樹給孤獨園。

這時，六群比丘搖身行走，入白衣舍。

這時，居士們見到，皆譏議嫌惡說：「這些沙門釋子，不知慚愧，向外自稱說：『我知道正法』，這樣何來有正法呢？搖身行走，入白衣舍，仿似國王、大臣。」

這時，比丘們聽聞，其中有少欲知足、行頭陀、喜好學戒、知慚愧者，嫌惡斥責六群比丘說：「你們為何搖身行走，入白衣舍呢？」

比丘們前往世尊之所，頭面禮足，坐在一旁，把這因緣全部稟告世尊。

2. 佛斥犯者

那時，世尊藉這因緣召集比丘僧眾，怒聲斥責六群比丘說：「你們做錯了！

〔註26〕兩肘有如狹長型的筐器：意謂兩手擺出這種形態會妨礙鄰座。

〔註27〕《巴利律》作第 22 戒

〔註28〕比坐：這詞亦見於下第 34 戒，相對應《巴利律》作 para，在另一邊、其他的。

〔註29〕《巴利律》作第 15 戒。

不合威儀、不合沙門法、不是清淨的行為、不是隨順佛法的行為，都不應做。為何你們搖身趨〔註30〕前行，入白衣舍呢？」

（二）制戒內容

1. 佛制戒

世尊用無數方法怒聲斥責後，告訴比丘們：「這些愚癡人啊！會引生多種有漏，最初犯本戒。從今以後，跟比丘們結戒，為了這十句義……乃至使正法得以久住。想說戒者，應這樣說：

不得搖身〔註31〕行，入白衣舍，式叉迦羅尼。」

2. 釋義

（1）比丘：意義如上文。

（2）白衣舍：如上文。

（3）搖身：左右彎曲身體〔註32〕趨前行走。

3. 違犯輕重

如比丘，故意搖身左右，彎曲身體趨前行走，入白衣舍，違犯應懺突吉羅。因為故意做的緣故，犯非威儀、突吉羅；如非故意做，犯突吉羅。

（三）兼制

比丘尼，突吉羅；式叉摩那、沙彌、沙彌尼，突吉羅。這叫做犯。

（四）開緣

不犯：或某時有這樣的病；或某時為人所打，彎曲身體迴避杖；或惡象來，或被賊，或獅子、惡獸所觸蹹，或遭逢擔棘刺人，這樣的事，彎曲身體迴避，或渡坑渠、泥水處，於中搖身過來；或某時著衣迴轉身體，察看穿衣是否齊整呢？是否犯穿得太高或太低呢？是否作象鼻形、作多羅樹葉形、細微摺疊呢？這樣迴轉身體察看，無犯。

十五、搖身坐戒〔註33〕

「不得搖身行，入白衣舍坐，式叉迦羅尼」。也是這樣。

〔註30〕趨：〔大〕原作「趍」，古二字同。
〔註31〕搖身：《巴利律》作 kāyappacālakaṃ，身體動搖地。
〔註32〕彎曲身體：〔大〕原作「戾身」。
〔註33〕《巴利律》作第 16 戒。

十六、掉臂戒 〔註34〕

（一）制戒因緣

1. 甩臂入舍

那時，世尊在舍衛國祇樹給孤獨園。

這時，六群比丘甩動手臂行走，入白衣舍。

這時，居士們見到，皆譏議嫌惡說：「這些沙門釋子，不知慚愧，向外自稱說：『我知道正法』，這樣何來有正法呢？今甩動手臂行走，入白衣舍，仿似國王、大臣、長者、居士種。」

這時，比丘們聽聞，其中有少欲知足、行頭陀、喜好學戒、知慚愧者，嫌惡斥責六群比丘言：「你們為何甩動手臂行走，入白衣舍呢？」

比丘們怒聲斥責後，前往世尊之所，頭面禮足，坐在一旁，把這因緣全部稟告世尊。

2. 佛斥犯者

那時，世尊藉這因緣召集比丘僧眾，怒聲斥責六群比丘說：「你們做錯了！不合威儀、不合沙門法、不是清淨的行為、不是隨順佛法的行為，都不應做。為何你們甩動手臂行走，入白衣舍呢？」

（二）制戒內容

1. 佛制戒

世尊用無數方法怒聲斥責六群比丘後，告訴比丘們：「這些愚癡人啊！會引生多種有漏，最初犯本戒。從今以後，跟比丘們結戒，為了這十句義……乃至使正法得以久住。想說戒者，應這樣說：

不得掉臂〔註35〕行，入白衣舍，式叉迦羅尼。」

2. 釋義

（1）比丘：意義如上文。

（2）掉臂：垂下手臂，向前向後甩動。

3. 違犯輕重

如比丘，故意甩動手臂行走，入白衣舍，違犯應懺突吉羅。因為故意做的緣故，犯非威儀、突吉羅；如非故意做，犯突吉羅。

〔註34〕《巴利律》作第 17 戒。
〔註35〕掉臂：《巴利律》作 bāhuppacālaka，揮動手腕的。

（三）兼制

比丘尼，突吉羅；式叉摩那、沙彌、沙彌尼，突吉羅。這叫做犯。

（四）開緣

不犯：或某時有這樣的病；或為人所打，舉手遮擋；或遇到暴象過來，或獅子、惡獸、盜賊，或遭逢擔棘刺人過來，舉手遮擋；或浮渡河水，或跳渡坑渠，或泥水，或一起結伴行走，趕不上同伴，舉手招喚，無犯。

十七、掉臂坐戒〔註36〕

坐下也是這樣。

十八、覆身戒〔註37〕

（一）制戒因緣

1. 露體入舍

那時，佛在舍衛國祇樹給孤獨園。

這時，六群比丘不妥善地覆蓋身體行走，入白衣舍。

這時，居士們見到，皆譏議嫌惡說：「這些沙門釋子，不知慚愧，所著衣服，不妥善地覆蓋身體行走，入白衣舍，仿似婆羅門。」

這時，比丘們聽聞，其中有少欲知足、行頭陀、喜好學戒、知慚愧者，嫌惡斥責六群比丘說：「你們為何不妥善地覆蓋身體行走，入白衣舍呢？」

比丘們前往世尊之所，頭面禮足，坐在一旁，把這因緣全部稟告世尊。

2. 佛斥犯者

那時，世尊藉這因緣召集比丘僧眾，怒聲斥責六群比丘說：「你們做錯了！不合威儀、不合沙門法、不是清淨的行為、不是隨順佛法的行為，都不應做。為何你們穿衣，不妥善地覆蓋身體行走，入白衣舍呢？」

（二）制戒內容

1. 佛制戒

這時，世尊用無數方法怒聲斥責後，告訴比丘們：「這些愚癡人啊！會引生多種有漏，最初犯本戒。從今以後，跟比丘們結戒，為了這十句義……乃至

〔註36〕《巴利律》作第18戒。
〔註37〕《巴利律》作第3戒。

使正法得以久住。想說戒者，應這樣說：

好覆身〔註38〕，入白衣舍，式叉迦羅尼。」

2. 釋義

（1）比丘：意義如上文。

（2）白衣舍：村落。

（3）不好覆身：身體各處裸露。

3. 違犯輕重

如比丘，故意不妥善覆蓋身體行走，入白衣舍，違犯應懺突吉羅。因為故意做的緣故，犯非威儀、突吉羅；如非故意做，犯突吉羅。

（三）兼制

比丘尼，突吉羅；式叉摩那、沙彌、沙彌尼，突吉羅。這叫做犯。

（四）開緣

不犯：或某時有這樣的病，或某時被繫縛，或風吹衣離開身體，無犯。

十九、覆身坐戒〔註39〕

坐下也是這樣。

二十、左右顧視戒〔註40〕

（一）制戒因緣

1. 左右望入舍

那時，佛在舍衛國祇樹給孤獨園。

這時，六群比丘左望右望行走，入白衣舍。

居士們見到，皆譏議嫌惡說：「這些沙門釋子，不知慚愧，向外自稱說：『我知道正法』，這樣何來有正法呢？仿似盜竊人，左望右望行走，入白衣舍。」

這時，比丘們聽聞，其中有少欲知足、行頭陀、喜好學戒、知慚愧者，嫌惡斥責六群比丘言：「你們為何左望右望行走，入白衣舍呢？」

〔註38〕好覆身：《巴利律》作 supaṭicchanna，善於覆蓋。

〔註39〕《巴利律》作第 4 戒。

〔註40〕或《巴利律》第 7 戒。

當時，比丘們前往世尊之所，頭面禮足，坐在一旁，把這因緣全部稟告世尊。

2. 佛斥犯者

那時，世尊藉這因緣召集比丘僧眾，怒聲斥責六群比丘說：「你們做錯了！不合威儀、不合沙門法、不是清淨的行為、不是隨順佛法的行為，都不應做。為何你們左望右望行走，入白衣舍呢？」

（二）制戒內容

1. 佛制戒

世尊用無數方法怒聲斥責六群比丘後，告訴比丘們說：「這些愚癡人啊！會引生多種有漏，最初犯本戒。從今以後，跟比丘們結戒，為了這十句義……乃至使正法得以久住。想說戒者，應這樣說：

不得左右顧視〔註41〕行，入白衣舍，式叉迦羅尼。」

2. 釋義

（1）比丘：意義如上文。

（2）白衣舍：村落。

（3）左右顧視：到處看。

3. 違犯輕重

如比丘，故意左望右望行走，入白衣舍，違犯應懺突吉羅。因為故意做的緣故，犯非威儀、突吉羅；如非故意做，犯突吉羅。

（三）兼制

比丘尼，突吉羅；式叉摩那、沙彌、沙彌尼，突吉羅。這叫做犯。

（四）開緣

不犯：或某時有這樣的病，或仰望日光時節；或性命有危險、梵行受威脅，向左右各處，尋求便捷的道路，想逃走，無犯。

二十一、左右顧視坐戒〔註42〕

坐下也是這樣。

〔註41〕左右顧視：《巴利律》作 okkhittacakkhu，眼向下望。

〔註42〕或《巴利律》第 8 戒。

二十二、靜默戒〔註43〕

（一）制戒因緣

1. 大叫入舍

那時，佛在舍衛國祇樹給孤獨園。

這時，六群比丘高聲大叫〔註44〕行走，入白衣舍。

這時，居士們見到，皆譏議嫌惡說：「這些沙門釋子，不知慚愧，接受和索取皆不滿足，向外自稱說：『我知道正法』，這樣何來有正法呢？高聲大叫，仿似婆羅門眾。」

這時，比丘們聽聞，其中有少欲知足、行頭陀、喜好學戒、知慚愧者，嫌惡斥責六群比丘說：「你們為何高聲入白衣舍呢？」

比丘們前往世尊之所，頭面禮足，坐在一旁，把這因緣全部稟告世尊。

2. 佛斥犯者

那時，世尊藉這因緣召集比丘僧眾，怒聲斥責六群比丘說：「你們做錯了！不合威儀、不合沙門法、不是清淨的行為、不是隨順佛法的行為，都不應做。為何你們高聲入白衣舍呢？」

（二）制戒內容

1. 佛制戒

世尊用無數方法怒聲斥責六群比丘後，告訴比丘們：「這些愚癡人啊！會引生多種有漏，最初犯本戒。從今以後，跟比丘們結戒，為了這十句義……乃至使正法得以久住。想說戒者，應這樣說：

靜默〔註45〕入白衣舍，式叉迦羅尼。」

2. 釋義

（1）比丘：意義如上文。

（2）不靜默：高聲大叫，或囑咐，或高聲唱說施食。

3. 違犯輕重

如他故意高聲大喚，違犯應懺突吉羅。因為故意做的緣故，犯非威儀、突

〔註43〕《巴利律》作第 13 戒。

〔註44〕高聲大叫：〔大〕原作「高聲大喚」。《巴利律》作 uccāsadda（高聲、吵雜）、mahāsadda（大聲）。

〔註45〕靜默：《巴利律》作 appasadda，少聲、無聲。

吉羅；如非故意做，犯突吉羅。

（三）兼制

比丘尼，突吉羅；式叉摩那、沙彌、沙彌尼，突吉羅。這叫做犯。

（四）開緣

不犯：或某時有這樣的病；或耳聾不聽聞聲，須高聲叫；或高聲囑咐，或高聲唱說施食；或性命有危險、梵行受威脅，高聲而走，無犯。

二十三、靜默坐戒〔註46〕

坐下也是這樣。

二十四、戲笑戒〔註47〕

（一）制戒因緣

1. 戲笑入舍

那時，佛在舍衛國祇樹給孤獨園。

這時，六群比丘戲笑行走，入白衣舍。

這時，居士們見到，皆譏議嫌惡說：「這些沙門釋子，不知慚愧，接受和索取皆不滿足，向外自稱說：『我知道正法』，這樣何來有正法呢？戲笑行走，入白衣舍，仿似獼猴。」

這時，比丘們聽聞，其中有少欲知足、行頭陀、喜好學戒、知慚愧者，嫌惡斥責六群比丘言：「為何你們戲笑行走，入白衣舍呢？」

當時，比丘們前往世尊之所，頭面禮足，坐在一旁，把這因緣全部稟告世尊。

2. 佛斥犯者

那時，世尊藉這因緣召集比丘僧眾，怒聲斥責六群比丘說：「你們做錯了！不合威儀、不合沙門法、不是清淨的行為、不是隨順佛法的行為，都不應做。為何你們戲笑行走，入白衣舍呢？」

（二）制戒內容

1. 佛制戒

〔註46〕《巴利律》作第 14 戒。
〔註47〕《巴利律》作第 11 戒。

世尊用無數方法怒聲斥責六群比丘後，告訴比丘們：「這些愚癡人啊！會引生多種有漏，最初犯本戒。從今以後，跟比丘們結戒，為了這十句義……乃至使正法得以久住。想說戒者，應這樣說：

不得戲笑〔註48〕行，入白衣舍，式叉迦羅尼。」

2. 釋義

（1）比丘：意義如上文。

（2）戲笑：露齒而笑。

3. 違犯輕重

如比丘，故意戲笑行走，入白衣舍，違犯應懺突吉羅。因為故意做的緣故，犯非威儀、突吉羅；如非故意做，犯突吉羅。

（三）兼制

比丘尼，突吉羅；式叉摩那、沙彌、沙彌尼，突吉羅。這叫做犯。

（四）開緣

不犯：或某時有這樣的病：如唇痛不能覆掩牙齒；或憶念佛法，歡喜而笑，無犯。

二十五、戲笑坐戒〔註49〕

坐下也是這樣。

二十六、用意受食戒〔註50〕

（一）制戒因緣

1. 棄置羹飯

那時，佛在舍衛國祇樹給孤獨園。

這時，有居士請僧眾供養飲食，即於當夜籌辦充足各種美食，晨朝前往，稟告時間已到。

這時，比丘們穿衣持鉢，拜訪居士家，走到座位而坐下，居士親手添加各種飲食。

〔註48〕戲笑：《巴利律》作 ujjagghikā，大笑。
〔註49〕《巴利律》作第 12 戒。
〔註50〕《巴利律》作第 27 戒。

六群比丘，不用心接受飲食，棄置羹、飯。

這時，居士們見到後，互相說道：「這些沙門釋子，不知慚愧，接受和索取皆不滿足，向外自稱說：『我知道正法』，這樣何來有正法呢？為何不用心接受飲食呢？貪心多接受，有如穀貴的時世〔註51〕。」

這時，比丘們聽聞，其中有少欲知足、行頭陀、喜好學戒、知慚愧者，嫌惡斥責六群比丘說：「你們為何不用心接受食物呢？」

比丘們前往世尊之所，頭面禮足，坐在一旁，把這因緣全部稟告世尊。

2. 佛斥犯者

那時，世尊藉這因緣召集比丘僧眾，怒聲斥責六群比丘說：「你們做錯了！不合威儀、不合沙門法、不是清淨的行為、不是隨順佛法的行為，都不應做。為何你們不用心接受飲食，而棄置羹、飯呢？」

（二）制戒內容

1. 佛制戒

世尊用無數方法怒聲斥責後，告訴比丘們：「這些愚癡人啊！會引生多種有漏，最初犯本戒。從今以後，跟比丘們結戒，為了這十句義……乃至使正法得以久住。想說戒者，應這樣說：

用意〔註52〕受食，式叉迦羅尼。」

2. 釋義

（1）比丘：意義如上文。

（2）不用意受食：棄置羹、飯食。

3. 違犯輕重

如比丘，故意不用心接受食物，違犯應懺突吉羅。因為故意做的緣故，犯非威儀、突吉羅；如非故意做，犯突吉羅。

（三）兼制

比丘尼，突吉羅；式叉摩那、沙彌、沙彌尼，突吉羅。這叫做犯。

（四）開緣

不犯：或某時有這樣的病；或鉢小的緣故，食時棄落飯；或還跌在枅上，

〔註51〕世間穀貴之時，乞食困難，比丘或會乘機多乞飲食。
〔註52〕用意：《巴利律》作 sakkaccaṃ，恭敬地。

無犯。

二十七、平鉢受飯戒〔註53〕

（一）制戒因緣

1. 受食滿瀉

那時，佛在舍衛國祇樹給孤獨園。

這時，有居士請僧眾，安排飯食，即於當夜籌辦充足飲食，晨朝前往，稟告時間已到。

這時，比丘們，在時間到了，穿衣持鉢，前往居士家，走到座位而坐下。

這時，居士親手倒放羹、飯，六群比丘接受食物，滿溢鉢頭，棄置羹、飯。

這時，居士們見到後，皆譏議嫌惡說：「這些沙門釋子，不知慚愧，接受和索取皆不滿足，向外自稱說：『我知道正法』，這樣何來有正法呢？接受食物，滿溢鉢頭，仿似飢餓之人貪多。」

這時，比丘們聽聞，其中有少欲知足、行頭陀、喜好學戒、知慚愧者，嫌惡斥責六群比丘說：「你們為何接受食物，滿溢鉢頭，棄置羹、飯呢？」

比丘們前往世尊之所，頭面禮足，坐在一旁，把這因緣全部稟告世尊。

2. 佛斥犯者

那時，世尊藉這因緣召集比丘僧眾，怒聲斥責六群比丘說：「你們做錯了！不合威儀、不合沙門法、不是清淨的行為、不是隨順佛法的行為，都不應做。為何你們接受食物，滿溢鉢頭，棄置羹、飯呢？」

（二）制戒內容

1. 佛制戒

世尊用無數方法怒聲斥責六群比丘後，告訴比丘們：「這些愚癡人啊！會引生多種有漏，最初犯本戒。從今以後，跟比丘們結戒，為了這十句義……乃至使正法得以久住。想說戒者，應這樣說：

當平〔註54〕鉢受食，式叉迦羅尼。」

2. 釋義

（1）比丘：意義如上文。

〔註53〕《巴利律》作第 30 戒。
〔註54〕平：《巴利律》作 samatitthika，到邊緣為止的。

（2）不平鉢：溢滿〔註55〕。

3. 違犯輕重

如比丘，故意不齊平鉢頭，接受食物，違犯應懺突吉羅。因為故意做的緣故，犯非威儀、突吉羅；如非故意做，犯突吉羅。

（三）兼制

比丘尼，突吉羅；式叉摩那、沙彌、沙彌尼，突吉羅。這叫做犯。

（四）開緣

不犯：或某時有這樣的病，或某時鉢頭小，或某時還跌在枮上，無犯。

二十八、平鉢受羹戒〔註56〕

（一）制戒因緣

1. 取飯太多

那時，佛在舍衛國祇樹給孤獨園。

這時，有居士請眾僧，想安排飯食，即於當夜籌辦充足食物，明日前往稟告時間已到。

這時，比丘們穿衣持鉢，前往居士家，走到座位而坐下。

這時，居士親手倒放各種飲食、羹、飯，六群比丘取飯過多，不能再容納羹。

這時，居士們見到後，皆譏議嫌惡說：「這些沙門釋子，不知慚愧，接受和索取皆不滿足，向外自稱說：『我知道正法』，這樣何來有正法呢？受飯過多，不能再容納羹，仿似飢餓貪食之人。」

比丘們聽聞，其中有少欲知足、行頭陀、喜好學戒、知慚愧者，嫌惡斥責六群比丘說：「為何你們受飯食過多不能再容納羹呢？」

比丘們前往世尊之所，頭面禮足，坐在一旁，把這因緣全部稟告世尊。

2. 佛斥犯者

那時，世尊藉這因緣召集比丘僧眾，怒聲斥責六群比丘說：「你們做錯了！不合威儀、不合沙門法、不是清淨的行為、不是隨順佛法的行為，都不應做。為何你們受飯過多不能再容納羹呢？」

〔註55〕溢滿：《巴利律》作 thūpikata，堆成尖頂的。
〔註56〕或即《巴利律》第 29 戒。

（二）制戒內容

1. 佛制戒

世尊用無數方法怒聲斥責那比丘後，告訴比丘們說：「這些愚癡人啊！會引生多種有漏，最初犯本戒。從今以後，跟比丘們結戒，為了這十句義……乃至使正法得以久住。想說戒者，應這樣說：

平鉢受羹，式叉迦羅尼。」

2. 釋義

（1）比丘：意義如上文。

3. 違犯輕重

那比丘，故意不齊平鉢頭接受羹，違犯應懺突吉羅。因為故意做的緣故，犯非威儀、突吉羅；如非故意做，犯突吉羅。

（三）兼制

比丘尼，突吉羅；式叉摩那、沙彌、沙彌尼，突吉羅。這叫做犯。

（四）開緣

不犯：或某時有這樣的病；或某時鉢小，食物墮落枅上；或同等接受〔註57〕，無犯。

二十九、羹飯等食戒〔註58〕

（一）制戒因緣

1. 不併食飯羹

那時，佛在舍衛國祇樹給孤獨園。

這時，有居士請眾僧，供養飯食，即於當夜籌辦充足各種珍饈，晨朝前往，稟告時間已到。

這時，比丘們，在時間到了，穿衣持鉢，前往居士家，走到座位而坐下，居士親手倒放各種飲食及羹。

這時，居士盛飯〔註59〕後，入內取羹；不久取羹返回，六群比丘已食完飯。

居士問道：「飯在何處呢？」

〔註57〕這意謂等量接受飯和羹。

〔註58〕《巴利律》作第34戒。

〔註59〕盛飯：〔大〕原作「下飯」。

比丘報說：「我已食完。」

這時，居士分羹後，又去取飯；不久飯返回，食羹已盡。

居士問道：「羹在何處呢？」

比丘報說：「我已食完。」

這時，居士們便嫌惡說：「沙門釋子，不知慚愧，接受不滿足，向外自稱說：『我知道正法』，這樣何來有正法呢？飯至羹未至，飯已食完；羹至飯未至，羹已食完，仿似飢餓之人。」

比丘們聽聞，其中有少欲知足、行頭陀、喜好學戒、知慚愧者，嫌惡斥責六群比丘說：「你們為何受飯羹未至，飯已食完；羹至飯未至，羹已食完呢？」

比丘們前往世尊之所，頭面禮足，坐在一旁，把這因緣全部稟告世尊。

2. 佛斥犯者

那時，世尊藉這因緣召集比丘僧眾，怒聲斥責六群比丘說：「你們做錯了！不合威儀、不合沙門法、不是清淨的行為、不是隨順佛法的行為，都不應做。為何你們受飯羹未至，飯已食完；羹至飯未至，羹已食完呢？」

（二）制戒內容

1. 佛制戒

世尊用無數方法怒聲斥責六群比丘後，告訴比丘們：「這些愚癡人啊！會引生多種有漏，最初犯本戒。從今以後，跟比丘們結戒，為了這十句義……乃至使正法得以久住。想說戒者，應這樣說：

羹、飯等食，式叉迦羅尼。」

2. 釋義

（1）比丘：意義如上文。

（2）不等：飯至羹未至，飯已食完；羹至飯未至，羹已食完。

3. 違犯輕重

如比丘，故意一併食羹、飯，違犯應懺突吉羅。因為故意做的緣故，犯非威儀、突吉羅；如非故意做，犯突吉羅。

（三）兼制

比丘尼，突吉羅；式叉摩那、沙彌、沙彌尼，突吉羅。這叫做犯。

（四）開緣

不犯：或某時有這樣的病，或某時正需要飯不需要羹，或某時正需要羹不需要飯，或日中快過；或性命有危險、梵行受威脅，急速食，無犯。

三十、以次食戒〔註60〕

（一）制戒因緣

1. 亂取鉢食

那時，佛在舍衛國祇樹給孤獨園。

這時，有居士請僧眾，供養飯食，即於當夜籌辦充足各種美味飲食，晨朝前往，稟告時間已到。

這時，比丘們穿衣持鉢，拜訪居士家，走到座位而坐下。

這時，居士親手倒放飲食。

這時，六群比丘不依次第取食而食。

這時，居士們見到後，皆譏議嫌惡說：「這些沙門釋子，不知慚愧，接受和索取皆不滿足，向外自稱說：『我知道正法』，這樣何來有正法呢？不依次第接受食物而食，譬如豬、狗的食相，也如牛、驢、烏鳥的食相。」

這時，比丘們聽聞，其中有少欲知足、行頭陀、喜好學戒、知慚愧者，嫌惡斥責六群比丘說：「你們為何不依次第接受食物呢？」

比丘們前往世尊之所，頭面禮足，坐在一旁，把這因緣全部稟告世尊。

2. 佛斥犯者

那時，世尊藉這因緣召集比丘僧眾，怒聲斥責六群比丘說：「你們做錯了！不合威儀、不合沙門法、不是清淨的行為、不是隨順佛法的行為，都不應做。為何你們不依次第食呢？」

（二）制戒內容

1. 佛制戒

世尊用無數方法怒聲斥責那比丘後，告訴比丘們：「這些愚癡人啊！會引生多種有漏，最初犯本戒。從今以後，跟比丘們結戒，為了這十句義……乃至使正法得以久住。想說戒者，應這樣說：

以次〔註61〕食，式叉迦羅尼。」

〔註60〕《巴利律》作第 33 戒。
〔註61〕以次：《巴利律》作 sapadānaṃ，次第地。

2. 釋義

（1）比丘：意義如上文。

（2）不次第食：於鉢中各處取食物而食。

3. 違犯輕重

那比丘，故意不依次第取食物而食，違犯應懺突吉羅。因為故意做的緣故，犯非威儀、突吉羅；如非故意做，犯突吉羅。

（三）兼制

比丘尼，突吉羅；式叉摩那、沙彌、沙彌尼，突吉羅。這叫做犯。

（四）開緣

不犯：或某時有這樣的病，或某時怕飯熱挑取冷卻的部份食，或日中快過；或性命有危險、梵行受威脅，這樣急速食，無犯。

三十一、不挑鉢中央食戒〔註62〕

（一）制戒因緣

1. 挑鉢中空

那時，佛在舍衛國祇樹給孤獨園。

這時，有居士請僧眾，想供養各種羹、飯，即於當夜籌辦供養的器具，明日前往，稟告時間已到。

比丘們穿衣持鉢，前往拜訪其家，走到座位而坐下，居士親手倒放各種飲食。

這時，六群比丘接受食物，便專挑鉢中央而食，令出現空隙。

這時，居士們譏議嫌惡說：「這些沙門釋子，不知慚愧，接受和索取皆不滿足，向外自稱說：『我知道正法』，這樣何來有正法？接受食物，仿似牛、驢、駱駝、豬、狗，又如烏鳥的食相無異。」

這時，比丘們聽聞，其中有少欲知足、行頭陀、喜好學戒、知慚愧者，嫌惡斥責六群比丘說：「為何你們專挑鉢中央而食？」

當時，比丘們前往世尊之所，頭面禮足，坐在一旁，把這因緣全部稟告世尊。

〔註62〕《巴利律》作第35戒。

2. 佛斥犯者

那時，世尊藉這因緣召集比丘僧眾，怒聲斥責六群比丘說：「你們做錯了！不合威儀、不合沙門法、不是清淨的行為、不是隨順佛法的行為，都不應做。為何你們接受食物，便專挑鉢中而食呢？」

（二）制戒內容

1. 佛制戒

世尊用無數方法怒聲斥責六群比丘後，告訴比丘們：「這些愚癡人啊！會引生多種有漏，最初犯本戒。從今以後，跟比丘們結戒，為了這十句義……乃至使正法得以久住。想說戒者，應這樣說：

不得挑鉢中〔註63〕而食，式叉迦羅尼。」

2. 釋義

（1）比丘：意義如上文。

（2）挑鉢中食：不理四邊，挑中央直至鉢底。

3. 違犯輕重

如比丘，故意挑鉢中央食，違犯應懺突吉羅。因為故意做的緣故，犯非威儀、突吉羅；如非故意做，犯突吉羅。

（三）兼制

比丘尼，突吉羅；式叉摩那、沙彌、沙彌尼，突吉羅。這叫做犯。

（四）開緣

不犯：或某時有這樣的病；或怕食物太熱，撥開中央，令冷卻；或日中快過；或性命有危險、梵行受威脅，速速挖鉢中央食，無犯。

三十二、索羹飯戒〔註64〕

（一）制戒因緣

1. 為己索食

那時，佛在舍衛國祇樹給孤獨園。

這時，有居士請僧眾，欲供養各種美食，即於當夜籌辦充足後，晨朝前往，稟告時間已到。

〔註63〕挑……中：《巴利律》作 thūpakato omadditvo，從尖頂壓碎。
〔註64〕《巴利律》作第 37 戒。

比丘們穿衣持鉢，拜訪居士家，走到座位坐下。

這時，居士親手倒放各種羹飯。

這時，六群比丘為了自己索取食物，仿如飢餓。

這時，居士們見到後，皆譏議嫌惡說：「這些沙門釋子，不知慚愧，接受和索取皆不滿足，向外自稱說：『我知道正法』，這樣何來有正法呢？」

這時，比丘們聽聞，其中有少欲知足、行頭陀、喜好學戒、知慚愧者，嫌惡斥責六群比丘說：「你們為何為了自己索取食物呢？」

比丘們前往世尊之所，頭面禮足，坐在一旁，把這因緣全部稟告世尊。

2. 佛斥犯者

那時，世尊藉這因緣召集比丘僧眾，怒聲斥責六群比丘說：「你們做錯了！不合威儀、不合沙門法、不是清淨的行為、不是隨順佛法的行為，都不應做。你們為何為了自己索取食物呢？」

（二）制戒內容

1. 佛制戒

世尊用無數方法怒聲斥責六群比丘後，告訴比丘們：「這些愚癡人啊！會引生多種有漏，最初犯本戒。從今以後，跟比丘們結戒，為了這十句義……乃至使正法得以久住。想說戒者，應這樣說：

> 不得自為己索〔註65〕羹、飯，式叉迦羅尼。」

這樣世尊跟比丘結戒。

2. 修訂前制

那時，病比丘們皆有疑惑，不敢為了自己索取食物，亦不敢為他人索取食物，或他人索取食物給與，也不敢食。

佛說：「從今以後，聽許病比丘為了自己索取食物、為他人索取食物，或他人為自己索取食物，得以食。從今以後，應這樣說戒：

> 若比丘，不病，不得自為己索飯羹，式叉迦羅尼。」

3. 釋義

（1）比丘：意義如上文。

4. 違犯輕重

那比丘，無病，故意為自己索取羹飯，違犯應懺突吉羅。因為故意做的緣

〔註65〕索：《巴利律》作 viññāpetvā，乞討。

故，犯非威儀、突吉羅；如非故意做，犯突吉羅。

（三）兼制

比丘尼，突吉羅；式叉摩那、沙彌、沙彌尼，突吉羅。這叫做犯。

（四）開緣

不犯：或病者自行索取，或為他人索取、他人為自己索取，或不求而得，無犯。

三十三、飯覆羹戒〔註66〕

（一）制戒因緣

1. 多索羹

那時，佛在舍衛國祇樹給孤獨園。

這時，有居士請眾僧供養各種羹、飯，即於當夜籌辦充足了，晨朝前往，稟告時間已到。

比丘們穿衣持鉢，前往居士家，走到座位坐下，居士親手倒放羹、飯。

這時，居士與一六群比丘羹後，記憶次第再取羹，比丘之後即用飯覆蓋羹。〔註67〕

居士返回問道：「羹在何處呢？」

比丘默然。

這時，居士們即嫌惡說：「這些沙門釋子，不知慚愧，接受和索取皆不滿足，向外自稱說：『我知道正法』，用飯覆蓋羹，仿似飢餓人，這樣何來有正法呢？」

這時，比丘們聽後，皆一起嫌惡斥責六群比丘說：「你們為何接受食物，用飯覆蓋羹，再期望得到呢？」

當時，比丘們前往世尊之所，頭面禮足，坐在一旁，把這因緣全部稟告世尊。

2. 佛斥犯者

那時，世尊藉這因緣召集比丘僧眾，怒聲斥責六群比丘說：「你們做錯了！不合威儀、不合沙門法、不是清淨的行為、不是隨順佛法的行為，都不應做。為何你們接受食物，用飯覆蓋羹，再期望得到呢？」

〔註66〕《巴利律》作第36戒。
〔註67〕比丘這樣做，是想騙取更多羹。

（二）制戒內容

1. 佛制戒

世尊用無數方法怒聲斥責六群比丘後，告訴比丘們：「這些愚癡人啊！會引生多種有漏，最初犯本戒。從今以後，跟比丘們結戒，為了這十句義……乃至使正法得以久住。想說戒者，應這樣說：

不得以飯覆羹，式叉迦羅尼。」

這樣世尊跟比丘結戒。

2. 修訂前制

那時，有比丘請食，羹弄污手、弄污鉢、弄污衣和手巾，有疑惑，不敢用飯覆蓋羹。

佛說：「從今以後，聽許請食者，無犯。想說戒者，應這樣說：

不得以飯覆羹，更望得〔註68〕，式叉迦羅尼。」

3. 釋義

（1）比丘：意義如上文。

4. 違犯輕重

如那比丘〔註69〕，故意用飯覆蓋羹，再期望得到者，違犯應懺突吉羅。因為故意做的緣故，犯非威儀、突吉羅；如非故意做，犯突吉羅。

（三）兼制

比丘尼，突吉羅；式叉摩那、沙彌、沙彌尼，突吉羅。這叫做犯。

（四）開緣

不犯：或某時有這樣的病，或請食，或某時正需要羹，或某時正需要飯，無犯。

三十四、視比座鉢戒〔註70〕

（一）制戒因緣

1. 妒忌鄰座

那時，佛在舍衛國祇樹給孤獨園。

〔註68〕更望得：《巴利律》作 bhiyyokamyatā，期望多、貪欲。
〔註69〕比丘：〔大〕缺，今依〔宋元明〕〔宮〕。
〔註70〕《巴利律》作第 38 戒。

這時，有居士請比丘們，想安排羹、飯，以及各種美食，即於當夜籌辦充足了，晨朝前往，稟告時間已到。

比丘們穿衣持鉢，前往拜訪居[註71]士家，走到座位而坐下。

這時，居士親手倒放羹、飯、各種美食。

這時，六群比丘中一比丘得到食物的份量少，見到鄰座份量多，即對居士說：「你今請僧眾，隨意給與食物，想多給便多給，想少給便少給。居士你有偏愛呢。」

居士報說：「我有平等的想法，給與罷了，為何說我有偏愛呢？」

這時，比丘們聽聞，其中有少欲知足、行頭陀、喜好學戒、知慚愧者，怒聲斥責六群比丘說：「你為何左右看鄰座鉢中呢？」

比丘們前往世尊之所，頭面禮足，坐在一旁，把這因緣全部稟告世尊。

2. 佛斥犯者

那時，世尊藉這因緣召集比丘僧眾，怒聲斥責六群比丘說：「你們做錯了！不合威儀、不合沙門法、不是清淨的行為、不是隨順佛法的行為，都不應做。為何你們左右看鄰座鉢中多少呢？」

（二）制戒內容

1. 佛制戒

世尊用無數方法怒聲斥責六群比丘後，告訴比丘們：「這些愚癡人啊！會引生多種有漏，最初犯本戒。從今以後，跟比丘們結戒，為了這十句義……乃至使正法得以久住。想說戒者，應這樣說：

不得視比坐鉢中，式叉迦羅尼。」

2. 釋義

（1）比丘：意義如上文。

（2）視比坐鉢中：誰人份量多、誰人份量少。

3. 違犯輕重

如那比丘，故意看鄰座份量多少，違犯應懺突吉羅。因為故意做的緣故，犯非威儀、突吉羅；如非故意做，犯突吉羅。

（三）兼制

比丘尼，突吉羅；式叉摩那、沙彌、沙彌尼，突吉羅。這叫做犯。

〔註71〕居：〔大〕作「家」，今依〔麗〕〔金〕。

（四）開緣

不犯：或某時有這樣的病，或鄰座病；或眼不明亮，為了看清楚得食或不得食、乾淨或不乾淨、接受或未接受，這樣無犯。

三十五、繫鉢想食戒〔註72〕

（一）制戒因緣

1. 左右探視

那時，佛在舍衛國祇樹給孤獨園。

這時，有居士請比丘僧眾，想供養各種美食，即於當夜籌辦充足了，晨朝前往，稟告時間已到。

比丘們穿衣持鉢，前往拜訪居士家，走到座位坐下，居士親手倒放各種飲食。

有六群比丘接受羹、飯了，左右探視，一時不察覺，鄰座比丘取了他們的羹收藏。

他們自己看不見羹，問道：「我們之前接受的羹，今在何處呢？」

鄰座比丘說：「你們從何處來呢？」

他答道：「我在這裏，置放羹在前，左右探視，而今沒有了。」

這時，比丘們聽聞，其中有少欲知足、行頭陀、喜好學戒、知慚愧者，嫌惡斥責六群比丘說：「為何你們接受羹，左右探視呢？」

比丘們前往世尊之所，頭面禮足，坐在一旁，把這因緣全部稟告世尊。

2. 佛斥犯者

那時，世尊藉這因緣召集比丘僧眾，怒聲斥責六群比丘說：「你們做錯了！不合威儀、不合沙門法、不是清淨的行為、不是隨順佛法的行為，都不應做。為何你們接受羹食，而左右探視呢？」

（二）制戒內容

1. 佛制戒

世尊用無數方法怒聲斥責六群比丘後，告訴比丘們：「這些愚癡人啊！會引生多種有漏，最初犯本戒。從今以後，跟比丘們結戒，為了這十句義……乃至使正法得以久住。想說戒者，應這樣說：

〔註72〕《巴利律》作第 28、32 戒。

當繫鉢想〔註73〕食，式叉迦羅尼。」

2. 釋義

（1）比丘：意義如上文。

（2）不繫鉢想：左右探視。

3. 違犯輕重

如比丘，故意不繫念鉢頭而食，違犯應懺突吉羅。因為故意做的緣故，犯非威儀、突吉羅；如非故意做，犯突吉羅。

（三）兼制

比丘尼，突吉羅；式叉摩那、沙彌、沙彌尼，突吉羅。這叫做犯。

（四）開緣

不犯：或某時有這樣的病，或鄰座比丘病；或眼不明亮，為了接受和拿取，察看清淨或不清淨、得到或未得到、接受或未接受；或看日光時節；或性命有危險、梵行受威脅，想逃避，左右看望，無犯。

三十六、大搏食戒〔註74〕

（一）制戒因緣

1. 食大團飯

那時，佛在舍衛國祇樹給孤獨園。

這時，有居士請比丘們，想安排各種各樣的美味飲食，即於當夜籌辦充足了，晨朝前往，稟告時間已到。

比丘們穿衣持鉢，前往拜訪居士家，走到座位而坐下。

這時，居士親手倒放飲食，六群比丘食一大團〔註75〕飯，令口不能承受。

居士見到後，譏議嫌惡說：「沙門釋子，不知慚愧，接受和索取皆不滿足，仿似豬狗、駱駝、驢牛、烏鳥的食相。」

這時，比丘們聽聞，其中有少欲知足、行頭陀、喜好學戒、知慚愧者，嫌惡斥責六群比丘說：「為何食一大團飯，以至這樣呢？」

比丘們前往世尊之所，頭面禮足，坐在一旁，把這因緣全部稟告世尊。

〔註73〕繫……想：《巴利律》作 saññī：注意。

〔註74〕《巴利律》作第 39 戒。

〔註75〕團：〔大〕原作「搏」。

2. 佛斥犯者

那時，世尊藉這因緣召集比丘僧眾，怒聲斥責六群比丘說：「你們做錯了！不合威儀、不合沙門法、不是清淨的行為、不是隨順佛法的行為，都不應做。為何你們食一大團飯食呢？」

（二）制戒內容

1. 佛制戒

世尊用無數方法怒聲斥責後，告訴比丘們：「這些愚癡人啊！會引生多種有漏，最初犯本戒。從今以後，跟比丘們結戒，為了這十句義……乃至使正法得以久住。想說戒者，應這樣說：

不得大摶〔註76〕飯食，式叉迦羅尼。」

2. 釋義

（1）比丘：意義如上文。

（2）大摶飯：口不能承受。

3. 違犯輕重

如比丘，故意食一大團飯，違犯應懺突吉羅。因為故意做的緣故，犯非威儀、突吉羅；如非故意做，犯突吉羅。

（三）兼制

比丘尼，突吉羅；式叉摩那、沙彌、沙彌尼，突吉羅。這叫做犯。

（四）開緣

不犯：或有這樣的病，或日中快過，或性命有危險、梵行受威脅，急速食，無犯。

三十七、張口待食戒〔註77〕

（一）制戒因緣

1. 張口待食

那時，佛在舍衛國祇樹給孤獨園。

這時，有居士請比丘們，想供養各種美食，即於當夜籌辦充足，晨朝前往，

〔註76〕大摶：《巴利律》作 mahanta kabaḷa，大大團。
〔註77〕《巴利律》作第 41 戒。

稟告時間已到。

比丘們穿衣持鉢，拜訪居士家，走到座位而坐下，居士親手倒放飯食。

六群比丘接受食物，食物未到，先張大口。

居士見到後，譏議嫌惡說：「沙門釋子，不知慚愧，接受和索取皆不滿足。為何食物未到，先張大口，仿似豬、狗、駱駝、牛、驢、烏鳥呢？」

這時，比丘們聽聞，其中有少欲知足、行頭陀、喜好學戒、知慚愧者，嫌惡斥責六群比丘說：「你們為何張大口，等待食物呢？」

比丘們前往世尊之所，頭面禮足，坐在一旁，把這因緣全部稟告世尊。

2. 佛斥犯者

那時，世尊藉這因緣召集比丘僧眾，怒聲斥責六群比丘說：「你們做錯了！不合威儀、不合沙門法、不是清淨的行為、不是隨順佛法的行為，都不應做。為何你們張大口，等待食物呢？」

（二）制戒內容

1. 佛制戒

世尊用無數方法怒聲斥責六群比丘後，告訴比丘們：「這些愚癡人啊！會引生多種有漏，最初犯本戒。從今以後，跟比丘們結戒，為了這十句義……乃至使正法得以久住。想說戒者，應這樣說：

不得大張口〔註78〕，待飯食，式叉迦羅尼。」

2. 釋義

（1）大張口：飯團未到，先張大口等待。

3. 違犯輕重

如比丘，故意張大口等待飯，違犯應懺突吉羅。因為故意做的緣故，犯非威儀、突吉羅；如非故意做，犯突吉羅。

（三）兼制

比丘尼，突吉羅；式叉摩那、沙彌、沙彌尼，突吉羅。這叫做犯。

（四）開緣

不犯：或某時有這樣的病，或日中快過，或性命有危險、梵行受威脅，急速食，無犯。

〔註78〕大張口：《巴利律》作 mukhadvāraṃ vivarissāmīti，打開口。

三十八、含飯語戒〔註79〕

（一）制戒因緣

1. 含飯說話

那時，佛在舍衛國祇樹給孤獨園。

這時，有居士請僧眾，想安排羹、飯、各種美食，即於當夜籌辦充足了，晨朝前往，稟告時間已到。

比丘們穿衣持鉢，前往居士家，走到座位而坐下，居士親手倒放飯食供養。

這時，六群比丘接受食物而食，含著飯食說話。

居士見到後，譏議嫌惡說：「這些沙門釋子，不知慚愧，接受和索取皆不滿足。為何含著飯食說話呢？仿似豬、狗、駱駝、烏鳥的食相。」

這時，比丘們聽聞，其中有少欲知足、行頭陀、喜好學戒、知慚愧者，嫌惡斥責六群比丘說：「你們為何含著飯食說話呢？」

比丘們前往稟告世尊。

2. 佛斥犯者

那時，世尊藉這因緣召集比丘僧眾，怒聲斥責六群比丘說：「你們做錯了！不合威儀、不合沙門法、不是清淨的行為、不是隨順佛法的行為，都不應做。為何你們含著飯食說話呢？」

（二）制戒內容

1. 佛制戒

世尊用無數方法怒聲斥責六群比丘後，告訴比丘們：「這些愚癡人啊！會引生多種有漏，最初犯本戒。從今以後，跟比丘們結戒，為了這十句義……乃至使正法得以久住。想說戒者，應這樣說：

不得含飯〔註80〕語，式叉迦羅尼。」

2. 釋義

（1）含飯語：飯在口中，說話不能清楚，令人不明解。

3. 違犯輕重

如比丘，故意含著飯說話，違犯應懺突吉羅。因為故意做的緣故，犯非威

〔註79〕《巴利律》作第43戒。
〔註80〕含飯：《巴利律》作 sakabala，滿滿一口食物的。

儀、突吉羅；如非故意做，犯突吉羅。

（三）兼制

比丘尼……乃至沙彌、沙彌尼〔註81〕，突吉羅。這叫做犯。

（四）開緣

不犯：或某時有這樣的病，或某時噎塞而索水，或性命有危險、梵行受威脅，食時有聲音，無犯。

三十九、遙擲口中食戒〔註82〕

（一）制戒因緣

1. 飯擲口中

那時，佛在舍衛國祇樹給孤獨園。

這時，有居士請比丘們，想安排羹、飯、各種美食供養，即於當夜籌辦充足，晨朝前往，稟告時間已到。

比丘們穿衣持鉢，前往到他家，走到座位而坐下，居士親手倒放飲食。

六群比丘把飯團遙擲口中，居士見到後，譏議嫌惡說：「這些沙門釋子，不知慚愧，接受和索取皆不滿足，仿似魔術師〔註83〕。」

這時，比丘們聽聞，其中有少欲知足、行頭陀、喜好學戒、知慚愧者，嫌惡斥責後……如上文，前往世尊之所，頭面禮足，坐在一旁，把這因緣全部稟告世尊。

2. 佛斥犯者

（二）制戒內容

那時，世尊藉這因緣召集比丘僧眾……如上文，怒聲斥責六群比丘……

1. 佛制戒

……乃至最初犯戒後，告訴比丘們說：「從今以後，跟比丘們結戒，為了這十句義……乃至使正法得以久住。想說戒者，應這樣說：

不得捭飯遙擲〔註84〕口中，式叉迦羅尼。」

〔註81〕這裏省略了式叉摩那，下同。
〔註82〕《巴利律》作第44戒。
〔註83〕魔術師：〔大〕原作「幻師」。
〔註84〕遙擲：《巴利律》作 ukkhepaka，投擲的。

2. 違犯輕重

如比丘，故意遙擲飯團口中，違犯應懺突吉羅。因為故意做的緣故，犯非威儀、突吉羅；如非故意做，犯突吉羅。

（三）兼制

比丘尼……乃至沙彌、沙彌尼，突吉羅。這叫做犯。

（四）開緣

不犯：或某時有這樣的病，或被繫縛，擲入口中食，無犯。

四十、遺落食戒〔註85〕

（一）制戒因緣

1. 咬斷半食

那時，佛在舍衛國祇樹給孤獨園。

這時，有居士請比丘們，想安排羹、飯、各種美食供養，即於當夜籌辦充足，晨朝前往，稟告時間已到。

比丘們穿衣持鉢，前往到他的家，走到座位而坐下，居士親手倒放飯食。

這時，六群比丘接受食不如規範，手拿飯團，咬斷〔註86〕一半而食。

居士見到後，譏議嫌惡說：「這些沙門釋子，不知慚愧，接受不滿足，食相仿似豬、狗、駱駝、驢、牛、烏鳥。」

這時，比丘們聽聞，其中有少欲知足、行頭陀、喜好學戒、知慚愧者，嫌惡斥責後，前往世尊之所，頭面禮足，坐在一旁，把這因緣全部稟告世尊。

2. 佛斥犯者

那時，世尊藉這因緣召集比丘僧眾，用無數方法……如上文，怒聲斥責六群比丘……

（二）制戒內容

1. 佛制戒

……乃至最初犯戒後，告訴比丘們說：「從今以後，跟比丘們結戒，為了這十句義……乃至使正法得以久住。想說戒者，應這樣說：

〔註85〕《巴利律》作第48戒。
〔註86〕咬斷：〔大〕原作「嚙」。

不得遺落〔註87〕飯食〔註88〕，式叉迦羅尼。」

2. 釋義

（1）遺落：一半入了口、一半在手中。

3. 違犯輕重

如比丘，故意手拿著飯團，食一半，留一半，違犯應懺突吉羅。因為故意做的緣故，犯非威儀、突吉羅；如非故意做，犯突吉羅。

（三）兼制

比丘尼……乃至沙彌、沙彌尼，突吉羅。這叫做犯。

（四）開緣

不犯：或某時有這樣的病，或啖薄餅、燋飯，或某時啖肉，或芥〔註89〕、甘蔗，啖菜、菴婆羅〔註90〕果、梨、閻蔔〔註91〕果、蒲桃、藥葉心〔註92〕，不犯。

四十一、頰食戒〔註93〕

（一）制戒因緣

1. 鼓頰進食

那時，佛在舍衛國祇樹給孤獨園。

這時，有居士請比丘們，想供養各種飲食，即於當夜籌辦充足，晨朝前往，稟告時間已到。

比丘們穿衣持鉢，前往他的家，走到座位而坐下，居士親手倒放飲食。

這時，有六群比丘塞滿雙頰進食，居士見到後，嫌惡說：「這些沙門釋子，不知慚愧，食相仿似獼猴。」

這時，比丘們聽聞，其中有少欲知足、行頭陀、喜好學戒、知慚愧者，嫌惡斥責後，前往世尊之所，頭面禮足，坐在一旁，把這因緣全部稟告世尊。

〔註87〕遺落：《巴利律》作 avakārakaṃ，撒佈、散佈。
〔註88〕飯食：《巴利律》作 sittha，飯粒。
〔註89〕芥：〔宋元明〕〔宮〕作「瓜」，可參考。
〔註90〕菴婆羅：音譯詞。巴利語 amba，或即芒果。
〔註91〕閻蔔：音譯詞。巴利語或 jambu，蓮霧。
〔註92〕藥葉心：華心鬚。
〔註93〕《巴利律》作第 46 戒。

2. 佛斥犯者

那時，世尊藉這因緣召集比丘僧眾……如上文，怒聲斥責六群比丘……

（二）制戒內容

1. 佛制戒

……乃至最初犯戒後，告訴比丘們說：「從今以後，跟比丘們結戒，為了這十句義……乃至使正法得以久住。想說戒者，應這樣說：

不得頰食〔註94〕食，尸叉罽賴尼〔註95〕。」

2. 釋義

（1）頰食：令雙頰鼓起，仿似獼猴的相狀。

3. 違犯輕重

如故意做大飯團塞滿口，鼓起雙頰進食，違犯應懺突吉羅。因為故意做的緣故，犯非威儀、突吉羅；如非故意做，犯突吉羅。

（三）兼制

比丘尼……乃至沙彌、沙彌尼，突吉羅。是為犯。

（四）開緣

不犯：或某時有這樣的病，或日中快過，或性命有危險、梵行受威脅，急速食，無犯。

四十二、嚼飯作聲戒〔註96〕

（一）制戒因緣

1. 進食作聲

那時，佛在舍衛國祇樹給孤獨園。

這時，有居士請比丘們，供養各種美好食物，即於當夜籌辦充足，晨朝前往，稟告時間已到。

比丘們穿衣持鉢，前往他的家，走到座位而坐下，居士親手倒放飯食。

六群比丘嘴嚼飯，進食發聲，居士見到後，嫌惡說：「這些沙門釋子，無有慚愧……乃至何來有正法呢？如上食相，仿似豬、狗、駱駝、牛、驢、烏

〔註94〕頰食：《巴利律》作 avagaṇḍakāra，食物塞滿口。
〔註95〕尸叉罽賴尼：即上文所出的「式叉迦羅尼」。
〔註96〕《巴利律》作第 50 戒。

鳥。」

這時，比丘們聽聞，其中有少欲知足、行頭陀、喜好學戒、知慚愧者，嫌惡斥責六群比丘說：「為何嘴嚼飯，進食發聲呢？」

比丘們前往世尊之所，頭面禮足，坐在一旁，把這因緣全部稟告世尊。

2. 佛斥犯者

那時，世尊藉這因緣召集比丘僧眾……如上文，怒聲斥責六群比丘……

（二）制戒內容

1. 佛制戒

……乃至最初犯戒後，告訴比丘們說：「從今以後，跟比丘們結戒，為了這十句義……乃至使正法得以久住。想說戒者，應這樣說：

不得嚼飯作聲〔註97〕食，尸叉罽賴尼。」

2. 違犯輕重

如比丘，故意嘴嚼飯，進食發聲，違犯應懺突吉羅。因為故意做的緣故，犯非威儀、突吉羅；如非故意做，犯突吉羅。

（三）兼制

比丘尼、式叉摩那、沙彌、沙彌尼，突吉羅。這叫做犯。

（四）開緣

不犯：或某時有這樣的病，嘴嚼乾餅及糒飯〔註98〕、肉、苷蔗〔註99〕、苽果、菴婆羅果、閻蔔果、葡萄、胡桃、椑桃〔註100〕、梨、風梨，無犯。

四十三、噏飯食戒〔註101〕

（一）制戒因緣

1. 吸啜食物

那時，世尊在舍衛國祇樹給孤獨園。

這時，有居士請比丘們，供養各種美食，即於當夜籌辦充足，晨朝前往，

〔註97〕嚼飯作聲：《巴利律》作 capucapukārakaṃ，吃飯時所發出的聲音。
〔註98〕飯：〔金〕作「餅」。
〔註99〕蔗：同蔗。
〔註100〕椑桃：又名牛心柿。
〔註101〕《巴利律》作第 51 戒。

稟告時間已到。

比丘們穿衣持鉢，前往拜訪他的家，走到座位而坐下，居士親手倒放飲食。

六群比丘大力吸啜〔註102〕飯食，居士見到後，嫌惡說：「這些沙門釋子，無有慚愧……乃至何來有正法呢？如上食相，仿似豬、狗、駱駝、牛、驢、烏鳥。」

這時，比丘們聽聞，其中有少欲知足、行頭陀、喜好學戒、知慚愧者，嫌惡斥責六群比丘後，前往世尊之所，頭面禮足，坐在一旁，把這因緣全部稟告世尊。

2. 佛斥犯者

那時，世尊藉這因緣召集比丘僧眾……如上文，怒聲斥責六群比丘……

（二）制戒內容

1. 佛制戒

……乃至最初犯戒後，告訴比丘們說：「從今以後，跟比丘們結戒，為了這十句義……乃至使正法得以久住。想說戒者，應這樣說：

不得大噏〔註103〕飯食，尸叉罽賴尼。」

2. 釋義

（1）噏飯：張口遠距離吸啜食物。

3. 違犯輕重

如比丘，故意吸啜飯食，違犯應懺突吉羅。因為故意做的緣故，犯非威儀、突吉羅；如非故意做，犯突吉羅。

（三）兼制

比丘尼……乃至沙彌、沙彌尼，突吉羅。這叫做犯。

（四）開緣

不犯：或某時有這樣的病：如口痛；或食羹，或食酪、酪漿、酥毘羅漿〔註104〕，或苦酒，無犯。

〔註102〕吸啜：〔大〕原作「噏」。
〔註103〕大噏：《巴利律》作 surusurukāraṃ，發出欶嚕欶嚕聲地。
〔註104〕酥毘羅漿：用糱麥，加入呵梨勒、鞞醯勒、阿摩勒、胡椒、蓽茇等盡形壽藥，溝水而成。

四十四、舌舐食戒〔註105〕

（一）制戒因緣

1. 吐舌舐食

那時，佛在舍衛國祇樹給孤獨園。

這時，有居士請比丘們，供養各種美食，即於當夜籌辦充足，晨朝前往，稟告時間已到。

比丘們穿衣持鉢，前往拜訪他的，走到座位而坐下，居士親手倒放飲食，六群比丘吐出舌頭舐食物。

這時，居士見到後，嫌惡說：「這些沙門釋子，無有慚愧……乃至何來有正法呢？如上食相，彷似豬、狗、駱駝、牛、驢、烏鳥。」

這時，比丘們聽聞，其中有少欲知足、行頭陀、喜好學戒、知慚愧者，嫌惡斥責六群比丘後，前往世尊之所，頭面禮足，坐在一旁，把這因緣全部稟告世尊。

2. 佛斥犯者

那時，世尊藉這因緣召集比丘僧眾……如上文，怒聲斥責六群比丘……

（二）制戒內容

1. 佛制戒

……乃至最初犯戒後，告訴比丘們說：「從今以後，跟比丘們結戒，為了這十句義……乃至使正法得以久住。想說戒者，應這樣說：

不得舌舐〔註106〕食，尸叉罽賴尼。」

2. 釋義

（1）舌舐：用舌頭舐飯團而食。

3. 違犯輕重

如比丘，故意用舌頭舐食物，違犯應懺突吉羅。因為故意做的緣故，犯非威儀、突吉羅；如非故意做，犯突吉羅。

（三）兼制

比丘尼……乃至沙彌、沙彌尼，突吉羅。這叫做犯。

〔註105〕《巴利律》作第 49 戒。
〔註106〕舌舐：《巴利律》作 jivhānicchāraka，吐舌的。

（四）開緣

不犯：或某時有這樣的病，或某時被繫縛，或手有泥，以及垢膩弄污手，用舌舔取，無犯。

四十五、振手食戒〔註107〕

（一）制戒因緣

1. 振動手食

那時，佛在舍衛國祇樹給孤獨園。

這時，有居士請比丘們，供養各種美食，即於當夜籌辦充足，晨朝前往，稟告時間已到。

比丘們穿衣持鉢，前往拜訪他的家，走到座位坐下，居士親手倒放飲食。

這時，有六群比丘振動手而食，居士見到後，嫌惡說：「這些沙門釋子，無有慚愧……乃至何來有正法呢？如上食相，仿似王、或王大臣。」

這時，比丘們聽聞，其中有少欲知足、行頭陀、喜好學戒、知慚愧者，嫌惡斥責後，前往世尊之所，頭面禮足，坐在一旁，把這因緣全部稟告世尊。

2. 佛斥犯者

那時，世尊藉這因緣召集比丘僧眾……如上文，怒聲斥責六群比丘……

（二）制戒內容

1. 佛制戒

……乃至最初犯戒後，告訴比丘們說：「從今以後，跟比丘們結戒，為了這十句義……乃至使正法得以久住。想說戒者，應這樣說：

　　不得振〔註108〕手食，尸叉罽賴尼。」

2. 違犯輕重

如比丘，故意振動手進食，違犯應懺突吉羅。因為故意做的緣故，犯非威儀、突吉羅；如非故意做，犯突吉羅。

（三）兼制

比丘尼……乃至沙彌、沙彌尼，突吉羅。這叫做犯。

〔註107〕《巴利律》作第47戒。
〔註108〕振：《巴利律》作 niddhunana，抖落、甩開。

（四）開緣

不犯：或某時有這樣的病；或食物中有草有蟲，或某時手有不淨〔註109〕，想振動甩去；或在未接受食物時，手接觸而弄污，手振動甩去，無犯。

四十六、把散飯食戒〔註110〕

（一）制戒因緣

1. 散落食物

那時，佛在舍衛國祇樹給孤獨園。

這時，有居士請比丘們，供養各種美食，即於當夜籌辦充足，晨朝前往，稟告時間已到。

比丘們穿衣持鉢，前往拜訪他的家，走到座位而坐下，居士親手倒放飲食。

這時，有六群比丘用手散落飯食，居士見到後，嫌惡說：「這些沙門釋子，無有慚愧……乃至何來有正法呢？如上食相，仿似雞、鳥呢？」

這時，比丘們聽聞，其中有少欲知足、行頭陀、喜好學戒、知慚愧者，嫌惡斥責後，前往世尊之所，頭面禮足，坐在一旁，把這因緣全部稟告世尊。

2. 佛斥犯者

那時，世尊藉這因緣召集比丘僧眾……如上文，怒聲斥責六群比丘……

（二）制戒內容

1. 佛制戒

……乃至最初犯戒後，告訴比丘們說：「從今以後，跟比丘們結戒，為了這十句義……乃至使正法得以久住。想說戒者，應這樣說：

不得手把散〔註111〕飯食，尸叉罽賴尼。」

2. 釋義

（1）把散飯：散棄飯。

3. 違犯輕重

如比丘，故意用手散落飯食，違犯應懺突吉羅。因為故意做的緣故，犯非威儀、突吉羅；如非故意做，犯突吉羅。

〔註109〕不淨：《巴利律》作 kacavara，塵。
〔註110〕《巴利律》作第 48 戒。
〔註111〕把散：《巴利律》作 avakārakaṃ，撒佈、散佈。

（三）兼制

比丘尼……乃至沙彌、沙彌尼，突吉羅。這叫做犯。

（四）開緣

不犯：或某時有這樣的病，或某時食物中有草有蟲，或有不淨的污染，或有未接受食物時便捨棄，無犯。

四十七、污手捉食器戒〔註112〕

（一）制戒因緣

1. 污手捉器

那時，佛在舍衛國祇樹給孤獨園。

這時，有居士請比丘們，供養各種美食，即於當夜籌辦充足，晨朝前往，稟告時間已到。

比丘們穿衣持鉢，前往他的家，走到座位而坐下，居士親手倒放飲食。

這時，有六群比丘用不淨、垢膩之手，捉拿飲器進食。

居士見到後，嫌惡說：「沙門釋子，無有慚愧，乃至何有正法？如上以不淨手捉拿飲器，仿似王、王大臣。」

這時，比丘們聽聞，其中有少欲知足、行頭陀、喜好學戒、知慚愧者，嫌惡斥責後，前往世尊之所，頭面禮足，坐在一旁，把這因緣全部稟告世尊。

2. 佛斥犯者

那時，世尊藉這因緣召集比丘僧眾……如上文，怒聲斥責六群比丘……

（二）制戒內容

1. 佛制戒

……乃至最初犯戒後，告訴比丘們說：「從今以後，跟比丘們結戒，為了這十句義……乃至使正法得以久住。想說戒者，應這樣說：

不得污手〔註113〕捉飲器〔註114〕，尸叉罽賴尼。」

2. 釋義

（1）污手：有油膩飯黏著手。

〔註112〕《巴利律》作第 55 戒。
〔註113〕污手：《巴利律》作 sāmisena hatthena，手為食物黏附。
〔註114〕飲器：《巴利律》作 pānīyathālaka，杯子。

3. 違犯輕重

如比丘，故意用不淨、垢膩之手捉拿飲器，違犯應懺突吉羅。因為故意做的緣故，犯非威儀、突吉羅；如非故意做，犯突吉羅。

（三）兼制

比丘尼……乃至沙彌、沙彌尼，突吉羅。這叫做犯。

（四）開緣

不犯：或某時有這樣的病，或於草上接受、葉上接受、洗手後接受，無犯。

四十八、棄洗鉢水戒〔註115〕

（一）制戒因緣

1. 棄物散亂

那時，佛在舍衛國祇樹給孤獨園。

這時，有六群比丘在居士家食後洗鉢，摒棄洗鉢水，以及殘餘食物，散亂在地。

居士見到後，譏議嫌惡說：「沙門釋子，無有慚愧……乃至何來有正法呢？如上多接受飲食，如飢餓之人；而摒棄散亂，有如王大臣。」

這時，比丘們聽聞，其中有少欲知足、行頭陀、喜好學戒、知慚愧者，嫌惡斥責後，前往世尊之所，頭面禮足，坐在一旁，把這因緣全部稟告世尊。

2. 佛斥犯者

那時，世尊藉這因緣召集比丘僧眾……如上文，怒聲斥責六群比丘……

（二）制戒內容

1. 佛制戒

……乃至最初犯戒後，告訴比丘們說：「從今以後，跟比丘們結戒，為了這十句義……乃至使正法得以久住。想說戒者，應這樣說：

不得洗鉢水棄白衣舍內，尸叉罽賴尼。」

2. 釋義

（1）洗鉢水：混雜飯之水。

〔註115〕《巴利律》作第56戒。

3. 違犯輕重

如比丘，故意把洗鉢水捵棄在白衣舍內，違犯應懺突吉羅。因為故意做的緣故，犯非威儀、突吉羅；如非故意做，犯突吉羅。

（三）兼制

比丘尼⋯⋯乃至沙彌、沙彌尼，突吉羅。這叫做犯。

（四）開緣

不犯：或某時有這樣的病；或某時用器皿，或澡槃〔註116〕承接水，拿去捵棄於外，無犯。

四十九、生草上大小便戒〔註117〕

（一）制戒因緣

1. 污染生草菜

那時，佛在舍衛國祇樹給孤獨園。

這時，六群比丘大小便、涕唾於生草菜上。

這時，有居士見到後，嫌惡說：「沙門釋子，無有慚愧，向外自稱說：『我知道正法』，這樣何來有正法呢？大小便及涕唾於生草菜上，仿似豬、狗、駱駝、牛、驢。」

這時，比丘們聽聞，其中有少欲知足、行頭陀、喜好學戒、知慚愧者，嫌惡斥責後，前往世尊之所，頭面禮足，坐在一旁，把這因緣全部稟告世尊。

2. 佛斥犯者

那時，世尊藉這因緣召集比丘僧眾⋯⋯如上文，怒聲斥責六群比丘⋯⋯

（二）制戒內容

1. 佛制戒

⋯⋯乃至最初犯戒後，告訴比丘們說：「從今以後，跟比丘們結戒，為了這十句義⋯⋯乃至使正法得以久住。想說戒者，應這樣說：

不得大小便、涕唾〔註118〕生草菜〔註119〕上，尸叉罽賴尼。」

〔註116〕澡槃：洗澡用的器皿。

〔註117〕《巴利律》作第74戒。

〔註118〕涕唾：鼻涕和唾液。《巴利律》作 kheḷa，口水。

〔註119〕生草菜：有生命的草菜。《巴利律》作 harita，青草、青菜、青綠之物。

這樣世尊跟比丘結戒了。

2. 修訂前制

病比丘不能避開生草菜，極度疲弊。

佛說：「病比丘，無犯。從今以後，應這樣說戒：

不得生草菜上大小便涕唾，除病，尸又屬賴尼。」

3. 違犯輕重

如比丘，無病，故意於生草菜上大小便，違犯應懺突吉羅。因為故意做的緣故，犯非威儀、突吉羅；如非故意做，犯突吉羅。

（三）兼制

比丘尼……乃至沙彌、沙彌尼，突吉羅。這叫做犯。

（四）開緣

不犯：或某時有這樣的病；或在無草菜處大小便，流墮生草菜上；或某時為風吹墮，或某時為烏鳥所銜含，而墮落生草菜中，無犯。

五十、水中大小便戒 〔註120〕

（一）制戒因緣

1. 水中排泄

那時，佛在舍衛國祇樹給孤獨園。

這時，六群比丘於水中大小便、涕唾。

居士見到後，嫌惡說：「這些沙門釋子，無有慚愧，向外自稱說：『我知道正法』，這樣何來有正法呢？於水中大小便，仿似豬、狗、牛、驢、駱駝。」

這時，比丘們聽聞，其中有少欲知足、行頭陀、喜好學戒、知慚愧者，嫌惡斥責六群比丘後，前往世尊之所，頭面禮足，坐在一旁，把這因緣全部稟告世尊。

2. 佛斥犯者

那時，世尊藉這因緣召集比丘僧眾……如上文，怒聲斥責六群比丘……

（二）制戒內容

1. 佛制戒

……乃至最初犯戒後，告訴比丘們說：「從今以後，跟比丘們結戒，為了

〔註120〕《巴利律》作第75戒。

這十句義……乃至使正法得以久住。想說戒者，應這樣說：

不得水中大小便、涕唾，尸叉罽賴尼。」

這樣世尊跟比丘結戒。

2. 修訂前制

那時，病比丘避開有水之處，極度疲弊。

佛言：「病者，無犯。從今以後，應這樣說戒：

不得淨水〔註121〕中大小便、涕唾，除病，尸叉罽賴尼。」

3. 違犯輕重

如比丘，故意於水中大小便、涕唾，違犯應懺突吉羅。因為故意做的緣故，犯非威儀、突吉羅；如非故意做，犯突吉羅。

（三）兼制

比丘尼……乃至沙彌、沙彌尼，突吉羅。這叫做犯。

（四）開緣

不犯：或某時有這樣的病；或某時於岸上大小便，流墮水中；或某時為風吹，烏鳥銜含，墮水中，無犯。

五十一、立大小便戒〔註122〕

（一）制戒因緣

1. 立大小便

那時，佛在舍衛國祇樹給孤獨園。

這時，六群比丘站立大小便，居士見到後，嫌惡說：「這些沙門釋子，無有慚愧，向外自稱說：『我知道正法』，這樣何來有正法呢？站立大小便，仿似牛、馬、豬、羊、駱駝。」

這時，比丘們聽聞，其中有少欲知足、行頭陀、喜好學戒、知慚愧者，嫌惡斥責六群比丘後，前往世尊之所，頭面禮足，坐在一旁，把這因緣全部稟告世尊。

2. 佛斥犯者

那時，世尊藉這因緣召集比丘僧眾……如上文，怒聲斥責六群比丘……

〔註121〕淨水：〔宋元明〕〔宮〕缺「淨」字。《巴利律》作 udaka，水。
〔註122〕《巴利律》作第 73 戒。

（二）制戒內容

1. 佛制戒

……乃至最初犯戒後，告訴比丘們說：「從今以後，跟比丘們結戒，為了這十句義……乃至使正法得以久住。想說戒者，應這樣說：

不得立大小便，尸叉罽賴尼。」

這樣世尊跟比丘結戒。

2. 修訂前制

那時，病比丘們極度疲弊，不能蹲坐。

佛說：「病者，無犯。從今以後，應這樣說戒：

不得立大小便，除病，尸叉罽賴尼。」

3. 違犯輕重

如比丘，故意站立大小便，違犯應懺突吉羅。因為故意做的緣故，犯非威儀、突吉羅；如非故意做，犯突吉羅。

（三）兼制

比丘尼……乃至沙彌、沙彌尼，突吉羅。這叫做犯。

（四）開緣

不犯：或某時有這樣的病，被繫縛，或某時腳後跟有垢膩，或為泥污染，無犯。

五十二、反抄衣人說法戒

（一）制戒因緣

1. 說法對象不當

那時，佛在舍衛國祇樹給孤獨園。

這時，有六群比丘為不恭敬、穿衣從前面反翻於後之人說法。

這時，比丘們聽聞，其中有少欲知足、行頭陀、喜好學戒、知慚愧者，嫌惡斥責六群後，前往世尊之所，頭面禮足，坐在一旁，把這因緣全部稟告世尊。

2. 佛斥犯者

那時，世尊藉這因緣召集比丘僧眾……如上文，怒聲斥責六群比丘……

（二）制戒內容

1. **佛制戒**

……乃至最初犯戒後，告訴比丘們說：「從今以後，跟比丘們結戒，為了這十句義……乃至使正法得以久住。想說戒者，應這樣說：

不得與反抄衣、不恭敬人說法，尸叉罽賴尼。」

2. **修訂前制**

那時，比丘們對從前面反翻於後穿衣的病人起疑，不敢為他們說法。

佛說：「病者，無犯。從今以後……

不得與反抄衣、不恭敬人說法，除病，尸叉罽賴尼。」

3. **違犯輕重**

如比丘，故意為從前面反翻於後穿衣、不恭敬、無病之人說法，違犯應懺突吉羅。因為故意做的緣故，犯非威儀、突吉羅；如非故意做，犯突吉羅。

（三）兼制

比丘尼……乃至沙彌、沙彌尼，突吉羅。這叫做犯。

（四）開緣

不犯：或某時有這樣的病，或為王、王大臣，無犯。

五十三、衣纏頸人說法戒

「不得為衣纏頸者說法，除病，尸叉罽賴尼」。如上文。

五十四、覆頭人說法戒 〔註123〕

「不得為覆頭者說法，除病，尸叉罽賴尼」。如上文。

五十五、裹頭人說法戒 〔註124〕

「不得為裹〔註125〕頭者說法，除病，尸叉罽賴尼」。如上文。

五十六、叉腰人說法戒

「不得為叉腰者說法，除病，尸叉罽賴尼」。如上文。

〔註123〕《巴利律》作第 67 戒。
〔註124〕《巴利律》作第 66 戒。
〔註125〕裹：《巴利律》作 veṭṭhita，包、纏繞。

五十七、著革屣人說法戒〔註126〕

「不得為著革屣〔註127〕者說法,除病,尸叉罽賴尼」。如上文。

五十八、著木屐人說法戒〔註128〕

「不得為著木屐〔註129〕者說法,除病,尸叉罽賴尼」。如上文。

五十九、騎乘人說法戒〔註130〕

「不得為騎乘者〔註131〕說法,除病,尸叉罽賴尼」。如上文。

六十、佛塔中宿戒〔註132〕

(一)制戒因緣

1. 塔內住宿

那時,佛在舍衛國祇樹給孤獨園。

這時,六群比丘止宿於佛塔中。

這時,比丘們聽聞,其中有少欲知足、行頭陀、喜好學戒、知慚愧者,嫌惡斥責六群比丘說:「為何止宿佛塔中呢?」

比丘們前往世尊之所,頭面禮足,坐在一旁,把這因緣全部稟告世尊。

2. 佛斥犯者

那時,世尊藉這因緣召集比丘僧眾……如上文,怒聲斥責六群比丘……

(二)制戒內容

1. 佛制戒

……乃至最初犯戒後,告訴比丘們說:「從今以後,跟比丘們結戒,為了這十句義……乃至使正法得以久住。想說戒者,應這樣說:

不得在佛塔中止宿,尸叉罽賴尼。」

這樣世尊跟比丘結戒。

〔註126〕《巴利律》作第 61 戒。
〔註127〕《巴利律》作 pādukā,靴。
〔註128〕《巴利律》作第 62 戒。
〔註129〕木屐:木鞋。《巴利律》作 upāhana,草鞋。
〔註130〕《巴利律》作第 63 戒。
〔註131〕騎乘者:《巴利律》作 yānagata,乘車而去的、登上車的。
〔註132〕由本戒至第 85 戒,全涉及佛塔,其他律書皆缺。

2. 修訂前制

那時，有比丘疑惑，不敢為守護的緣故，止宿於佛塔中。

佛言：「為守護的緣故，無犯。從今以後，應這樣說戒：

不得在佛塔中止宿，除為守護故，尸叉罽賴尼。」

3. 違犯輕重

如比丘，故意於佛塔中止宿，違犯應懺突吉羅。因為故意做的緣故，犯非威儀、突吉羅；如非故意做，犯突吉羅。

（三）兼制

比丘尼……乃至沙彌、沙彌尼，突吉羅。這叫做犯。

（四）開緣

不犯：或某時有這樣的病，或為守護的緣故止宿，或為強力者捉拿，或性命有危險、梵行受威脅，而止宿，無犯。

六十一、藏物塔中戒

（一）制戒因緣

1. 塔內貯財

那時，佛在舍衛國祇樹給孤獨園。

這時，有六群比丘藏財物於佛塔中。

比丘們聽聞，其中有少欲知足、行頭陀、喜好學戒、知慚愧者，嫌惡斥責六群比丘後，前往世尊之所，頭面禮足，坐在一旁，把這因緣全部稟告世尊。

2. 佛斥犯者

那時，世尊藉這因緣召集比丘僧眾……如上文，怒聲斥責六群比丘……

（二）制戒內容

1. 佛制戒

……乃至最初犯戒後，告訴比丘們說：「從今以後，跟比丘們結戒，為了這十句義……乃至使正法得以久住。想說戒者，應這樣說：

不得藏財物，置佛塔中，尸叉罽賴尼。」

這樣世尊跟比丘結戒。

2. 修訂前制

那時，比丘有疑惑，不敢為了堅固牢靠的緣故，藏財物於佛塔中。

佛說：「如為堅固牢靠，無犯。從今以後，應這樣說戒：

不得藏財物，置佛塔中，除為堅牢，尸又罽賴尼。」

3. 違犯輕重

如比丘，故意拿財物置佛塔中，除為了堅固牢靠，違犯應懺突吉羅。因為故意做的緣故，犯非威儀、突吉羅；如非故意做，犯突吉羅。

（三）兼制

比丘尼……乃至沙彌、沙彌尼，突吉羅。這叫做犯。

（四）開緣

不犯：或某時有這樣的病；為了堅固牢靠的緣故，藏置佛塔中；或為強力者捉拿，或性命有危險、梵行受威脅，無犯。

六十二、著革屣入塔中戒

（一）制戒因緣

1. 著屣入塔

那時，佛在舍衛國祇樹給孤獨園。

這時，六群比丘著革屣入佛塔中。

比丘們聽聞，其中有少欲知足、行頭陀、喜好學戒、知慚愧者，嫌惡斥責六群比丘：「為何你們著革屣入佛塔中呢？」

比丘們怒聲斥責後，前往拜訪世尊之所，頭面禮足，坐在一旁，把這因緣全部稟告世尊。

2. 佛斥犯者

那時，世尊藉這因緣召集比丘僧眾……如上文，怒聲斥責六群比丘……

（二）制戒內容

1. 佛制戒

……乃至最初犯戒後，告訴比丘們說：「從今以後，跟比丘們結戒，為了這十句義……乃至使正法得以久住。想說戒者，應這樣說：

不得著革屣入佛塔中，尸又罽賴尼。」

2. 違犯輕重

如比丘，故意著革屣入佛塔中，違犯應懺突吉羅。因為故意做的緣故，犯非威儀、突吉羅；如非故意做，犯突吉羅。

（三）兼制

比丘尼……乃至沙彌、沙彌尼，突吉羅。這叫做犯。

（四）開緣

不犯：或某時有這樣的病，或為強力者捉拿帶入塔中，無犯。

六十三、捉革屣入塔中戒

「不得手捉革屣，入佛塔中，尸又屬賴尼」。如上文。

六十四、著革屣繞塔行戒

「不得著革屣，遶塔行，尸又屬賴尼」。如上文。

六十五、著富羅入塔中戒

「不得著富羅〔註133〕，入佛塔中，尸又屬賴尼」。如上文。

六十六、捉富羅入塔中戒

「不得手捉富羅，入佛塔中，尸又屬賴尼」。如上文。

六十七、塔下坐留食戒

（一）制戒因緣

1. 留食污塔

那時，佛在舍衛國祇樹給孤獨園。

這時，六群比丘在塔下坐，食畢，遺留殘餘食物及草，污染地方而離去。

比丘們聽聞，其中有少欲知足、行頭陀、喜好學戒、知慚愧者，嫌惡斥責六群比丘後，前往世尊之所，頭面禮足，坐在一旁，把這因緣全部稟告世尊。

2. 佛斥犯者

那時，世尊藉這因緣召集比丘僧眾……如上文，怒聲斥責六群比丘……

（二）制戒內容

1. 佛制戒

……乃至最初犯戒後，告訴比丘們說：「從今以後，跟比丘們結戒，為了這十句義……乃至使正法得以久住。想說戒者，應這樣說：

〔註133〕富羅：音譯詞。梵語 pūlā，短勒靴。

不得塔下坐食，尸又屬賴尼。」

這樣世尊跟比丘結戒。

2. 佛准坐食

那時，比丘們，在建塔後施食，建房後施食；或施池、井；或僧眾集會，坐處狹窄，起疑惑：「佛未聽許我們在塔下坐食」，前往稟告佛。

佛言：「聽許坐下進食，不應遺留草及食物，污染地方。」〔註134〕

3. 修訂前制

那時，有一坐食比丘，如行「餘食法」，不敢食；比丘或病比丘，不敢遺留殘餘食物、草，污染地方。

佛說：「聽許先聚著腳邊，出離時拿走拋棄。從今以後，應這樣說戒：

不得塔下坐食，留草及食污地，尸又屬賴尼。」

4. 違犯輕重

如比丘，故意在塔下食畢，遺留草及殘餘食物，污染地方，違犯應懺突吉羅。因為故意做的緣故，犯非威儀、突吉羅；如非故意做，犯突吉羅。

（三）兼制

比丘尼……乃至沙彌、沙彌尼，突吉羅。這叫做犯。

（四）開緣

不犯：或某時有這樣的病；或某時聚在一處，出離時拿走拋棄，無犯。

六十八、塔下擔死屍過戒

（一）制戒因緣

1. 擔屍過塔

那時，佛在舍衛國祇樹給孤獨園。

這時，六群比丘擔死屍〔註135〕，從塔下經過，護塔神瞋怒。

比丘們聽聞，其中有少欲知足、行頭陀、喜好學戒、知慚愧者，嫌惡斥責六群比丘說：「為何你們於佛塔下擔死屍經過呢？」

比丘們怒聲斥責後，前往拜訪世尊之所，頭面禮足，坐在一旁，把這因緣全部稟告世尊。

〔註134〕本戒僅禁止在塔下坐，故佛澄清可以在其他地方坐下進食。
〔註135〕死屍：〔大〕作「屍死」，今依〔麗〕〔金〕。

2. 佛斥犯者

那時，世尊藉這因緣召集比丘僧眾……如上文，怒聲斥責六群比丘……

（二）制戒內容

1. 佛制戒

……乃至最初犯戒後，告訴比丘們說：「從今以後，跟比丘們結戒，為了這十句義……乃至使正法得以久住。想說戒者，應這樣說：

不得擔死屍，從塔下過，尸叉罽賴尼。」

2. 違犯輕重

如比丘，故意擔死屍，從塔下經過，違犯應懺突吉羅。因為故意做的緣故，犯非威儀、突吉羅；如非故意做，犯突吉羅。

（三）兼制

比丘尼……乃至沙彌、沙彌尼，突吉羅。這叫做犯。

（四）開緣

不犯：或某時有這樣的病，或某時須於這道路行走，或為強力者帶領去，無犯。

六十九、塔下埋死屍戒

「不得塔中埋死屍，尸叉罽賴尼」。如上文。

七十、塔下燒死屍戒

「不得在塔下燒死屍，尸叉罽賴尼」。如上文。

七十一、向塔燒死屍戒

「不得向塔燒死屍，尸叉罽賴尼」。如上文。

七十二、繞塔四邊燒死屍戒

「不得佛塔四邊燒死屍，使臭氣來入，尸叉罽賴尼」。如上文。

七十三、持死人衣牀塔下過戒

（一）制戒因緣

1. 拿死人衣床過塔

那時，佛在舍衛國祇樹給孤獨園。

這時，有六群比丘拿死人之衣及床，從塔下經過，那住處的神瞋怒。

比丘們聽聞，其中有少欲知足、行頭陀、喜好學戒、知慚愧者，嫌惡斥責後，前往世尊之所，頭面禮足，坐在一旁，把這因緣全部稟告世尊。

2. 佛斥犯者

那時，世尊藉這因緣召集比丘僧眾……如上文，怒聲斥責六群比丘……

（二）制戒內容

1. 佛制戒

……乃至最初犯戒後，告訴比丘們說：「從今以後，跟比丘們結戒，為了這十句義……乃至使正法得以久住。想說戒者，應這樣說：

不得持死人衣及床，從塔下過，尸叉罽賴尼。」

這樣世尊跟比丘結戒。

2. 修訂前制

那時，糞掃衣比丘們疑惑，不敢拿這些衣，從塔下經過，比丘稟告佛。

佛說：「聽許洗染、香熏後，拿來行入。從今以後，應這樣說戒：

不得持死人衣及床，從塔下過；除浣、染、香熏，尸叉罽賴尼。」

3. 違犯輕重

如比丘，故意拿死人糞掃衣，不洗、不染、不熏，從塔下經過，違犯應懺突吉羅。因為故意做的緣故，犯非威儀、突吉羅；如非故意做，犯突吉羅。

（三）兼制

比丘尼……乃至沙彌、沙彌尼，突吉羅。這叫做犯。

（四）開緣

不犯：或某時有這樣的病，或洗染、香熏，無犯。

七十四、塔下大小便戒

「不得佛塔下大小便，尸叉罽賴尼」。如上文。

七十五、向塔大小便戒

「不得向佛塔大小便，尸叉罽賴尼」。如上文。

七十六、繞塔四邊大小便戒

「不得遶佛塔四邊大小便，使臭氣來入，尸叉罽賴尼」。如上文。

七十七、持佛像至大小便戒

（一）佛制戒

「不得持佛像至大小便處，尸叉罽賴尼」。如上文。

（二）開緣

有三事不犯：或某時有這樣的病，或某時道路從中間穿過，或為強力者捉拿帶去，無犯。

七十八、塔下嚼楊枝戒

「不得在佛塔下嚼楊枝，尸叉罽賴尼」。如上文。

七十九、向塔嚼楊枝戒

「不得向佛塔嚼楊枝，尸叉罽賴尼」。如上文。

八十、繞塔四邊嚼楊枝戒

「不得佛塔四邊嚼楊枝，尸叉罽賴尼」。如上文。

八十一、塔下涕唾戒

「不得在佛塔下涕唾，尸叉罽賴尼」。如上文。

八十二、向塔涕唾戒

「不得向佛塔涕唾，尸叉罽賴尼」。如上文。

八十三、繞塔四邊涕唾戒

（一）制戒因緣

1. 涕唾佛塔

那時，佛在舍衛國祇樹給孤獨園。

這時，六群比丘於佛塔的四邊涕唾。

這時，比丘們見到後，嫌惡斥責說：「你們為何在塔四邊涕唾呢？」

比丘們前往世尊之所，頭面禮足，坐在一旁，把這因緣全部稟告世尊。

2. 佛斥犯者

那時，世尊藉這因緣召集比丘僧眾……如上文，怒聲斥責六群比丘……

（二）制戒內容

1. 佛制戒

……乃至最初犯戒後，告訴比丘們說：「從今以後，跟比丘們結戒，為了這十句義……乃至使正法得以久住。想說戒者，應這樣說：

不得塔四邊涕唾，尸叉罽賴尼。」

2. 違犯輕重

如比丘，故意在塔四邊涕唾，違犯應懺突吉羅。因為故意做的緣故，犯非威儀、突吉羅；如非故意做，犯突吉羅。

（三）兼制

比丘尼……乃至沙彌、沙彌尼，突吉羅。這叫做犯。

（四）開緣

不犯：或某時有這樣的病；或為大鳥銜含，置塔邊；或為風吹去，無犯。

八十四、向塔舒腳戒

（一）制戒因緣

1. 向塔伸腳

那時，佛在舍衛國。

這時，六群比丘向塔舒展腳。

比丘們聽聞，其中有少欲知足、行頭陀、喜好學戒、知慚愧者，嫌惡斥責後，前往拜訪世尊之所，頭面禮足，坐在一旁，把這因緣全部稟告世尊。

2. 佛斥犯者

那時，世尊藉這因緣召集比丘僧眾……如上文，怒聲斥責六群比丘……

（二）制戒內容

1. 佛制戒

……乃至最初犯戒後，告訴比丘們說：「從今以後，跟比丘們結戒，為了這十句義……乃至使正法得以久住。想說戒者，應這樣說：

不得向塔舒腳坐，尸叉罽賴尼。」

這樣世尊跟比丘結戒。

2. 修訂前制

那比丘有疑惑，不敢向塔間舒展腳。

佛說：「中間有隔礙，聽許。從今以後，應這樣說戒：

不得向塔舒腳坐，尸叉罽賴尼。」〔註136〕

3. 違犯輕重

如比丘，故意向塔舒展腳，違犯應懺突吉羅。因為故意做的緣故，犯非威儀、突吉羅；如非故意做，犯突吉羅。

（三）兼制

比丘尼……乃至沙彌、沙彌尼，突吉羅。這叫做犯。

（四）開緣

不犯：或某時有這樣的病，或中間有隔障，或為強力者捉拿，無犯。

八十五、安佛下房戒

（一）制戒因緣

1. 下房置塔

那時，佛在拘薩羅國遊行，走向都子〔註137〕婆羅門村。

這時，六群比丘安置佛塔在下房後，住在上房。

比丘們聽聞，其中有少欲知足、行頭陀、喜好學戒、知慚愧者，嫌惡斥責六群後，前往世尊之所，頭面禮足，坐在一旁，把這因緣全部稟告世尊。

2. 佛斥犯者

那時，世尊藉這因緣召集比丘僧眾……如上文，怒聲斥責六群比丘……

（二）制戒內容

1. 佛制戒

……乃至最初犯戒後，告訴比丘們說：「從今以後，跟比丘們結戒，為了這十句義……乃至使正法得以久住。想說戒者，應這樣說：

不得安佛塔在下房已、在上房住，尸叉罽賴尼。」

〔註136〕按這修訂戒文跟初制戒文同，或應插入「除中間有隔」一語。又本律「雜犍度」也記佛制定：「若僧伽藍內塔，隔，聽在中間舒腳坐」。

〔註137〕都子：音譯詞。巴利語 Setavyā，位於舍衛城西，相傳是迦葉佛本生處。

2. 違犯輕重

如比丘，故意安置佛塔在下房後，住在上房，違犯應懺突吉羅。因為故意做的緣故，犯非威儀、突吉羅；如非故意做，犯突吉羅。

（三）兼制

比丘尼……乃至沙彌、沙彌尼，突吉羅。這叫做犯。

（四）開緣

不犯：或某時有這樣的病；拿佛塔在下房後，在上房住；或性命有危險、梵行受威脅，無犯。

八十六、人坐己立說法戒〔註138〕

（一）制戒內容

1. 佛制戒

「人坐、己立，不得為說法，尸叉罽賴尼」。如上文。

2. 修訂前制

那比丘，疑惑，不敢為病人說法。

佛說：「聽許。從今以後，應這樣說戒：

人坐、己立，不得為說法；除病，尸叉罽賴尼。」

3. 違犯輕重

如比丘，人坐、己立，故意說法，違犯應懺突吉羅。因為故意做的緣故，犯非威儀、突吉羅；如非故意做，犯突吉羅。

（二）兼制

比丘尼……乃至沙彌、沙彌尼，突吉羅。這叫做犯。

（三）開緣

不犯：或某時有這樣的病，或王、王大臣捉住站立，無犯。

八十七、人臥己坐說法戒〔註139〕

「人臥、己坐，不得為說法；除病，尸叉罽賴尼」。如上文。

〔註138〕《巴利律》作第70戒。
〔註139〕《巴利律》作第64戒。

八十八、人在座己在非座說法戒〔註140〕

「人在座、己在非座〔註141〕，不得為說法；除病，尸又屬賴尼」。如上文。

八十九、人在高座說法戒〔註142〕

「人在高坐、己在下坐。不得為說法；除病，尸又屬賴尼」。如上文。

九十、人在前行說法戒〔註143〕

「人在前行、己在後，不得為說法；除病，尸又屬賴尼」。如上文。

九十一、人在高經行處說法戒

「人在高經行處、己在下經行處，不應為說法，除病，尸又屬賴尼」。如上文。

九十二、人在道說法戒〔註144〕

「人在道、己在非道，不應為說法；除病，尸又屬賴尼」。如上文。

九十三、攜手道行戒

（一）制戒因緣

1. 攜手齊行

那時，佛在舍衛國祇樹給孤獨園。

這時，六群比丘攜手在道路行走，或遮擋其他男女。

居士們見到後，皆譏議嫌惡說：「沙門釋子，不知慚愧，向外自稱說：『我知道正法』，這樣何來有正法呢？攜手在道路行走，仿似王、王大臣、豪貴長者。」

比丘們聽聞，其中有少欲知足、行頭陀、喜好學戒、知慚愧者，嫌惡斥責六群比丘後，前往世尊之所，頭面禮足，坐在一旁，把這因緣全部稟告世尊。

2. 佛斥犯者

那時，世尊藉這因緣召集比丘僧眾……如上文，怒聲斥責六群比丘……

〔註140〕《巴利律》作第 68 戒。
〔註141〕非座：《巴利律》作 chamā，土地。
〔註142〕《巴利律》作第 69 戒。
〔註143〕《巴利律》作第 71 戒。
〔註144〕《巴利律》作第 72 戒。

（二）制戒內容

1. 佛制戒

……乃至最初犯戒後，告訴比丘們說：「從今以後，跟比丘們結戒，為了這十句義……乃至使正法得以久住。想說戒者，應這樣說：

不得攜手在道行，尸又羼賴尼。」

2. 違犯輕重

如比丘，故意做，違犯應懺突吉羅。因為故意做的緣故，犯非威儀、突吉羅；如非故意做，犯突吉羅。

（三）兼制

比丘尼……乃至沙彌、沙彌尼，突吉羅。這叫做犯。

（四）開緣

不犯：或某時有這樣的病；或某時有比丘苦於眼看不清楚，須攙扶，無犯。

九十四、上樹過人戒

（一）制戒因緣

1. 樹上安居

那時，佛在舍衛國祇樹給孤獨園。

這時，有一比丘在大樹上夏安居，於樹上大小便落下。

這時，樹神瞋怒，伺候便利之時，想斷除他的命根。

當時，比丘們聽聞，嫌惡斥責後，前往稟告世尊。

2. 佛斥犯者

那時，世尊藉這因緣召集比丘僧眾……如上文，怒聲斥責這一比丘說：「你做錯了！不合威儀、不合沙門法、不是清淨的行為、不是隨順佛法的行為，都不應做。為何於樹上大小便呢？」怒聲斥呵責後，告訴比丘們：「從今以後，『不得樹上安居，不得繞樹大小便；若先有大小便處，大小便，無犯』。」

（二）制戒內容

1. 佛制戒

世尊用無數方法怒聲斥責後，告訴比丘們：「這愚癡人啊！會引生多種有漏，最初犯本戒。從今以後，跟比丘們結戒，為了這十句義……乃至使正法得以久住。想說戒者，應這樣說：

不得上樹過人，尸又屬賴尼。」

這樣世尊跟比丘結戒。

2. 修訂前制

那時，比丘們向拘薩羅國遊行，於道路中遭遇惡獸，恐懼爬上樹，平齊人高，自我想念說：「世尊制戒：『不得上樹過人』。」不敢再爬上，便為惡獸所害。

這時，比丘們藉這因緣，前往稟告佛。

佛說：「從今以後，聽許比丘們，或性命有危險、梵行受威脅，得以爬上樹，高過人。從今以後，應這樣說戒：

不得上樹過人，除時因緣，尸又屬賴尼。」

3. 違犯輕重

如比丘，故意爬上樹，高過人，違犯應懺突吉羅。因為故意做的緣故，犯非威儀、突吉羅；如非故意做，犯突吉羅。

（三）兼制

比丘尼……乃至沙彌、沙彌尼，突吉羅。這叫做犯。

（四）開緣

不犯：或某時有這樣的病，或性命有危險、梵行受威脅，上樹高過人，無犯。

九十五、擔杖絡囊戒

（一）制戒因緣

1. 絡囊盛鉢

那時，佛在舍衛國祇樹給孤獨園。

這時，跋難陀的絡囊中盛鉢，用杖頭貫穿，於肩上擔負。

這時，居士們見到，說是官人，皆離開道路，於屏蔽之處迴避探看，才知是跋難陀。

這時，居士們皆嫌議說：「這沙門釋子，不知慚愧，為何絡囊盛鉢，於肩上擔負，在道路而行呢？仿似官人，令我離開道路迴避。」

這時，有比丘聽聞，怒聲斥責後，前往稟告世尊。

2. 佛斥犯者

那時，世尊藉這因緣召集比丘僧眾，怒聲斥責跋難陀說：「你做錯了！不

合威儀、不合沙門法、不是清淨的行為、不是隨順佛法的行為，都不應做。為何你用絡囊盛鉢，杖頭貫穿，於肩上擔行，令居士們離開道路迴避呢？」

（二）制戒內容

1. 佛制戒

世尊用無數方法怒聲斥責後，告訴比丘們：「這愚癡人啊！會引生多種有漏，最初犯本戒。從今以後，跟比丘們結戒，為了這十句義……乃至使正法得以久住。想說戒者，應這樣說：

> 不得絡囊盛鉢，貫杖頭，著肩上而行，尸叉罽賴尼。」

2. 違犯輕重

如比丘，故意做，違犯應懺突吉羅。因為故意做的緣故，犯非威儀、突吉羅；如非故意做，犯突吉羅。

（三）兼制

比丘尼……乃至沙彌、沙彌尼，突吉羅。這叫做犯。

（四）開緣

不犯：或某時有這樣的病，或為強力者逼迫，或被繫縛，或性命有危險、梵行受威脅，無犯。

九十六、持杖人說法戒 〔註145〕

（一）制戒因緣

1. 說法對象不當

那時，佛在舍衛國祇樹給孤獨園。

這時，有六群比丘為捉拿杖、不恭敬者說法。

這時，比丘們聽聞，怒聲斥責……如上文，前往稟告世尊。

2. 佛斥犯者

那時，世尊藉這因緣召集比丘僧眾……如上文，怒聲斥責六群比丘……

（二）制戒內容

1. 佛制戒

……乃至最初犯戒後，告訴比丘們說：「從今以後，跟比丘們結戒，為了

〔註145〕《巴利律》作第 58 戒。

這十句義……乃至使正法得以久住。想說戒者，應這樣說：

　　人持杖，不應為說法，尸叉罽賴尼。」

2. 修訂前制

那比丘，疑惑，不敢為手持杖之病人說法。

佛說：「為了病人，無犯。從今以後，跟比丘們結戒：

　　人持杖、不恭敬，不應為說法；除病，尸叉罽賴尼。」

3. 違犯輕重

如比丘，故意為持杖者說法，違犯應懺突吉羅。因為故意做的緣故，犯非威儀、突吉羅；如非故意做，犯突吉羅。

（三）兼制

比丘尼……乃至沙彌、沙彌尼，突吉羅。這叫做犯。

（四）開緣

不犯：或某時有這樣的病，或為王及大臣，無犯。

九十七、持劍人說法戒〔註146〕

「人持劍〔註147〕，不應為說法；除病，尸叉罽賴尼」。如上文。

九十八、持矛人說法戒〔註148〕

「人持鉾〔註149〕，不應為說法；除病，尸叉罽賴尼」。如上文。

九十九、持刀人說法戒〔註150〕

「人持刀，不應為說法；除病，尸叉罽賴尼」。如上文。

　　一百、持蓋人說法戒〔註151〕

「人持蓋〔註152〕，不應為說法；除病，尸叉罽賴尼」。如上文。

〔註146〕《巴利律》作第 59 戒。

〔註147〕劍：《巴利律》作 sattha，刀、劍。

〔註148〕《巴利律》作第 60 戒。

〔註149〕鉾：同矛。《巴利律》作 āvudha，武器、兵器。

〔註150〕《巴利律》作第 59 戒。

〔註151〕《巴利律》作第 57 戒。

〔註152〕蓋：《巴利律》作 chatta，傘、傘蓋。

參考書目

一、原始資料

1. 《大正新修大藏經》，高楠順次郎、渡邊海旭編，台北：新文豐出版公司，1983～1985 年。

2. 《高麗大藏經》，參看網頁：http://140.112.26.229/ritk/（瀏覽日期：2020 年 1 月）

3. 《漢譯南傳大藏經・律藏》，元亨寺漢譯南傳大藏經編譯委員會編、通妙（吳老擇）譯，高雄：元亨寺妙林出版社，1991 年。

4. 《磧砂大藏經》（影印宋元版），北京：綫裝書局，2005 年。卷 69。

5. 《趙城金藏》，北京：北京圖書館出版社，2008 年。卷 60、61。

6. 《中華大藏經》，中華大藏經編輯局編，北京：中華書局，1990 年。卷 40。

7. 《上海圖書館藏敦煌吐魯番文獻》，上海圖書館、上海古籍出版社編，上海：古籍出版社，1999 年。卷 2。

8. 《天津市藝術博物館藏敦煌文獻》，上海古籍出版社、天津市藝術博物館藏編，上海：上海古籍出版社，1997 年。卷 4。

9. Horner, I. B. trans. *The Book of the Discipline*. 6 Vols. London: Oxford University Press, 1938-1966.

10. Rhys Davids, T. W. & Hermann Oldenberg trans. *Vinaya Texts*. 3 Vols. London: Oxford University Press, 1881-1885.

二、研究論著

1. 陳士強：《大藏經總目提要·律部》，上海：上海古籍出版社，2015 年。

2. 釋傳印：《四分戒本述義》，北京：北京市佛教文化研究所，2003 年。

3. 釋佛瑩：《四分比丘尼戒本註解》，香港：商務印書館，1961 年。

4. 釋廣化：《四分律比丘戒本講義》，南投：南林尼僧苑，1996 年。

5. 李鳳媚：《巴利律比丘戒譯注》，嘉義：新雨雜誌社，1999 年。

6. 釋妙因：《律學》，香港：法界學苑，1964 年。

7. 釋妙因：《新刪定四分僧戒本淺釋》，香港：法界學苑，1964 年。

8. 釋能融：《律制、清規及其現代意義之探究》，台北：法鼓文化事業有限公司，2003 年。

9. 平川彰：《二百五十戒の研究》4 卷，東京：春秋社，1993～1995 年。

10. 屈大成：《四分律行事鈔譯注》，台南：和裕出版社，2010 年。

11. 屈大成：《比丘尼戒之研究》，台北：文津出版社，2012 年。

12. 屈大成：《四分戒本道宣律師疏鈔譯注》，台北：佛陀教育基金會，2013 年。

13. 屈大成：《中國佛教律制要義》，台南：和裕出版社，2016 年。

14. 屈大成：《中土佛教戒律學研究指南》，香港：香港城市大學中文及歷史學系佛學研究室，2017 年。

15. 釋聖嚴：《佛教制度與生活》，台北：覺世旬刊社，1963 年。

16. 釋聖嚴：《戒律學綱要》，台北：佛教文化服務處，1965 年。

17. 釋聖嚴：《律制生活》，台北：東初出版社，1995 年。

18. 王建光：《中國律宗思想研究》，成都：巴蜀書社，2004 年。

19. 溫金玉釋譯：《四分律》，台北：佛光文化事業有限公司，1997 年。

20. 釋印順：《原始佛教聖典之集成》，台北：正聞出版社，1971 年。

21. 佐藤密雄：《律藏》，東京：大藏出版，1972 年。

22. Clarke, Shayne. "*Vinayas*." In *Brill's Encyclopedia of Buddhism*. Vol. 1. Jonathan A. Silk ed., Leiden: Brill, 2015: 60-87.

23. Frauwallner, E. *The Earliest Vinaya and the Beginning of Buddhist Literature*. Rome: Is. M. E. O., 1956. 中譯：郭忠生譯《原始律典（犍度篇）之研究》，南投：正觀出版社，1992 年。

24. Heirman, Ann. *Rules for Nuns according to the Dharmaguptakavinaya: The*

Discipline in Four Parts. Delhi: Motilal Banarsidass Pub., 2002.

25. Kieffer-Pülz, Petra. "Pārājika 1 and saṅghādisesa 1: Hitherto untranslated passages from the *Vinayapiṭaka* of the Theravādins." *Traditional South Asian Medicine*. Vol. 6(2001): 62-84.

26. Kieffer-Pülz, Petra. "What the *Vinaya*s can tell us about law." In *Buddhism and Law: An Introduction*. Rebecca Redwood French & Mark A. Nathan, eds., New York: Cambridge University Press, 2014: 46-62.

27. Pachow, W. 巴宙 *Comparative Study of the Prātimokṣa*. Delhi: Motilal Banarsidass, revised & enlarged edition, 1955/2000.